국어교육 연구의 반성과 전망

─내용·방법─

국어교육학 총서 2

국어교육 연구의 반성과 전망

-내용·방법-

이삼형·김중신·이성영·서　혁
최미숙·고광수·신명선·남가영

도서출판 역락

머 리 말

이 책은 '국어교육학회'의 창립 10주년을 기념하기 위해 '국어교육학' 연구의 지형도를 그려보려는 의도에서 기획되었다.

그 동안 학계의 말석에서 국어교육을 공부해 오던 젊은 학자들 20여 명이 2주에 한번씩 모여서 1년 정도 작업을 계속해 나가면 국어교육학의 성과에 대해 어느 정도 정리할 수 있을 것이라고 생각하고 이 작업을 시작하였다. 교수, 연구소 연구원, 현직 교사, 박사과정 수료생, 석·박사학위 과정생 등 모두 20여 명이 당찬 포부를 갖고 처음 모인 날은 2000년 10월 7일이었다.

그 후 거의 한번도 거르지 않고 격주로 모여 국어교육학의 성과에 대해 열띤 토론을 벌였다. 처음에는 국어교육학과 관련된 단행본, 학위 논문, 학술지 수록 논문 등 국어교육학 연구 성과 모두를 검토 대상으로 삼았다. 하지만 곧 우리의 계획이 너무 무모하다는 것을 깨달았다. 하루가 다르게 관련 연구 성과물들이 폭증하는 우리 학계의 생산성을 고려하지 못한 탓이었다. 우리가 다루어야 할 논문들은 갈수록 하염없이 쌓여만 갔다. 그렇게 해서 부득이하게 검토 대상을 지도교수와 심사위원의 엄정한 평가를 거친 박사학위논문들만으로 좁히게 되었다. 박사학위논문은 공식적인 제도에 의한 엄정한 평가를 거친다는 점, 그리고 해당 필자의 연구 출발점이 된다는 점 등에서 국어교육학의 학문적 토대를 이룬다고 판단하였기 때문이다.

모임은 한 사람의 발제자가 대상 논문을 요약하고 쟁점을 제시하면 그것을 바탕으로 참여자들이 합평하는 형식으로 진행되었다. 모임의 성격이 덕담을 나누는 자리가 아니고 국어교육학의 내일을 준비하기 위한 자리였기 때문에, 대상 논문에 대해 우호적인 시각보다는 비판적인 시각을 견지하는 것을 원칙으로 하였다. 이렇게 이야기한 것을 수 차례에 걸쳐 가다듬어 정리하였고, 정리된 것을 논문의 필자에게 보내어 필자의 견해를 들어볼 기회를 가졌다. 많은 필자들이 우리의 작업에 대해 공감하고 성의 있는 답변을 보내주었다.

이제 그 결과물을 3년이 지난 오늘에서야 내놓게 되었다. 이렇게 늦어진 것은 참여자들이 게으른 소이도 있었겠지만 논의 과정에서 쟁점이 날카롭게 맞서 쉽사리 결론을 내리지 못한 경우도 많았기 때문이다.

감히 덧붙이자면 이 책이 국어교육학계에 풍파를 일으켜 주기를 기대해 본다. 이 책은 젊은 학자들의 국어교육학에 대한 자기반성에서 시작되었기 때문이다. 이제 갓 스무 해 남짓, 가장 왕성한 비판 정신을 보여야 할 국어교육학계임에도 불구하고, 진지한 고민보다는 겉만 훑고 지나가는 피상적인 논의, 쟁점에 대해 눈감아주기식의 논의, 지도교수의 논문만을 인용하는 학위논문들이 등장하는 풍토 등이 알게 모르게 어느새 학계의 관행으로 자리잡아 가고 있다는 비판 의식을 공유하였다. 토론이 사라지고 쟁점이 성립되지 않는 학문은 그야말로 죽은 학문이 아니던가. 대상 논문들을 읽어가면서 우리의 부족함을 뼈저리게 느꼈음에도 불구하고 포기하지 않고 이 작업을 계속하도록 우리를 이끈 것은 젊은 학계답게 비판적 논의가 활성화되기를 바라는 마음 때문이었다.

이런 점에서 이 책은 어느 개인의 산물이라기보다는 수많은 사람들의 자기 반성서이자 집담서(集談書)라고 할 수 있다. 부분적으로 개인의 독특한 시각에 의한 평가가 들어 있을 수 있지만 전체적으로는 일관된 시각을 갖도록 노력하였다. 따라서 앞으로 국어교육학과 관련된 학위논문을 준비하는 사람이나 국어교육학의 전체적인 지형도를 살피면서 새로운 방향을 잡아 가려는 신진 학자들에게 좋은 지침서가 될 것으로 생각한다. 더 나아가 이 책이 '국어교육학'을 공부하는 모든 사람들에게 학문적 분쟁의 불씨가 되기를 바란다.

검토 작업을 하면서 특히 유감스러웠던 것은 검토 대상 논문이 국어교육학 박사학위를 배출하고 있는 몇몇 대학에 국한되었다는 점이다. 이 작업을 하는 동안 여러 대학에서 학위과정이 신설되었다는 반가운 소식도 접할 수 있었다. 앞으로 이런 기회가 있게 되면 검토할 논문이 너무 많아 시작할 엄두도 내지 못하는 것이 아니냐는 엄살(?)도 오고갔지만, 그래도 그런 날이 어서 왔으면 좋겠다. 아울러 검토 작업을 하면서 즐거웠던 것은 국어교육학의 대지가 광활하고 기름지다는 것이었다. 씨를 뿌리면 좋은 곡식을 거둘 수 있는 대지가 펼쳐져 있는데 농부가 어찌 기뻐하지 않겠는가.

우리는 우리 작업의 결과로 나오는 이 책이 끝이 아니고 시작이라고 생각한다. 앞으로 기회가 주어진다면 국어교육학과 관련된 박사학위논문뿐만 아니라 단행본 및 학술지 수록 논문까지도 검토하려고 한다. 미루어 짐작컨대, 필경 그 작업은 수년 간의 뼈를 깎는 고통의 나날일 것이다. 그 작업을 시작하는 날이 조만간 오지 않았으면 좋겠다는 것이 우리들의 솔직한 심정이다. 하지만 다시 그런 기회가 온다면 우리들은 기꺼이 그 자리에 참석할 것이다.

끝으로 오독과 오해의 여지가 있음에도 불구하고 자신의 논문에 대한 '필자의 변'을 성실히 보내 주신 필자들께 감사를 드린다. 보내 주신 글들은 국어교육학을 생산적인 논의의 장으로 이끌 수 있는 소중한 견인차가 될 것으로 믿어 의심치 않는다. 혹 검토 및 토론의 과정에서 해당 논문의 진의를 잘못 읽거나 오해를 하였다면 전적으로 우리들의 잘못이다. 지적을 해 주신다면 논의의 과정을 거쳐 추후 보완할 것을 약속드린다.

2003년 6월

국어교육학을 일궈온 박사학위논문 저자들의
노고에 감사하며

차 례

2. 방법 영역

차 례

1. 내용 영역

■ 국어 교육 내용 연구의 경향과 과제

1. 머리말
2. 국어교육 내용 연구의 현황
3. 국어교육 내용 연구의 과제
4. 덧붙임말

■ 내용 영역 관련 논문

● 국어과 교육에서의 구비문학 제재 수용 양상 연구
【김기창, 한국교원대 박사학위논문, 1991】
● 학교문법의 경어법 기술에 관한 연구
【서덕현, 서울대 박사학위논문, 1992】
● 국어 교육용 어휘 연구
【이충우, 서울대 박사학위논문, 1992】
● 국어 대명사의 담화분석적 연구
【주경희, 서울대 박사학위논문, 1992】
● 접속관계의 텍스트 언어학적 연구
【이은희, 서울대 박사학위논문, 1993】
● 문학교육과정의 구조에 관한 연구
【박인기, 서울대 박사학위논문, 1994】
● 동화의 교육적 응용에 관한 연구
【최경희, 한국교원대 박사학위논문, 1994】

● 문법 지식의 확대 사용 전략에 대한 연구
　　【심영택, 서울대 박사학위논문, 1995】
● 시조문학 교육의 통시적 연구
　　【김선배, 한국교원대 박사학위논문, 1996】
● 북한의 국어과 교육에 관한 연구
　　【이인제, 한국교원대 박사학위논문, 1996】
● 한국 근대시 정서 체험의 텍스트 조건 연구
　　【최지현, 서울대 박사학위논문, 1997】
● 한국어의 호응 관계에 대한 국어교육적 연구
　　【송현정, 서울대 박사학위논문, 1998】
● 언어 사용 영역의 내용 체계에 대한 연구
　　【이도영, 서울대 박사학위논문, 1998】
● 말하기 · 듣기의 본질적 개념과 교육과정 구성 방안 연구
　　【전은주, 고려대 박사학위논문, 1998】
● 판소리 구연성의 매체언어적 의의
　　【류수열, 서울대 박사학위논문, 2001】
● 상황맥락을 반영한 말하기 · 듣기 교육의 내용 구성에 관한 연구
　　【이주섭, 한국교원대 박사학위논문, 2001】
● 강호시가의 문학교육적 가치에 관한 연구
　　【한창훈, 고려대 박사학위논문, 2001】

국어교육 내용 연구의 경향과 과제

1. 머리말

이 글은 근래에 나온 국어교육의 내용과 관련되는 연구들을 검토해 봄으로써 그 성과를 확인하고, 나아가 아쉬운 점들을 짚어 보려고 한다. 이를 통해 국어교육의 내용 연구의 발전 방향을 모색해 보고자 한다.

이 글에서 주로 검토하고자 하는 연구물은 우리 나라에서 국어교육학 박사 과정이 설치된 이후 나온 박사 논문이다. 석사 논문 중에도 의미 있는 연구물이 많이 있지만, 검토 범위가 너무 넓어지는 관계로 제외한다. 그밖에 단행본이나 의미 있는 연구물들은 꼭 필요한 경우에만 언급하는 것으로 한정한다. 우리 나라에 국어교육학 박사 과정이 설치된 것은 1980년대 중반이며, 박사 학위 논문이 나오기 시작한 것은 주로 1990년대 초반 이후이다. 따라서 90년대 초반 이후 현재까지 근 10년 동안에 나온 국어교육학 박사 학위 논문 중에서 국어교육의 내용과 관련되는 연구가 주요 검토 대상이 된다.

교육의 의미를 아무리 고상한 말로 규정한다 하더라도, 교육은 결국 교사가 학생들에게 '무엇인가'를 가르치는 일이다(이홍우, 1992:70). 여기서 말하는 '무엇인가'가 바로 교육의 내용에 해당한다. 그렇지만 일견 단순해 보이는 교육에서의 '무엇인가'는 그 내면을 들여다 보면 매우 넓은 의미역을 지니고 있다. 곧, 교육을 왜 하는가 하는 문제와 관련되는 교육 철학이나 이념, 교육을 통해서 학생들에게 무엇을 기대하는가 하는 교육 목표,

그리고 이를 위해 어떤 학습 요소와 학습 경험을 제공할 것인가 하는 교육 내용이나 활동 등이 모두 '무엇'과 관련이 있기 때문이다. 그뿐 아니라 '무엇을 가르칠 것인가' 하는 문제는 많은 경우 그 '무엇'을 가르치기 위한 교수-학습 방법과 선명하게 분리되지 않는 경우도 있고,[1] 학습자들로 하여금 그 무엇을 잘 학습할 수 있도록 구체적인 활동 거리로 구현하는 교재화 문제와도 밀접하게 연관되어 있다.

사실상 교육 목적, 교육 목표, 교육 내용은 구별되는 개념이다.[2] 그러나 이 글에서는 이들을 구별하지 않고 '교육 내용'이라는 용어로 포괄하여 사용하기로 한다. 다시 말해 교육 현상을 '무엇을 어떻게 가르치는가' 하는 문제로 단순화하고, 그 중에서 '무엇을'과 관련되는 것을 모두 '교육 내용'의 범위 속에 포함되는 것으로 본다는 것이다. 또한 이 글에서의 '교육 내용'은 학교에서의 정규 수업 시간에 가르치는 것만을 의미하는 것이 아니라, 그것을 포함하여 학습자들의 교육적 성취를 의도하여 제공되는 모든 유형의 학습 요소를 의미하는 것으로 본다.[3]

따라서 이 글에서는 근래에 나온 국어교육학 박사학위 중에서 넓은 의미의 국어교육 내용과 관련되는 연구물들을 검토한다. 교육 내용과 더불

---

1) 예를 들어 '과정 중심 쓰기 교육'에 대해서 연구한 경우라고 하면, 글을 쓰는 각 과정에서 필요로 하는 원리나 전략 등을 다룬다는 점에서는 '내용'과 관련이 되지만, 글쓰기의 결과물을 중심으로 가르치는 것이 아니라 글쓰기의 과정을 따라 가며 가르친다는 점에서는 '방법'의 측면도 동시에 지닌다.

2) 교육학 용어 사전(1994)에는 이들을 다음과 같이 구별하고 있다.
   · 교육 목적(educational goals) : 교육의 여러 가지 조건을 고려하면서 교육을 통해 성취하려고 하는 궁극적인 표적.
   · 교육 목표(objectives of education) : 의도적 교육 실제에 있어서 달성하고자 하는 최종적 교육 성과. 교육 목적을 보다 구체화시킨 항목.
   · 교육 내용(educational contents) : 교육을 '왜', '무엇을', '어떻게'의 세 가지 측면으로 나누어 생각할 때, '무엇'에 해당하는 것으로서, 교육 목적을 달성하기 위한 내용.

3) 허경철·정재걸(1995)에서는 '교과서의 내용'을 좁은 의미의 교육 내용으로, 그리고 '학생의 교육적 성취(또는 학습물)를 의도하여 시도된 모든 종류의 사물이나 활동'을 넓은 의미의 교육 내용이라고 하였다. 넓은 의미의 교육 내용 개념에 따르면, 훈화라든지, 특별 활동, 일기 쓰기, 책 읽어 오기 등도 모두 교육 내용의 범위에 해당한다.

어 교육 방법이나 평가 방법, 교재화 방안 등을 함께 다루고 있는 연구물인 경우에는 무게 중심이 어디에 있는가를 따져 포함 여부를 결정하였다. 그러나 거시적인 맥락에서 국어교육 현상 전체를 메타 층위에서 다루고 있는 연구물은 제외하였다. 이 과정에서 중요한 연구가 누락되었다면 연구자의 불찰이다.

2. 국어교육 내용 연구의 현황

검토 대상으로 선정된 논문들을 언어교육과 문학교육으로 나누어 살펴보기로 한다.

1) 언어 교육

먼저 연구물의 목록을 발표 연대 순으로 나열해 보면 다음과 같다.

1992 서덕현, 「학교 문법의 경어법 기술에 관한 연구」, 서울대
1992 이충우, 「국어 교육용 어휘 연구-국민학교·중학교 국어과 교육용
　　　　　　어휘 선정을 중심으로」, 서울대
1992 주경희, 「국어 대명사의 담화분석적 연구」, 서울대
1993 박수자, 「읽기 전략 지도 교재 구성에 관한 연구」, 서울대
1993 이은희, 「접속관계의 텍스트 언어학적 연구」, 서울대
1993 이종철, 「의사소통 능력 향상을 위한 함축적 표현의 연구」, 서울대
1993 최영환, 「합성 명사의 지도에 대한 연구」, 서울대
1994 이삼형, 「설명적 텍스트의 내용 구조 분석 방법과 교육적 적용 연
　　　　　　구」, 서울대
1994 이성영, 「표현 의도의 표현 방식에 관한 화용론적 연구」, 서울대
1995 심영택, 「문법 지식의 확대 사용 전략에 대한 연구」, 서울대

1996 김봉순, 「텍스트 의미 구조의 표지 연구」, 서울대
1996 서 혁, 「담화의 구조와 주제 구성에 관한 연구」, 서울대
1996 김재봉, 「텍스트 요약 전략에 대한 국어교육학적 연구」, 조선대
1998 송현정, 「한국어의 호응 관계에 대한 국어교육적 연구」, 서울대
1998 이도영, 「언어 사용 영역의 내용 체계에 대한 연구」, 서울대
1998 전은주, 「말하기・듣기의 본질적 개념과 교육과정 구성 방안 연구」,
         고려대
1999 노은희, 「대화지도를 위한 반복표현의 기능 연구」, 서울대
1999 이경화, 「담화 구조와 배경 지식이 설명적 담화의 독해에 미치는 효
         과에 관한 연구」, 교원대
2000 박태호, 「장르 중심 작문 교육의 내용 체계와 교수-학습 원리 연구」,
         교원대
2001 권순희, 「대화 지도를 위한 '청자 지향적 관점'의 표현 연구」, 서울대
2001 김정자, 「필자의 표현 태도 연구」, 서울대
2001 이주섭, 「상황맥락을 반영한 말하기・듣기 교육의 내용 구성에 관한
         연구」, 교원대
2002 김혜정, 「텍스트 이해의 과정과 전략에 관한 연구」, 서울대

모두 23편의 논문이 선정되었다. 그런데 이러한 연도별 나열만으로는
전체적인 연구 경향을 파악하기가 어렵다. 따라서 이들이 국어교육의 내
용과 관련하여 주로 무엇을 다루고 있는가 하는 것에 따라 몇 가지 범주
로 나누어서 표로 정리해 보기로 한다. 여기서 사용된 분류 기준은 어떤
합리적인 준거에 따라 연역적으로 도출된 것이 아니라, 각 연구물의 성격
에 따라 비슷한 것끼리 묶어서 이름을 붙인 것이어서 일정한 체계를 갖추
고 있지는 못하다.

아래 다섯 가지 범주 중에서 '국어 현상의 구조'와 '담화・텍스트의 구
성 원리' 사이, 그리고 '담화・텍스트의 구성 원리'와 '표현・이해 활동'
사이가 그리 명확하게 구별되는 것은 아니다. 담화・텍스트 언어학적인
접근을 하고 있는 경우라도 다루고 있는 내용이 비교적 잘 구조화되어 있
는 것이거나 규범적 성격이 강한 경우에는 '국어 현상의 구조' 범주에 넣

었다. 그리고 '담화 · 텍스트 구성의 원리'는 '표현 · 이해 활동'의 원리가
된다는 점에서 서로 겹치는 부분이 많지만, 전자가 원리의 발견에 무게
중심을 두는 반면, 후자는 교육과정상의 영역 구분에 의존하여 실천적 내
용에 더 관심이 있다는 점에서 구별하였다.

연도	어휘	국어 현상의 구조	담화 · 텍스트의 구성 원리	표현 · 이해 활동	내용 체계
1992	이충우	서덕현 주경희			
1993		최영환 이은희	이종철	박수자	
1994			이삼형 이성영		
1995			심영택		
1996			서혁 김봉순	김재봉	
1998		송현정		전은주	이도영
1999			노은희	이경화	
2000				박태호	
2001			권순희	김정자 이주섭	
2002				김혜정	

표에서 보는 것처럼 어느 정도 전체적인 경향성을 확인할 수 있다. 초
기[4]에는 어휘 및 국어 현상의 구조에 대한 연구가 많았고, 중기에는 담
화 · 텍스트의 구성 원리 연구가 주류를 이루었으며, 최근에는 표현 · 이해
활동 쪽의 연구가 많이 나왔다. 이러한 경향성은 국어교육학의 발달 과정
과 무관하지 않다.

국어교육에 대한 학문적 담론이 빈약했던 초기에는 필연적으로 학문적
담론과는 무관하게 비교적 상식적으로 자명한 국어교육의 내용에 관심을
가질 수밖에 없었는데, 그 결과가 바로 어휘 교육에 대한 연구로 나타났
다. 이충우(1992)는 품이 참으로 많이 드는 초등학교와 중학교 학습용 어휘
를 추출하는 작업을 해 내었다. 사실상 이러한 연구는 개인의 학위 논문

---

4) 여기에서 말하는 '초기'란 국내에서 박사학위논문이 나오기 시작한 1990년대 초를 말한다.

으로 감당하기에 시간과 인력과 경비 모든 면에서 벅차다. 이 밖에 국어 교육의 내용과 관련이 있는 연구는 아니지만, 어휘에 관심을 둔 것으로 한자를 이용하여 어휘를 지도하는 것과 한자를 이용하지 않고 지도하는 것의 효과 차이를 실험을 통해 검증한 손영애(1992)도 있다.

국어교육학이 튼튼한 기초를 갖추지 못한 초기에 취할 수 있었던 또 다른 접근 방식은 전통적인 국어학적 관심사에 기대는 것이었다. 경어법을 다룬 서덕현(1992)은 검인정 및 국정 문법 교과서를 사적으로 검토함으로써 국어교육학 연구로서의 정체성을 찾으려고 하였고, 최영환(1993)은 합성 명사에 대한 새로운 시각을 제시함과 동시에 교재 구성의 문제를 덧붙였다. 시기적으로는 거리를 두어 나온 송현정(1998)은 두 언어 형식이 동반하여 나타나는 호응 관계의 개념, 특성, 구조, 유형 및 제약상 등을 체계적으로 정리하고 유목화하였다.

초기 연구임에도 불구하고 주경희(1992)와 이은희(1993)는 담화·텍스트 분석적인 접근을 하였다는 점에서 새로운 지향을 보인다. 대명사를 다룬 주경희(1992)는 국어교육학 논문 중에서 처음으로 담화 분석적 접근을 시도하였다는 의의가 있고, 이은희(1993) 역시 국어 텍스트의 이해와 표현에서 중요한 역할을 하는 접속관계를 텍스트 분석적 방법으로 접근하였다. 이러한 연구들은, 국어교육에서 주로 다루는 언어 단위가 문장을 넘어선 담화·텍스트이므로 국어교육학 연구는 이러한 층위에서 정체성을 찾아야 한다는 당시의 일반적 사고 경향을 반영하고 있다.5)

이종철(1993)은 처음으로 화용론적인 접근을 하였다. 단어, 관용 표현, 간접 화행에서 발생하는 특정 대화 함축을 분석하였는데, 이는 관습이나 규칙보다는 맥락적 지식에 따른 추리에 더 의존한다는 점에서 이해 능력의 중요한 구성 요소가 된다. 이성영(1994)도 화용론적인 접근을 하였는데, 언어 사용의 효과성 차원을 개념화하고, 효과적인 표현을 가능하게 하는

---

5) 브링커(1994)는 텍스트 언어학을 언어체계 지향적 텍스트언어학과 통보 지향적 텍스트언어학으로 나누고 있다. 이 분류에 의하면 주경희(1992)와 이은희(1993)는 언어체계 지향적 텍스트언어학 쪽에 가깝다.

표현 방식의 여러 유형과 이에 작용하는 원리를 탐색하였다. 심영택(1995)도 화용론에 기초하고 있으며 인지문법 등에도 도움을 받았다. 전통적으로 '일탈'로 취급되던 국어 현상들을 '문법 지식의 확대 사용'으로 재개념화하였으며, 구체적인 확대 사용 전략을 추출하여 유목화하였다. 이들 화용론적인 접근들은 언어 사용의 실제 양상과 원리들로 관심의 폭을 넓혔다는 의의를 갖는다.

국어 텍스트의 구조를 연구한 것으로는 이삼형(1994), 서혁(1996), 김봉순(1996)이 있다. 이삼형(1994)은 설명적 텍스트를 분석하는 방법을 연구하였는데, 텍스트성의 자질로 기존의 응결성(coherence) 외에 구조성을 첨가하였으며, 텍스트 분석을 위해 관계 단위와 관계 구조 등의 개념을 도입하여 그 유형을 유목화하였고, 이의 적용 가능성을 검증하였다. 서혁(1996)은 주제의 개념과 유형을 정리한 다음 텍스트의 구조와 주제의 관계, 그리고 주제 구성 시에 활용할 수 있는 원리를 고찰하였다. 이 연구는 특히 설명적인 텍스트뿐 아니라 문학적인 텍스트도 포괄하여 주제 문제를 다루었다는 점에서 주목할 만하다. 김봉순(1996)은 텍스트 구성 요소들 사이의 의미 관계를 명시적으로 드러내 주는 표지(marker)들을 유형화하고 이들 표지가 수행하는 기능을 고찰하였다. 국어교육의 핵심 임무가 학습자들로 하여금 텍스트를 생산하고 이해하는 능력을 길러 주는 것이라고 할 때, 이들 텍스트 구조에 대한 연구는 국어교육의 핵심에 다가간 것이라 할 수 있다.

노은희(1999)와 권순희(2001)도 담화·텍스트의 구성 원리 범주에 해당하는 연구로 볼 수 있다. 노은희(1999)는 동일하거나 유사한 어휘 요소 혹은 통사 구조를 재사용하는 반복표현은 대화에서 '정보 전달', '관계 형성', '대화 진행' 등의 기능을 수행한다는 것을 밝혔다. 이 연구는 일반적으로 부정적인 현상으로 취급되던 반복 표현에 긍정적인 의미를 부여하였다. 권순희(2001)는 의사소통 과정을 통제하고 지배하는 한 축인 관계 형성 및 유지 기능과 관련하여 청자를 배려하는 표현의 양상과 방법을 규명하였다. 이 두 연구는 '반복 표현'과 '청자를 배려하는 표현'이라는 언어 사용의 원리를 다루고 있지만, '대화' 지도를 주목적으로 하고 있다는 점에서 '표현·이해 활동' 범주에 귀속시킬 수도 있다.

'표현·이해 활동' 범주 중 읽기에 대한 연구로는 박수자(1993), 김재봉(1996), 이경화(1999), 김혜정(2002)이 있다. 박수자(1993)는 읽기 지도가 기능 중심, 활동 중심에서 전략 중심으로 전환되어야 한다는 기조를 담고 있으며, 당시 교육계 일반에 회자되던 전략의 개념을 국어교육에 도입하였다는 의의가 있다. 그리고 이른 시기에 '표현·이해 활동'을 직접 다루었다는 점도 평가할 만한다. 김재봉(1996)은 텍스트 이론에 기대어 분절 구조, 주제 구조, 관계 구조 등을 활용하여 요약 전략을 도출하였다. 이 연구는 매우 구체화된 요약 전략 7가지를 제시하고 있다. 이경화(1999)는 읽기 연구의 두 가지 축인 텍스트 구조와 배경 지식이 설명적인 글의 독해에 미치는 상호 작용 관계를 실험을 통해 검증하였는데, 별개의 연구 경향을 보였던 두 주제를 통합하여 다루었다는 데 의의가 있다. 김혜정(2002)은 텍스트의 의미는 사회·문화적 맥락에 의존한다는 전제하에, 그러한 의미를 독자가 스스로 구성하고 조정하는 비판적 읽기의 과정에 대하여 연구하였다. 이는 텍스트의 이해를 개인의 인지적인 과정 차원에서 사회·문화적 의미 구성 차원으로 확대하였다는 점에서 주목할 만하다.

말하기·듣기에 대한 연구는 전은주(1998)와 이주섭(2001)이 있다. 전은주(1998)는 말하기와 듣기 교육의 목표, 내용, 방법, 평가 전반을 다루고 있는데, 그 중에서 국어교육의 내용과 관련해서는 정보 전달 측면의 원리와 관계 형성 측면의 원리를 고찰하였다. 이주섭(2001)은 말하기·듣기 교육에서 기존의 과정 중심 접근이 갖는 한계를 지적하고 이를 극복하기 위한 방안으로서 상황 맥락 중심의 교육 내용이 제시되어야 함을 주장하였다. 이를 통해 말하기와 듣기를 분리하지 않고 통합할 수 있는 가능성을 보여 주었다.

쓰기에 대한 연구로는 박태호(2000), 김정자(2001)가 있다. 박태호(2000)는 한동안 주류를 이루었던 과정 중심 쓰기 교육의 한계를 지적하면서 그 동안 소홀하게 취급되었던 '장르'에 주목하여 쓰기 교육의 방향을 새롭게 하였다. 장르 중심의 쓰기 교육은 맥락과 인지와 텍스트를 통합할 수 있는 장점이 있음을 주장하였다. 이러한 관점은 최근 세력을 얻고 있는 사회구성주의 교육관의 영향과 관련이 있다.[6] 김정자(2001)는 글을 쓰는 필자가 대상이나 독자에 대해 가지게 되는 표현 태도를 유형화하고, 여러 가지 표현 태도를 의도적으로 조정하여 표현함으로써 효과적인 표현이 생성될 수 있음을 논하였다. 기존의 인지 중심 연구에 비하여 태도라는 정의적 요소에 관심을 두었다는 점에서 의의가 있다.

이도영(1998)은 언어 사용 영역의 내용을 체계화하기 위한 방안을 연구하였다. 여기서는 텍스트를 중심으로 하여 언어 사용 과정을 결합하는 내용 체계화 방안을 제시하였는데, 현행 교육과정에서 택하고 있는 영역별 제시와는 다른 체계화 방안을 시도하였다는 데 의의가 있다.

최근 들어 '표현·이해 활동' 범주에 속하는 연구들이 많이 나오고 있는 것은 고무적인 일이다. 이는 우선 박사논문에서 다룰 수 있을 만큼 이 방면에 대한 우리의 앎이 그만큼 많아졌다는 것을 의미하는 것이기도 하고, 다른 한편으로 국어교육의 실제 모습이 주로 표현·이해 활동으로 나타난다는 점에서 연구의 실천성을 높이는 것이기도 하기 때문이다. 그렇다고 해서 앞으로의 연구는 이쪽 방면에서만 이루어져야 한다고 생각하는 것은 잘못이다. 이러한 경향의 이동은 국어교육 내용 연구의 폭을 넓혀 가는 것이지, 다른 범주의 무효를 뜻하는 것은 아니기 때문이다. 다른 범주에 속하는 연구들도 그것이 국어교육의 내용과 관련이 있는 한 지속적으로 나와야 할 것이다.

---

6) 이 연구는, 비록 교재 구성 방안에 초점이 있어서 교육 내용 연구와는 약간의 거리가 있지만 과정 중심 쓰기 교육의 관점을 취하고 있는 이재승(1999)과 대응을 이루고 있다. 이 연구에서도 과정 중심 쓰기 교육이 지니고 있는 한계를 스스로 짚고 있다.

2) 문학교육

이 방면의 연구를 발표 순서대로 나열한 다음, 비슷한 경향의 연구끼리 묶어 보면 다음과 같다.

1990 박대호, 「소설의 세계관 이해와 그 문학교육적 적용 연구」, 서울대
1991 김기창, 「국어과 교육에서의 구비문학 제재 수용 양상 연구」, 교원대
1993 박삼서, 「문학교육의 도교 사상적 배경 연구」, 서울대
1994 김창원, 「시 텍스트 해석 모형의 구조와 작용에 관한 연구」, 서울대
1994 최경희, 「동화의 교육적 응용에 관한 연구」, 교원대
1994 염창권, 「한국현대시의 공간 구조와 교육적 적용 방안 연구」, 교원대
1994 김중신, 「서사 텍스트의 심미적 체험의 구조와 유형에 관한 연구」, 서울대
1995 김상욱, 「소설 담론의 이데올로기 분석 방법 연구」, 서울대
1996 정재찬, 「현대시 교육의 지배적 담론에 관한 연구」, 서울대
1996 김선배, 「시조문학 교육의 통시적 연구」, 교원대
1997 이지호, 「연암 박지원의 글쓰기 방법론 연구」, 서울대
1997 최미숙, 「한국 모더니즘시의 글쓰기 방식에 관한 연구」, 서울대
1997 최인자, 「한국 현대 소설 담론 생산 방법 연구」, 서울대
1997 권혁준, 「문학비평 이론의 시 교육적 적용에 관한 연구 - 신비평과 독자 반응 이론을 중심으로 - 」, 교원대
1997 최지현, 「한국 근대시 정서 체험의 텍스트 조건 연구」, 서울대
1998 문영진, 「한국 근대 소설의 신체성 중심의 읽기에 관한 연구」, 서울대
1999 염은열, 「대상 인식과 내용 생성의 관계에 대한 표현교육론적 연구 - 기행가사를 중심으로 - 」, 서울대
1999 유영희, 「이미지 형상화를 통한 시 창작 교육 연구」, 서울대
2000 김혜영, 「한국 모더니즘 소설의 글쓰기 방법 연구」, 서울대
2001 류수열, 「판소리 구연성의 매체 언어적 의의」, 서울대
2001 한창훈, 「강호시가의 문학교육적 가치에 대한 연구」, 고려대

년도	특정 장르의 가치	이념, 사상, 주체 형성	해석과 수용, 향유	글쓰기 (표현) 방식	창작
1990		박대호			
1991	김기창				
1993		박삼서			
1994	최경희		김창원 염창권 김중신		
1995		김상욱			
1996	김선배	정재찬			
1997			권혁준 최지현	이지호 최미숙 최인자	
1998			문영진		
1999				염은열	유영희
2000				김혜영	
2001	한창훈			류수열	

　　언어 교육 영역에서와 마찬가지로 문학 교육 영역에서도 시기에 따라 대체적인 연구 경향이 드러난다. 초기에는 주로 구비문학이나 시조, 동화 등과 같은 특정 장르가 지니고 있는 교육적 가치에 주목하는 연구와, 문학 작품이 지니고 있는 이념이나 사상 등의 내용적 측면 및 그것을 통한 학습 독자의 주체 형성 등에 관심을 둔 연구들이 주류를 이루었다. 그리고 중기에는 문학 작품의 해석과 수용 방식, 향유 방식 등에 관심을 둔 연구가 많았다. 이에 비해 후기에는 문학 작품을 창작하는 과정에서 작가들이 사용한 글쓰기 방식을 추출하려는 연구가 뚜렷한 경향성을 띠고 나타났다. 이것은 최근에 나타난 '문화 교육으로서의 문학 교육'이라는 추상적 명제에 대한 실천적 작업이라는 성격을 지닌다.[7]

---

7) 국어교육에서의 문화교육에 대한 논의는 김대행(1995), 이도영(1996), 우한용(1997), 최인자(2001), 김창원(2002) 등 참고.

특정 장르에 주목하여 그 장르가 지니고 있는 국어교육적 가치를 드러내거나, 그것을 전제한 다음 국어교육에서 어떻게 적용되고 있는지, 혹은 어떻게 적용할 수 있는지를 검토한 연구에는 김기창(1991), 최경희(1994), 김선배(1996), 한창훈(2001)이 있다. 김기창(1991)은 구비문학이 지니고 있는 교육적 의의에 주목하여 구비문학이 국어교육에서 어떻게 다루어져 왔는지 시기별, 하위 장르별로 검토한 다음, 가르칠 가치가 있는 구체적인 제재들을 선정하는 작업을 하였다. 최경희(1994)는 국어교육에서 동화가 시기별로 어떻게 다루어져 왔는지를 살펴본 다음, 동화가 지니는 교육적, 문학적 가치가 활용되어 온 양상을 검토하였다. 김선배(1996)도 사적 연구라는 점에서 앞의 두 연구와 같은 계열에 속한다. 이 연구는 우리 고유의 장르인 시조가 교육과정 및 교과서에서 어떻게 다루어져 왔는지를 시기별로 천착함으로써 이 방면에 대한 반성적 사고를 제공하고 있다. 이들과는 달리 한창훈(2001)은 강호시가가 문학교육적으로 어떤 가치를 지니고 있는지에 대해서 내재적(문학에 관한 교육), 외재적(문학을 통한 교육) 시각에서 논의를 하고 있다.

문학 작품은 가치 지향적인 속성을 지니고 있으며, 문학교육이 지니고 있는 의의 역시 이와 관련되어 있다. 이러한 맥락에서 박대호(1989)는 소설 작품에는 필연적으로 특정의 세계관이 담지되어 있음을 밝히고, 그것을 읽어내고 비판하는 문학교육적 적용의 문제까지 다루었다. 박삼서(1993)는 유교 및 불교와 더불어 한국 문학 사상의 큰 맥을 이루어 온 도교 사상이 고전문학 작품과 국어 교재에 수용되어 온 양상을 밝히고, 문학교육적 의의와 현대적 의미를 논하였다. 특히 이 논문에서는 사상 분석을 위한 단위로서 '사상소'라는 개념을 도입한 것이 눈에 띈다. 김상욱(1995)은 소설을 담론의 특정한 양식이며 이데올로기적 실천의 한 양태로 본 후, 소설 담론에 내재되어 있는 이데올로기를 분석하는 방법을 원리화하여 제시하였다. 이 연구에서는 학습자로 하여금 자신의 이데올로기로 작품의 이데올로기와 대결하게 함으로써 비판적인 주체를 형성할 수 있다고 하였다.

정재찬(1996)은 지금까지 우리의 시교육에서 순수시와 민족시가 어떻게 지배적 위치를 차지하게 되었는지를 분석한 다음, 분석주의와 역사주의에 바탕을 둔 주해 중심의 시교육은 순응적 주체를 형성할 뿐이므로 이를 극복하기 위해서는 갈등 교육의 원리에 입각하여 비판적이고 창의적인 주체를 길러야 함을 논했다.

문학 작품이 존재 가치를 지니기 위해서는 독자들에게 읽혀야 하며, 마찬가지로 문학 작품이 그 교육적 가치를 실현하기 위해서는 학습 독자들이 작품이 지니고 있는 면면을 오롯이 수용하고 향유할 수 있는 능력을 갖추어야 한다. 이런 맥락에서 작품을 해석하고 수용하고 향유하는 방법이나 양상에 대한 연구는 필수적이다. 김창원(1994)은 텍스트 중심의 결정론적 관점과 학습자 중심의 무정부주의가 갖는 문제를 극복하기 위해 기호·소통론적 시교육 이론을 도입하고, 이에 기초하여 '비유적, 반어적, 서술적, 대화적' 시 해석 모형을 구안하였다. 상반되는 두 이론의 약점을 극복하고 대안을 마련하려고 했다는 점에서 권혁준(1997)도 유사한 연구이다. 이 연구는 서로 다른 지향을 보이는 신비평과 독자 반응 이론이 시교육에 미친 영향이나 가능성을 비교·검토함으로써 이 둘의 통합 필요성과 통합 방법을 논의하였다. 김중신(1994)은 서사 텍스트의 일반적인 수용의 구조나 양상을 규명하였다는 점에서 시의 김창원(1994)과 대응된다. 김중신 (1994)은 독자가 자신을 서사 주체의 존재나 행위와 대비해 봄으로써 '선망성, 감계성, 동정성'이라는 심미 체험을 하게 되는 것으로 구조화하였다.

문학 작품 수용과 향유의 일반적인 구조나 원리보다는 구체적인 현상이나 특성에 주목한 연구로는 염창권(1994), 최지현(1997), 문영진(1998)이 있다. 염창권(1994)은 '길'과 '집'으로 대표되는 '공간 구조'라는 개념을 구성한 다음, 이를 현대시 분석에 적용해 봄으로써 공간 구조 중심의 시 읽기의 가능성을 보여 주었다. 최지현(1997)은 '한(恨)'의 정서가 어떤 과정을 거쳐 전통적 정서로서 자리매김하게 되었는지, 그 정서를 구현하기 위한 텍스트 조건이 무엇인지를 규명하였다. 나아가 텍스트를 심미적, 윤리적으로 해석하는 과정에는 문화적 감수성이 작용함을 밝힘으로써 문화교육으로서의 문학교육의 특성을 드러내었다. 문영진(1998)은 이성 중심주의적 미학에 대한 대립항으로서 신체성 중심의 미학이 필요함을 역설하고, 이는 소설 분석 방법의 하나가 될 수 있음을 보였다. 나아가 신체성 중심의 소설 읽기가 역동적이고 심층적이고 총체적인 독서 체험을 가능하게 한다는 점을 논하였다.

문학 작품은 글쓰기 행위의 산물이다. 그리고 글쓰기는, 특히 문학적 글쓰기는 단순히 개인의 인지적 활동에 그치는 것이 아니라 사회·문화적 의미를 실천하는 행위이다. 이런 점에서 문학 작품을 글쓰기 방법이라는 관점에서 접근하는 것은 작품 연구의 방법론이 될 수 있다. 나아가 이러한 연구는 결과적으로 양질의 구체적인 글쓰기 전략을 추출해 줌으로써, 쓰기 교육의 내용을 제공해 준다.

이지호(1997)는 연암 박지원의 글을 중심으로 대상 해석을 통한 발상법에 주목하였다. 필자가 대상을 선정하고 세계와 관계를 짓고 의미를 부여하는 대상 해석과 발상의 방법으로 동의 관계, 반의 관계, 모순 관계 등이 있음을 보였다. 염은열(1999)도 고전 작품의 글쓰기를 논의의 출발로 잡았다는 점이나 대상 인식 문제를 주로 다루었다는 점에서 이지호(1997)와 유사하다. 이 연구는 기행가사를 분석함으로써 관찰(즉물적 인식), 앎(관념적 인식), 투사(주정적 인식)라는 내용 생성의 일반 기제를 도출하였다.

최미숙(1997), 최인자(1998), 김혜영(2000)은 현대 문학 작품의 글쓰기를 다루었다는 공통점이 있다. 최미숙(1997)은 이상과 김수영 시에 나타나는 모더니즘적인 글쓰기 방식을 고찰하고, 그것을 매개로 문학적 글쓰기의 원리와 방법을 구체적으로 제시하였다. 이 연구는 전문 작가의 창작 및 논리적인 글쓰기와는 구별되는 '문학적인 글쓰기'에 관심을 가진 점이 주목된다. 최인자(1998)는 자명화, 보편화되어 있는 지배적 담론을 부정하고 새로운 인식을 지향하는 '반담론(反談論)'을 개념화한 다음, 현대소설 작품에 나타나는 '위반'과 '해체'라는 반담론의 양상과 이러한 양상에 작용하는 원리를 규명하였다. 김혜영(2000)은 모더니즘 소설에서 작가가 시간 구성을 통하여 자기와 세계에 대한 인식을 조정해 나가는 양상을 고찰하고, 이를 통해 시간 구성의 방법이 일반적인 글쓰기의 전략이 될 수 있는 가능성을 보였다.

류수열(2001)은 판소리 연행의 구연성에 주목하고 판소리에 나타나는 연행적 말하기의 원리와 지향을 서사적 형식과 매체적 질료 차원에서 추출하여, 이것이 현대의 매체언어에서 어떻게 맥을 잇고 있는지를 분석하였다. 이 연구는 말하기 방식과 관련된 연구라는 점에서, 그리고 고전 표현 분석에 그치지 않고 현대의 매체 언어의 표현 방식까지 다루었다는 점에서 차별성을 갖는다.

유영희(1999)는 창작 주체가 감각적 사고와 창조적 사고를 통하여 이미지를 형상화하는 방법에 대하여 고찰하였다. 이 연구는 학습자들이 실제로 참고할 수 있는 시 창작 방법을 제공하고자 하는 의도에서 수행되었으며, 단계별 학습 활동까지 제시하고 있다.

지금까지 문학교육 영역의 연구 경향을 살펴보았다. 언어 교육 분야에서와 마찬가지로 이러한 연구 경향의 이동은 이전의 연구를 디딤돌로 삼음으로써 동일 대상의 다른 측면을 볼 수 있게 되었다는 것으로 이해해야 할 것이다. 예컨대 '글쓰기 방식' 범주에서 논의된 '대상 인식'이나 '문화' 개념이 이전 연구의 '세계관'이나 '이데올로기'와 무관할 수 없으며, '글쓰기 방식'이라는 것이 '작품의 구조'와 이에 기대는 '해석 모형' 및 '심미적 체험'과 전혀 별개의 것은 아니기 때문이다.

3. 국어교육 내용 연구의 과제

국어교육의 내용 연구는 내적·외적 요구들을 만족시키면서 그 나름의 논리로 발전해 왔으며 앞으로도 발전해 갈 것이다. 그 발전의 방향이 어디일 것인지, 혹은 어디로 나아가야 할 것인지 단정하기에는 아직 이르며, 연구자의 능력 밖이기도 하다. 다만 여기에서는 선정된 연구물들을 검토하는 과정에서 가졌던 아쉬움이나 바람 등을 바탕으로 앞으로 우리가 해결해야 할 과제에 대해서 단편적으로 정리해 보기로 한다.

1) 언어교육과 문학교육의 이합(離合) 관계 규명

국어교육 내용 연구의 현황을 살펴보는 자리에서 '언어교육'과 '문학교육'을 구분하였다. 처음의 의도는 이 둘을 나누지 않고 한 가지 일관된 축으로 묶어 내 보려고 하였으나 마땅치 않았다. 억지로 둘을 통합해 보면 5가지씩의 각 연구 범주들이 서로 통합되지 않은 채 거의 그대로 나열되는 것이 더 많았다. 이것은 우리의 바람과는 달리, 아직까지는 언어교육 연구와 문학교육 연구가 서로 다른 지향과 접근 방식을 지니고 있음을 의미한다.[8]

문학을 담론으로 보는 일군의 연구들은 언어교육 쪽의 '담화 · 텍스트의 구성 원리' 범주와 연관이 있다. 또한 문학교육 쪽의 '글쓰기(표현) 방법' 범주에 해당하는 연구들은 언어교육 쪽의 '표현 · 이해 활동' 범주와 밀접한 관련이 있다. 이러한 연구들을 통해 우리는 언어교육과 문학교육이 하나가 될 수 있는 가능성을 발견한다.

그러나 차이 또한 엄연히 존재한다. 예컨대 소설 담론의 구성 원리를 밝힌 김상욱(1995)은 '담화 · 텍스트의 구성 원리' 범주에 해당하는 언어교육 쪽의 다른 연구들과 어느 정도 차이가 있다. 이들 사이에는 '가치 지향— 가치 중립', '구체 지향— 추상 지향'이라는 양립 관계를 형성하고 있기 때문이다. 김상욱(1995)에서 이야기하고 있는 '이데올로기적 주체'란 필연적으로 가치 편향성을 지닌 주체이며, 이 경우에는 언제나 '어떤 가치인가' 혹

---

8) 사실상 오랫동안 국어교육의 전공을 크게 '언어교육'과 '문학교육'으로 구분해 온 전통이 있었으며, 이에 따라 공부하는 책의 종류 역시 매우 달랐다.

은 '어떤 가치여야 하는가' 하는 문제가 수반되기 마련이다. 그리고 이것은 다시 구체적인 작가 혹은 작품의 문제로 돌아간다. 박삼서(1993)에서의 논의에 따른다면 반드시 도교 사상을 담고 있는 작품이어야 한다는 것이다. 이와는 달리 언어교육 쪽의 연구는 가치 중립적이고 추상적인 '담화·텍스트의 구성 원리'를 탐구한다. 여기서는 특정의 가치는 논외이며, 구체적인 텍스트가 도입된다 하더라도 그것은 일반 텍스트의 대표로서 자격을 갖는다. 이러한 사정은 '글쓰기(표현) 방법' 범주에서도 마찬가지여서, 문학교육 쪽에서는 특정의 작가 혹은 작가군의 글쓰기를 다루는 데 비해, 언어교육 쪽에서는 글쓰기 일반의 절차나 전략에 더 관심이 있다.[9]

이러한 이야기를 꺼내는 까닭은 어느 한 쪽의 잘잘못을 따지기 위한 것이 아니다. 우리는 무의식적으로 언어교육과 문학교육은 다르다고 서로 외면해 온 것이 아닌지, 혹은 언어교육과 문학교육은 같아야 한다고 당위론적으로만 인식해 온 것이 아닌지 하는 반성을 하고자 함이다. 언어교육과 문학교육, 그 교집합과 차집합의 관계를 본격적으로 천착하는 연구가 필요하다는 것이다. 다시 말해 두 분야의 교집합의 최대치가 어디까지이며 그것을 극대화할 수 있는 방안이 무엇인지, 차집합이 서로에게 미치는 선영향과 악영향이 무엇인지 등에 대한 연구가 없었다는 것이다. 이 문제에 대한 본격적인 탐색이 필요하며, 그 과정에서 국어교육의 내용에 대한 인식의 폭과 깊이를 더해 줄 수 있지 않을까 한다.

2) 전략의 구체화

근래 국어교육 연구에서 전략이라는 용어가 자주 쓰이고 있다. 이처럼 전략이 부각되고 있는 것은 국어 활동이라는 것이 규범적 규칙뿐 아니라

---

9) 이러한 이분법은 그러하여야 한다는 것을 의미하는 것은 전혀 아니고, 현상적으로 지금까지 그래 왔다는 것을 나타낼 뿐이다. 이분법적인 대립에서 벗어나 상호 침투하여 선영향을 극대화하는 관계로 발전하여야 할 것이다.

언어 사용 주체의 구성적 능력에도 의존하기 때문이다. 곧 언어 활동은 유목적적인 행위이고, 그 목적을 효과적으로 달성하기 위해서는 주어진 상황맥락에서 최선의 해결 방법을 찾아야 하는데, 이에는 필연적으로 사용 주체의 전략적 사고가 동원되어야 하기 때문이다.

그런데 이 전략이라는 용어는 논자에 따라 매우 다양한 의미로 사용되고 있는 것으로 보인다. 예를 들면 이도영(1998)에서는 기능과 전략을 전혀 별개의 사고 활동으로 보고 있다. 그래서 '내용 생성하기'는 기능이고 '계획하기'는 전략이다. 여기서는 기능과 전략이 하는 일 곧 기능(機能) 자체가 아예 다르다. 이에 비해 최영환(1996)에서는 기능과 전략은 하는 일은 같고 단지 자동화의 정도에서 차이가 있는 것으로 보고 있다. 따라서 이 견해에 따르면 '내용 생성하기'는 기능이 될 수도 있고 전략이 될 수도 있다. 그렇지만 이러한 개념상의 혼란은 전략 개념이 지니고 있는 무정형성과 융통성에서 비롯되는 것으로서 그리 큰 문제가 아니라고 할 수 있다.

더 큰 문제는 이름만 있고 방법이 없는 전략이 난무하고 있다는 것이다. 다 알다시피 원래 전략이란 군사 용어로서, '치고 빠지기 전략', '聲東擊西 전략' 등과 같이 어떤 목적을 달성하기 위한 방법으로 이름을 붙이는 것이 일반적이다. 이들 전략의 경우 목적은 '적에게 이기는 것'이고, 그 목적을 달성하기 위한 방법이 '치고 빠지는' 것이거나 '동쪽을 치려는 듯이 현혹했다가 실제로는 서쪽을 치는' 것이다. 그런데 국어교육에서 흔히 사용되는 여러 가지 전략 이름들 중에는 목적을 전략 이름으로 그대로 사용하는 경우가 많다. '내용 생성하기 전략', '중심 내용 찾기 전략', '정교화하기 전략', '점검하기 전략' 등이 그러한 경우이다. 이처럼 목적을 드러낸 전략들은 그 목적을 달성하기 위한 방법이 구체화되어 있지 않다는 점에서 엄밀한 의미에서 전략이라고 하기 어렵다. 방법이 구체적으로 확보되지 않은 채 이름만 있는 전략은 전략이 없는 것이며 가르칠 수도 없다. 이름만 있는 전략을 가르치자고 하는 것은 마치 적에게 이기기 위한 구체적인 방법은 제시하지 않은 채 '이기기 전략'을 펼치자고 하는 것과

다르지 않다.[10]

그러면 왜 국어교육 연구에서 명목뿐인 전략이 난무하고 있는가? 그 까닭 중의 하나는 연구 방법상의 문제에 기인하는 것이 아닌가 한다.[11] 전략이란 구체적인 상황에 의존하는 특성을 지니고 있다. 가령 같은 내용 생성이라 하더라도 어떤 주제에 대해, 어떤 목적으로, 누구를 대상으로 하느냐에 따라 내용 생성의 방법이 달라져야 한다. 이런 점에서 본다면 그동안 우리가 구체적인 방법론적 전략을 개발하지 못한 것은 추상적인 층위에 매달려 있었기 때문이라는 설명이 가능하다. 글쓰기 일반의 내용 생성 전략을 구체화하는 것은 사실 쉽지 않다. 그러나 이것을 논설문의 내용 생성 전략으로, 더 나아가 부모님에게 용돈을 올려 달라고 설득하는 글을 쓸 때의 내용 생성 전략으로 층위를 내릴 때, 전략의 실체가 구체화될 가능성이 커질 것이다.

3) 문화론적 시각의 확대

최근 문학교육 영역에서 출발한 문화론적 시각이 국어교육 연구에서 각광을 받고 있다. 물론 예전에도 이러한 시각이 없었던 것은 아니지만, 최근의 연구들은 주장에 그치지 않고 그 구체적인 결과물들을 내어놓고 있다는 점에서, 그리고 연구 범위 또한 대중 문화나 미디어 텍스트로 넓어졌다는 점에서 차이가 있다.[12] 이들 연구들은 우리 식의 국어교육 내용을

---

10) 상황에 따라서는 '중심 내용 파악하기 전략'과 같은 것이 방법상의 전략이 될 수도 있다. 가령 '책을 잘 이해하기 위해서'(목표) 사소한 내용에 주목하지 않고 '중심 내용을 파악해 가며'(방법) 읽는 경우가 이에 해당한다. 그러나 우리가 일반적으로 '중심 내용 파악하기 전략'이라는 말을 이러한 의미로 사용하는 경우는 드물다. 그리고 설령 이러한 의미로 사용하는 경우라 하더라도 중심 내용을 파악하는 구체적인 방법을 알지 못하는 경우라면 원래의 목표를 달성할 수 없다는 점에서 유의미한 전략이 되기 어렵다.
11) 물론 국어교육에서 이야기되고 있는 전략들은 대다수가 그 자체로 정형화하기 어려운 고등 사고라는 점이 가장 큰 이유일 것이다.
12) 단행본으로는 박인기 외(2000)가 있다.

확보한다는 점에서, 그리고 '지금 여기'에서 살아 숨쉬는 국어교육의 내용을 확보한다는 점에서 매우 의의가 있다.

이러한 문화론적인 시각은 더욱 확대될 필요가 있는 것으로 생각된다. 글쓰기를 예로 든다면 지금까지는 주로 문학적인 글쓰기에 대해 이러한 관심을 가졌던 것으로 보이는데, 이에 대응하여 일상적인 글쓰기에도 이러한 시각에서의 접근이 필요하다는 것이다. 가령 강준만 식의 글쓰기가 어떤 특성을 지니고 있고, 현재의 사회·문화적 현상에 비추어 어떤 의미를 지니는지 등에 대해 살펴보고 교육 내용화할 수도 있을 것이다. 이런 것이 가능하다면 실제적인(authentic) 토론이나 비평, 글쓰기를 유도함으로써, 학생들로 하여금 국어문화의 수동적인 수용자에서 나아가 적극적인 참여자로 성장시키는 데 기여할 수 있을 것이다.

그리고 문화론적인 시각은 새로운 내용의 개척과 더불어 기존의 국어교육의 내용에도 적용되어야 할 것으로 본다. 지금까지 우리는 '자주 쓰이는 어휘니까, 국어에는 그런 통사 구조가 있으니까, 그리고 텍스트 구조 유형에는 그런 것이 있으니까' 하며 가르쳐 온 셈이다. 그러나 이들을 가능한 한 문화론적인 시각에서 해석하고 가치 부여를 하는 작업도 필요하다는 것이다. 이를 위해서는 아마도 그 동안 우리가 도외시해 왔던 '국어의 내용론적 연구'나 '일반의미론적인 시각' 등에도 눈길을 주어야 할 것이다.

4) 사고 중심의 내용 체계화

하나의 교과가 독립된 교과로 서기 위해서는 교과적 특수성과 교육적 보편성을 동시에 만족시켜야 한다. 그런데 우리는 지금까지 다른 교과와는 다른 국어과만의 특수성을 확보하는 데, 그리고 연구 분야에서는 국어국문학과의 차별성을 확보하는 데 주력해 왔다. 그리하여 연구의 출발은 대개 '텍스트'이거나 '말하기·듣기·읽기·쓰기'였다.

그러나 국어교육도 교육 현상의 하나인 이상, 교육적 보편성에 대한 관심을 포기할 수 없다. 교육적 보편성 곧 교육 일반이 지향하는 보편적인 가치가 무엇인가 하는 문제는 논자에 따라 조금씩 달라질 수 있겠지만, 그 중에 '사고력'이 핵심의 자리에서 멀리 놓여 있지는 않을 것이다.

따라서 국어교육의 내용에서 사고력도 중요한 축의 하나가 되어야 한다. 이런 맥락에서 사고력을 중심 축으로 하여 국어교육의 내용들을 나열하고 체계화하는 연구도 필요하다. 가령 '비판적인 사고력'이라고 한다면 국어교육의 어떤 내용이 혹은 어떤 활동이 거기에 해당하는지 규명해 보는 것이다. 이처럼 사고력 중심으로 국어교육의 내용을 재배열해 보는 것은 국어교육의 내용들 각각이 갖는 성격을 더욱 명확하게 이해하는 데 도움이 될 것이다.

사고력 중심으로 국어교육의 내용을 재배열하기 위해서는 먼저 '쓸 내용 생성하기', '중심 내용 파악하기', '조직하기', '표현하기' 등과 같은 전통적인 국어 교육의 내용들 각각이 어떤 사고력을 필요로 하며 그 중에서 어떤 사고가 핵심적인 역할을 담당하는지를 정치하게 분석해 내야 할 것이다. 그리고 좀 다른 차원에서 국어교육 관련 활동들, 예컨대 '뒷이야기 꾸미기', '개작하여 연극하기', '신문 만들기', '광고 만들기' 등과 같은 국어교육 관련 활동에 어떤 사고가 작용하는지 분석해 내는 작업 역시 필요하다. 이러한 과정 속에서 국어교육에서 그 동안 소홀했던 사고 범주가 무엇인지, 혹은 지나치게 편중되어 다룬 사고 범주가 무엇인지가 드러날 것이고, 이를 바탕으로 새로운 국어교육의 내용을 개발해 낼 수도 있을 것이다.

5) 경험 요소에 대한 고려

경험 요소가 과연 국어교육의 내용인가 하는 점에 대해서는 논란이 있을 수 있다. 그러나 가령 새로운 국어 교과서를 개발한다고 하면, 사람들이 가장 크게 관심을 가지는 것은 어떤 글이 실렸는가 하는 점이다. 어떤 글이 실렸느냐 하는 문제는 학생들에게 어떤 의미 경험을 제공하려고 하는가 하는 문제로 치환되기 때문이다. 이런 점에서 국어교육의 실천 계획을 세울 때 경험 요소에 대한 고려는 피할 수 없는 해결 과제이며, 이에 대한 연구 역시 필요하다.

가령 글쓰기를 지도하는 경우를 생각해 보자. 늘 '환경 오염 문제'에 대하여 한 편의 글을 써 보자고 할 수는 없는 노릇이다. 따라서 국어교육이 제대로 이루어지기 위해서는 어떤 대상, 어떤 화제, 어떤 주제에 대하여 글을 쓰도록 할 것인지 그 목록을 명세화하고 체계화해야 한다. 이것은 단지 반복 활동을 방지하기 위한 소극적인 의미에서가 아니라, 그 문제들에 대해서 생각하고 해결하기 위해 노력해 보는 경험 자체에 적극적인 교육적 의미를 부여하는 것이다. 이러한 주제 목록이 체계적으로 제시될 때, 학습자들에게 의미 있는 사고 경험을 균형 있게 제공할 수 있을 것이다. 물론 이들 주제를 선정하는 과정에는 그 주제가 갖는 교육적인 의미뿐 아니라 학습자들의 흥미와 시의성, 발달 수준 등도 함께 고려되어야 한다.

읽기 교육에서는 주로 독서 자료가 경험 요소와 관련이 될 것이다. 국어과 내 읽기 교육의 경우라면 앞에서 이야기한 대로 어떤 내용의 글을 실을 것인가 하는 문제가 될 것이고, 그 밖의 경우에는 권장 도서 목록의 선정 문제가 된다. 지금까지는 민족사적 의의나 문학사적 의의, 작품성, 발달성 등이 독서 자료 선정의 주된 기준으로 작용하였다. 이러한 기준과 더불어 그 독서 자료가 어떤 주제나 문제를 담고 있어서 학습자들에게 어떤 지적 경험을 제공해 줄 수 있는가 하는 문제에 대한 고려도 필요하다. 독서를 통한 체계적이면서도 가치로운 경험은 학습자들의 지적 성장에 기여할 것이고, 이것은 다시 국어교육의 튼튼한 지반으로 작용하게 될 것이다.

6) 국어교육의 내용에 대한 메타적 논의

학문이란 위계 구조를 이루며 존재한다. 인문학 아래 언어학이, 언어학 아래 국어학이, 국어학 아래 국어 통사론이 있는 식이다. 이렇게 보면 '교육학' 아래 '국어교육학'이, '국어교육학' 아래 '국어교육 내용론'이 있을 수 있다. 이러한 논리에 따른다면, '국어교육 내용론' 역시 하나의 학문 체계를 이룰 수 있고, 이를 위해서는 이 방면에 대한 메타 담론이 필요하다.

이에 대한 논의가 전무한 상태에서 국어교육 내용론이 구체적으로 어떤 모습을 갖출 수 있을지 단정하기는 어렵다. 다만 상식적인 수준에서 떠오르는 대로 나열해 본다면, '국어교육의 이념 및 목적과 내용의 관계에 대한 논의', '국어교육의 내용이 갖추어야 할 조건에 대한 논의', '국어교육의 내용 개발 방법론에 대한 논의', '국어교육의 내용 체계화 방안에 대한 논의', '국어교육의 내용 선정과 배열에 대한 논의', '국어교육의 내용 구현 방안에 대한 논의' 등이 있을 수 있을 것이다. 이러한 메타적인 논의들이 왕성하게 전개되어 자리를 잡게 된다면, 우리는 가치있고, 풍부하고, 체계적이며, 실현 가능한 국어교육의 내용을 확보할 수 있게 될 것이다.

4. 덧붙임말

지금까지 근래에 나온 국어교육 내용과 관련되는 박사학위논문을 살펴보고, 앞으로의 연구 과제에 대해서 연구자 나름의 생각을 개진해 보았다. 그 내용을 따로 요약할 필요는 없을 것이다.

박사 논문을 검토하는 자리에서 곳곳에 오류가 있을 것이다. 방대한 논의를 두어 줄로 담아 내는 과정에서 경중을 제대로 가리지 못한 경우도 있을 것이고, 다면적인 성격을 가진 연구를 어느 한쪽으로 몰아 넣어 분류한 오류도 있을 것이다. 그리고 짧은 식견 탓으로 엉뚱하게 이해한 것도 있지 않을까 무엇보다 두렵다. 이들 모든 잘못에 대해 꾸짖어 주기 바란다.

개별 논문에 대한 비판은 가급적 삼갔다. 그것은 박사 논문 한 편은 필자 한 사람의 노작이기보다는 당시 우리 국어교육학계의 관심과 수준을 대표하는 것이라고 생각했기 때문이다. 과오가 있었다면 우리 모두의 잘못이고, 성과가 있었다면 그것 역시 우리들 모두의 노력에서 비롯된 것으로 보는 것이 정당할 것이다.

여러 논문들을 검토해 본 결과 짧은 기간에도 상당한 발전이 있었다는 것을 확인할 수 있었다. 그러나 여전히 우리 앞에는 해결해야 할 과제가 만만치 않게 놓여 있다는 것도 확인할 수 있었다. 물론 그 과제가 여기에 제시된 것에만 한정되는 것은 아닐 것이다. 어쩌면 국어교육 내용에 대한 우리의 이해가 깊어지면 깊어질수록 더 많은 연구 과제가 생겨날 수도 있다. 가야 할 길이 먼 만큼 더 힘을 내야 할 것이다.

참고 문헌

1. 단행본

김대행(1995), 『국어교과학의 지평』, 서울대 출판부.

김창원(2002), 「국어교육과 문화론-'국어 문화 창조'의 이념은 정당한가-」, 한국 초등국어교육학회 발표 자료집.

박인기 외(2000), 『국어교육과 미디어 텍스트』, 삼지원.

브링커, 이성만 역(1994), 『텍스트언어학의 이해』, 한국문화사.

서울대학교 교육연구소(1994), 『교육학 용어사전』, 하우동설.

우한용(1997), 『문화교육과 문화론』, 서울대 출판부.

이도영(1996), 「문화교육으로서의 국어교육」, 선청어문 24, 서울대 국어교육과.

이홍우(1992), 『증보 교육과정 탐구』, 박영사.

최영환(1996), 「읽기 교육의 목표와 내용 설정을 위한 이론적 탐색」, 국어교육학 연구 6, 국어교육학회.

최인자(2001), 『국어교육의 문화론적 지평』, 소명출판.

허경철·정재걸(1995), 「해방 이후 초·중등학교 교육 내용과 방법의 추세」, 『광복 50주년 기념 논문집 6』(교육), 광복 50주년 기념사업 위원회·한국 학술진흥재단.

2. 박사학위논문

권순희(2001), 「대화 지도를 위한 '청자 지향적 관점'의 표현 연구」, 서울대 박사학 위논문.

권혁준(1997), 「문학비평 이론의 시 교육적 적용에 관한 연구-신비평과 독자 반응 이론을 중심으로-」, 교원대 박사학위논문.

김기창(1991), 「국어과 교육에서의 구비문학 제재 수용 양상 연구」, 교원대 박사학 위논문.

김봉순(1996), 「텍스트 의미 구조의 표지 연구」, 서울대 박사학위논문.

김상욱(1995), 「소설 담론의 이데올로기 분석 방법 연구」, 서울대 박사학위논문.

김선배(1996), 「시조문학 교육의 통시적 연구」, 교원대 박사학위논문.

김재봉(1996), 「텍스트 요약 전략에 대한 국어교육학적 연구」, 조선대 박사학위논문.

김정자(2001), 「필자의 표현 태도 연구」, 서울대 박사학위논문.

김중신(1994), 「서사 텍스트의 심미적 체험의 구조와 유형에 관한 연구」, 서울대 박사학위논문.

김창원(1994), 「시 텍스트 해석 모형의 구조와 작용에 관한 연구」, 서울대 박사학위논문.

김혜영(2000), 「한국 모더니즘 소설의 글쓰기 방법 연구」, 서울대 박사학위논문.

김혜정(2002), 「텍스트 이해의 과정과 전략에 관한 연구」, 서울대 박사학위논문.

노은희(1999), 「대화지도를 위한 반복표현의 기능 연구」, 서울대 박사학위논문.

류수열(2001), 「판소리 구연성의 매체 언어적 의의」, 서울대 박사학위논문.

문영진(1998), 「한국 근대 소설의 신체성 중심의 읽기에 관한 연구」, 서울대 박사학위논문.

박대호(1990), 「소설의 세계관 이해와 그 문학교육적 적용 연구」, 서울대 박사학위논문.

박삼서(1993), 「문학교육의 도교 사상적 배경 연구」, 서울대 박사학위논문.

박수자(1993), 「읽기 전략 지도 교재 구성에 관한 연구」, 서울대 박사학위논문.

박태호(2000), 「장르 중심 작문 교육의 내용 체계와 교수-학습 원리 연구」, 교원대 박사학위논문.

서 혁(1996), 「담화의 구조와 주제 구성에 관한 연구」, 서울대 박사학위논문.

서덕현(1992), 「학교 문법의 경어법 기술에 관한 연구」, 서울대 박사학위논문.

손영애(1992), 「국어 어휘 지도 방법의 비교 연구」, 서울대 박사학위논문.

송현정(1998), 「한국어의 호응 관계에 대한 국어교육적 연구」, 서울대 박사학위논문.

심영택(1995), 「문법 지식의 확대 사용 전략에 대한 연구」, 서울대 박사학위논문.

염은열(1999), 「대상 인식과 내용 생성의 관계에 대한 표현교육론적 연구 -기행가사를 중심으로-」, 서울대 박사학위논문.

염창권(1994), 「한국현대시의 공간 구조와 교육적 적용 방안 연구」, 교원대 박사학위논문.

유영희(1999), 「이미지 형상화를 통한 시 창작 교육 연구」, 서울대 박사학위논문.

이경화(1999), 「담화 구조와 배경 지식이 설명적 담화의 독해에 미치는 효에 관한 연구」, 교원대 박사학위논문.

이도영(1998), 「언어 사용 영역의 내용 체계에 대한 연구」, 서울대 박사학위논문.

이삼형(1994), 「설명적 텍스트의 내용 구조 분석 방법과 교육적 적용 연 구」, 서울대 박사학위논문.

이성영(1994), 「표현 의도의 표현 방식에 관한 화용론적 연구」, 서울대 박사학위논문.

이은희(1993), 「접속관계의 텍스트 언어학적 연구」, 서울대 박사학위논문.

이재승(1999), 「과정 중심의 쓰기 교재 구성에 관한 연구-초등학교를 중심으로- 」,

　　　　　　　한국교원대 박사학위논문.
이종철(1993), 「의사소통 능력 향상을 위한 함축적 표현의 연구」, 서울대 박사학위
　　　　　　　논문.
이주섭(2001), 「상황맥락을 반영한 말하기・듣기 교육의 내용 구성에 관한 연구」, 교
　　　　　　　원대 박사학위논문.
이지호(1997), 「연암 박지원의 글쓰기 방법론 연구」, 서울대 박사학위논문.
이충우(1992), 「국어 교육용 어휘 연구－국민학교・중학교 국어과 교육용 어휘 선
　　　　　　　정을 중심으로」, 서울대 박사학위논문.
전은주(1998), 「말하기・듣기의 본질적 개념과 교육과정 구성 방안 연구」, 고려대
　　　　　　　박사학위논문.
정재찬(1996), 「현대시 교육의 지배적 담론에 관한 연구」, 서울대 박사학위논문.
주경희(1992), 「국어 대명사의 담화분석적 연구」, 서울대 박사학위논문.
최경희(1994), 「동화의 교육적 응용에 관한 연구」, 교원대 박사학위논문.
최미숙(1997), 「한국 모더니즘시의 글쓰기 방식에 관한 연구」, 서울대 박사학위논문.
최영환(1993), 「합성 명사의 지도에 대한 연구」, 서울대 박사학위논문.
최인자(1997), 「한국 현대 소설 담론 생산 방법 연구」, 서울대 박사학위논문.
최지현(1997), 「한국 근대시 정서 체험의 텍스트 조건 연구」, 서울대 박사학위논문.
한창훈(2001), 「강호시가의 문학교육적 가치에 대한 연구」, 고려대 박사학위논문.

국어과 교육에서의 구비문학 제재 수용 양상 연구

■ 김기창, 한국교원대 박사학위논문, 1991 ■

1. 논문 목차

2. 내용

1) 연구 문제

이 논문은 구비문학교육의 필요성을 제시하고, 개화기 이후의 우리나라 교과서에 실린 구비문학 자료들에 대한 사적(史的) 고찰을 통해 그 수용 양상을 검토한 후, 구비문학 제재의 선정 기준을 제시하고자 하였다.

2) 주요 내용

이 논문은 그 동안 구비문학교육 및 구비문학교육사에 대한 연구가 없었음을 인식하고, 이에 대한 체계적인 검토가 필요하다는 점을 지적하고 있다. 이에 개화기 이후 우리나라 국어 교과서에 실렸던 구비문학 제재를 사적으로 검토함으로써 그 수용 양상을 살피고, 이를 토대로 좀더 바람직한 구비문학교육을 위한 제재 선정 기준을 마련하고자 하였다.

본격적인 논의를 시작하기에 앞서, 먼저 구비문학을 교육하는 목적으로 1) 구비문학 작품을 바르게 이해하고 감상하는 능력 함양, 2) 구비문학 작품 감상을 통한 체험의 확대와 정서의 순화, 상상력·심미성의 함양, 3) 바람직한 인간 형성, 4) 전통문화의 계승 발전을 들고 있다.

그리고 시기별로 구비문학교육에 대한 검토를 진행해 나갔는데, 그 주요 내용은 다음과 같다. '교수요목기'에서는 잃었던 나라와 말을 되찾은 상황이어서 한글을 깨우치려는 교육이 중심이 되다가, 후기에는 민족 정신을 고취하려는 차원에서 구비문학 제재가 교과서에 많이 실렸다. '제1차 교육과정기'에서는 '국어사용기능의 신장'이 중심이었고, 구비문학 제재도 교수요목기에 비해 많이 줄어들었다. 그러나 설화의 경우 기본형을 변이형보다 중시하고, 속담의 경우 그 특징이나 생성 과정들을 잘 보여주는 등 수록 방법 면에서는 진일보하였다. '제2차 교육과정기'에서는 국어과 교육을 '인간 형성의 교육'으로 보고자 하는 관점이 좀더 강조되었고, 이에 따라 수록 제재의 수도 크게 증가했다. 또한 학습 내용과 방법을 구체적으로 제시해 주고 발전적인 과정으로까지 연결시켜 주고자 하는 등 제재 수록 방법도 발전하였다. '제3차 교육과정기'에서는 '인간 교육의 강화'가 중심이 되어 다른 문학 작품은 앞 시기보다 많이 수록되었으나, 구비문학 작품들은 오히려 수록 수가 줄어드는 양상을 보였다. 그러나 전체적으로는 2차 교육과정기와 큰 차이가 없다. '제4차 교육과정기'에서는 문학교육이 강화되기는 했지만 구비문학 교육은 크게 발전된 것이 없었다. 다만 설화를 극본 형식으로 수록하는 등 제재 수록 방법은 발전하였다. '제5차 교육과정기'에서는 전체적으로 구비문학 제재 수가 현저하게 증가하였다. 특히 민속극 제재가 처음으로 교과서에 실리고 속담과 수수께끼는 학습의 체계성·계열성 등을 고려하여 제재를 구성하는 등 제재 수록 방법이나 선정 면에서 많이 발전하였다.

이상과 같이 교과서에 실린 구비문학 작품의 수록 양상을 분석한 후, 본 논문에서는 이를 토대로 구비문학 작품의 선정 기준을 제시하고자 하였다. 이는 크게 버튼과 푸크의 논의와 김은전의 논의에 기댄 것으로 다음과 같다. 바람직한 구비문학교육을 위해, 구비문학 작품은 1) 각 갈래의 형식적 내용적 특징을 잘 보여주는 작품, 2) 전승 집단인 우리 민족의 생활, 사상, 감정, 주체성, 의지가 잘 나타나는 작품, 3) 재미있고 감동적이며 우리말의 아름다움을 잘 느낄 수 있는 작품이어야 한다.

정리하면, 이 논문은 구비문학 작품들의 교과서 수록 양상을 사적으로 치밀하게 고찰하고 제재 선정의 기준을 제시함으로써, 구비문학교육의 필요성 및 연구의 필요성을 선도적으로 제기하였다는 점에 그 의의를 찾을 수 있다고 하겠다.

3) 핵심 어구

구비문학, 구비문학교육

3. 논의점

1) 문학교육적 관점

이 논문의 핵심이 되는 부분은 구비문학 제재 수록 양상에 대한 사적 고찰 부분이다. 이와 관련하여 박붕배의 『한국국어교육전사(上)』(대한교과서

주식회사, 1987.)의 논의에 기대어 시대적 구분과 제재 수록 양상을 살피고 있다.

이처럼 이 논문은 기존의 방대한 교과서 자료를 면밀히 검토하여 구비 문학 작품의 수록 양상을 일별하였다는 점에서 그 의의를 찾을 수 있으나, 전체적으로 자료의 정리와 연구자의 개인적 주장으로 그치고 말았다는 인상을 준다. 그 가장 주된 원인은 문학교육을 바라보는 관점이 확실히 서 있지 않은 데 있는 것으로 보인다. 이것은 사실 연구자 개인의 한계라기보다는 이 연구가 진행되던 시기가 문학교육에 대한 이론적 논의가 막 태동되던 시점이었다는 시기적 한계 때문이라고 보인다. 그러므로 지난 10여 년 간의 문학교육 연구사를 바탕으로 더 보완된 연구가 나올 필요가 있다.

또한 이 논문은 최근 문화 교육(文化敎育)과 표현 교육(表現敎育)의 차원에서 더욱 중요성이 부각되고 있는 구비문학을 논의의 대상으로 삼고 있다는 점에서, 비록 국어교육학 초창기의 논문이지만 매우 주목되는 연구 성과라고 할 수 있다. 그러나 구비문학교육의 필요성을 제기한 것은 의미 있는 일이되, 국어교육 혹은 문학교육의 관점에 입각하여 구비문학의 특성을 종합적으로 고찰하지 못한 점이 아쉽다.

2) 매체 언어의 특질에 대한 고찰

매체로서의 음성 언어, 구술 언어의 특질에 대한 논의는 구술문학의 특징과 그 문화적 가치, 현재적 가치를 논하는 데 있어 핵심적인 위치를 점한다. 매체의 발달과 더불어 문자 언어가 우위를 점하던 상황에서 음성 언어의 중요성이 다시 인식되는 시대로 접어들고 있기 때문이다. 음성 언어가 다시 활성화되는 문화적 상황과 맞물려 음성 언어의 보고(寶庫)라 할 수 있는 구비문학에 대한 연구가 더 활발해질 것이며, 그 연구 결과를 바탕으로 한 구비문학교육의 중요성은 더욱 부각될 것으로 보인다. 이에 언어 사용의 변화 상황을 고려한 보완이 이루어져야 할 것이다.

3) 학습자 발달 상황에 대한 고려

이 논문에서는 구비문학 작품의 제재 선정 기준을 제시하는 데 있어, 버튼과 후크 등의 문학 작품 선정 기준을 인용하고 있다. 이에 장르별로 기준을 제시하기도 하고, 특정한 작품들을 거론하면서 교과서에 실려야 한다는 주장을 펴기도 하였는데, 이와 관련하여 학습자의 발달 수준에 대한 고려를 찾아볼 수 없다. 적어도 교과서 개발과 관련된 논의라면, 학습자의 인지적·정의적 발달 양상에 대해 끊임없이 고려해야 할 것이다. 이러한 점을 고려한 후속 연구가 나올 필요가 있다.

그리고 외국 이론에 기대어 문학 제재의 선정 기준을 논한 것 역시 문제가 될 수 있다. 문학 제재의 수용을 논할 경우, 해당 문화의 사상 및 가치관과 별개로 다루어질 수 없기 때문에, 문화 보편적인 선정 기준이 얼마만큼 우리 국어교육에서 타당하게 받아들여질 수 있을지 의문이다. 실제 학습자의 인지적이고 정의적인 발달 양상과 문학 작품 수용 양상을 경험적으로 다루어볼 필요가 바로 여기에 있다.

4) 구비문학의 특질에 대한 주목

이 논문에서는 구비문학을 기록된 텍스트 차원에서 다루고 논하고 있다는 한계가 있다. 구비문학의 독특한 특질, 즉 구연성(口演性), 연행성(燕行性), 말하기 방식 등에 주목하기보다는, 제재 차원에서 그 목록을 통시적으로 분석하는 데 그쳤다고 판단된다. 구비문학을 기록 텍스트 차원이 아니라 실제 연행 자료, 구연 자료로서 다루고 이를 교육해야 할 필요성이 있다.

4. 의의와 발전 방향

이 논문은 연구자가 이미 언급한 것처럼 문학교육의 중요성이 강조되기 시작한 시기에 구비문학 교육의 문제를 정면으로 다룸으로써 구비문학 교육에 대한 연구의 필요성을 제기한 연구라고 할 수 있다. 이에 그 시의적(時宜的) 적절성만으로도 연구의 의의를 충분히 찾을 수 있다. 또한 구비문학 작품의 교과서 선정 기준을 제시함으로써 교과서 개발이라는 실제적인 교육 활동에 도움을 줄 수 있는 실용성도 갖추고 있다.

하지만 구비문학의 특질을 중심으로 정연한 분석의 과정을 거치지 않은 채 그 보편타당한 가치만을 역설하고 있어서, 구비문학 작품의 가치와 교육적 필요성을 설득력 있게 펼쳐내지 못했다는 인상을 준다. 그렇기 때문에 구비문학 작품의 선정 기준을 제시할 때에도, 구비 문학 작품의 고유한 특질과 학습자의 인지적·정의적 발달 단계 등을 고려하지 못하였고, 그 결과 연구자 개인의 주장에 그친 감이 없지 않다. 이론적이고 경험적인 연구에 터한 좀더 타당한 기준의 제시가 필요할 것이다. 그리고 이 기준은 당연히 국어교육적 관점을 바탕에 깔고 제시되어야 할 것이다.

필자의 변

이 논문은, 논문의 서론에서 밝혔듯이 구비문학 교육에 관한 기초적 연구로, 개화기 이후 제 5차 교육 과정기까지 구비문학 작품들의 교과서 수용 양상을 사적으로 고찰하는 데에 중점을 두었고, 이를 토대로 문제 제기의 차원에서 구비문학 교육이 나아가야 할 바람직한 방향에 대해 간략히 다루었다.

이를 연구하는 데에 초, 중·고교 국정 국어과 교과서, 교육 과정, 교사용 지도서 등의 내용 분석을 통한 교육 과정 운영 지침의 실행 상황을 파악하는 방법을 주로 적용했으므로 구비문학을 기록된 텍스트 차원에서 다루고 논할 수밖에 없었다.

연구자의 능력 부족과 구비문학에 대한 이론적 논의가 거의 없었던 시기적 한계로, 국어교육 혹은 문학교육의 관점에서 구비문학의 특성에 대해 종합적 고찰을 하지는 못했고, 매체 언어의 특질 면에서 구비문학 작품의 양식적 핵심을 이루는 '구술성'에 대해 논하지 못했으며, 학습자의 인지적, 정의적 발달 수준을 고려한 제재 선정기준을 제시하지 못했다.

논문 발표 당시, 연구자도 이러한 점을 아쉽게 여기고, 후속 작업을 계속 시도하고 있으나, 아직 내세울 만한 성과를 거두지는 못하고 있다.

학교문법의 경어법 기술에 관한 연구

■ 서덕현, 서울대 박사학위논문, 1992 ■

1. 논문 목차

2. 내용

1) 연구 문제

본 논문은 해방 이후 경어법 교육이 소기의 목적을 달성하지 못하였다는 전제에서 출발하였다. 그리하여 1949년부터 1990년까지 간행된 검인정 및 국정 문법 교과서에 기술된 한국어 경어법의 실상을 밝혀 비판한 다음, 학습자(청소년)에게 가르쳐야 할 경어법 관련 내용을 마련하고 이에 따른 바람직한 교재 구성의 대안을 제시하고자 하였다.

2) 주요 내용

이 논문에서는 1949년부터 1990년까지 간행된 중·고등학교 검인정 및 국정 문법 교과서에 기술된 한국어 경어법의 실태를 밝혀 비판하기 위해서, 먼저 우리 나라 중·고등학교 문법 교과서를 1·2차 검인정기(1949~1965. 7.), 제1차 통일문법 검인정기(1966~1978), 제2차 통일문법 검인정기(1979~1984), 제1차 통일문법 국정기(1985~1990)로 구분한 후, 각각의 문법 교과서에 기술된 경어법 체계를 횡적, 종적으로 비교·분석하였다. 그리고 그 결과를 현대 표준어권 청소년들의 경어법 체계(1984년 조사)와 비교함으로써, 그 적절성을 평가하고자 하였다.

이 비교를 위해 경어법 체계의 분류 기준을 '대우(待遇)의 대상'으로 정하여 3원적인 하위 경어법 체계(주체경어법, 상대경어법, 객체경어법)로 분류하고, 그 밖에 경어법의 특수 어휘를 별도로 다루었다.

먼저 2장에서는 각 시기의 문법 교과서별로 경어법의 명칭과 그 범위 및 기술상의 위치를 개관하여 비교·논의하고, 주체경어법, 상대경어법, 객체경어법 등의 어형을 구체적으로 조사, 용언의 어간과 어미 등으로 분석하여 비교하고 논의하였다. 또한 경어법의 특수 어휘를 대우 대상과 관련된 어휘, 화자와 관련된 어휘, 접미사로 나누어 비교·논의하였다.

그런 다음 그들 각 결과를 80년대 표준어권 청소년(학습자)들 경어법의 체계와 비교하여 논의하였다. 특히 경어법 특수 어휘의 문법적 기술에 대한 대안을 제시하였다. 그리고 경어법의 호응 관계도 역시 공시적·통시적으로 비교하고 논의하였다. 이 과정에서 '경어법'이 바른 용어이며, '주체-상대-객체' 경어법의 3원적 분류 방식이 옳고, 특히 객체 경어법은 실존하는 하나의 경어법 체계이며, 경어법은 품사론의 층위가 아니라 통사론의 층위에서 기술되어야 한다는 것 등을 제안하고 있다.

3장에서는 이상과 같은 경어법 분석·비교의 결과에 따라 바람직한 교재를 구성하기 위한 논의를 이끌어내고 있다. 구체적으로 경어법 교육의 내용 요소라고 할 수 있는 '자료'를 학습자의 이해어휘와 표현어휘 중심으로 추출하고, 그 자료를 교재로 구체화하기 위한 원리, 체재, 내용, 용어 등에 대한 논의와 대안을 제시하고 있다.

정리하면 이 논문의 핵심적인 과제는 역대 문법 교과서들(1949년~1990년)을 분석하는 일이라고 할 수 있다. 따라서 이 논문의 정당성은 분석에 사용한 준거가 무엇인가에 달려 있다. 이 논문에서 사용한 분석 준거는 구조주의에 입각한 90년대 초의 경어법에 대한 국어학의 학문적 성과이다. 이를 바탕으로 역대 문법 교과서에 사용된 '경어법'에 대한 용어, 분류의 기준, 기술의 층위, 기술의 정확성 등을 분석하고 있다. 한편 이 논문에서 지향하고 있는 또 하나의 뼈대는 경어법을 교육론적인 관점에서 보고자 노력하고 있다는 점이다. 그리하여, 학습자들의 현실적인 언어 사용 실태나 발달 단계를 비교의 자료로 사용하였고, 이해 어휘와 표현 어휘를 구별하여야 한다는 주장을 하고 있다.

3) 핵심 어구

주체경어법, 상대경어법, 객체경어법, 교재의 자료(내용), 발화어휘, 이해어휘, 교재의 구성

3. 논의점

1) 교과서 연구(역사적 시각)의 필요성 및 방향

교과서는 당시의 교육 이념과 국어교육적 관점이 투영된 귀중한 자료라는 점에서 이를 잘 보존하고 연구하는 것이 매우 중요한데, 현재 교과서를 분석한 연구가 턱없이 부족한 형편이다. 미래의 발전 방향은 과거를 돌이켜볼 때 가능하다는 점에서 국어교육사에 대한 관심이 필요하다.

2) 교과서 분석의 준거

첫째, 90년대 초반의 경어법 연구에 대한 성과를 바탕으로 이전의 문법 교과서를 분석·비판하는 것은 문제가 있다. 학문이 점진적으로 발전한다는 가정을 수용한다면, 당시의 학문적 수준에서 기술된 이전 교과서의 경어법 기술은 당연히 문제가 있을 수밖에 없다. 역사 연구에서 현대의 시각으로 당시를 평가하는 것은 정당하지 못하다.

둘째, 이전 문법 교과서의 문제점을 84년 시점의 청소년 경어 사용 실태와 비교하여 도출하는 것도 문제가 있다. 수십 년의 간격이 있기 때문에 그 동안 경어 사용 실태가 상당히 변화했을 가능성이 높다.

3) 국어교육적 시각의 반영 여부

가. 문법 교과서의 경어법 기술을 분석하는 과정에서 교육적인 관점이 부족하다.

이 논문에서는 문법 교과서의 경어법을 기술할 때 교육적인 시각이 개입해야 한다고 주장하고 있으나, 실제 자료 분석에서는 이것이 적용되지 않고 있다. 즉 역대 문법 교과서들을 '단지' 90년대 초의 '국어학적 성과' 인 3원적 분류 방식에 따라 비교 · 분석하고 있을 뿐이다. 분석의 실제 내용은 역대 교과서 필자들이 경어법에 대해 얼마나 올바르게 이해하고 있는가 하는 것이다. 따라서 그 문법 교과서들이 어떠한 국어교육적 시각에서 기술되었고, 기술된 내용이 교육적으로 어떤 의미를 지니는지, 그 교과서가 의도하고 있는 교육 방법은 무엇이고, 또 어떤 의미가 있는지 등에 대한 교육적인 관점에서의 분석은 찾아보기 어렵다. 교육적 관점으로 경어법 기술이 이루어져야 한다고 하고 있으나, 사실은 이 논문도 '국어학'의 학문적 체계와 범위에서 크게 벗어나지 못하고 있는 느낌이다. '국어교육'이라는 창으로 국어 현상을 바라보고 분석하는 태도가 요청된다.

나. '목표 언어'가 명확하게 규정되어 있지 않다.

이 논문은 청소년들의 경어 사용 실태에 어울리는 경어법 교육이 이루어져야 한다는 주장을 하고 있다. 그런데 이러한 주장이 성립하기 위해서는, 목표 언어 수준을 청소년 언어로 할 것인지 아니면 성인이 되었을 때에 사용하는 언어로 할 것인지, 혹은 둘 모두로 할 것인지에 대한 진지한 논의가 있어야 할 것이다.

4) 국어 지식 교육의 방향

가. 문법 현상을 설명하고 해석할 때에는, 실질적이고 다양한 자료를 토대로 해야 한다.

인위적으로 만든 언어 자료를 토대로 문법 현상을 설명하는 것이 아니라, 실제 우리 주변에서 사용되고 언어 자료(authentic data)를 토대로 언어 사용 양상을 관찰하고 기술해야 할 필요가 있다. 예를 들어 실제 우리 주변에서 경어법이 사용되는 다양한 양상을 관찰해 본다면, 이들은 현재의 사회언어적 지표의 하나로 활용될 수 있을 것이다.

나. 국어 지식도 언어문화의 일부라는 관점이 필요하다.

언어문화라는 관점에서 보면, 국어 지식의 내용이나 교수·학습 방법 역시 달라져야 할 것이다. 가령 궁극적으로 경어법 교육은 '상황별 경어법 사용 전략'이나 경어법 사용으로 드러나는 '화자들 간의 권력 관계' 등 그 사회·문화적 측면을 함께 제시함으로써, 학습자들로 하여금 언어문화적 관습을 획득할 수 있도록 하는 방향으로 나아가야 할 것이다. 결국 전략의 학습은 문화적 맥락을 포괄하는 방향으로 나아가야 한다. 이때 언어문화의 내용 자체가 매우 중요한 전략이 되어야 함은 주지의 사실이다.

다. 국어 지식 교육은 기존의 통사론의 관점을 벗어나야 한다.

이 논문은 통사론적인 관점을 크게 벗어나지 못하고 있다. 바람직한 교재 구성의 방향을 언급하는 자리에서 사회언어학, 화용론, 텍스트 이론 등의 관점이 도입되어야 함을 이야기하고 있으나, 실제 이 논문에서는 이러한 관점에서 기존 문법 교과서를 분석하지도 않았고, 또한 미래의 교재 구성 방안에서도 이를 위한 진지한 논의를 하지 못하고 있다. 예컨대 화용론적인 관점에 선다면, 경어법을 활용하여 다른 사람과 더 친근해지거나, 적당한 거리를 유지하는 등의 내용과 방법이 교육 내용으로 포함될 수도 있을 것이다.

5) 언어 현상에 대한 규범적 접근 對 기술적 접근

언어 현상에 대한 규범적 접근은 이미 한계에 이르고 있다. 최근 기본적으로 규범적 관점을 취하고 있는 각종 연구 성과물들도 언중들의 실제 언어 사용 양상을 점차 중시하는 방향으로 나아가고 있다. 그러나 언어 현상에 대한 규범적 개입도 반드시 필요한 작업이며, 실상 그 동안 소홀히 해 온 것이 사실이다. 예를 들어, 소리의 장단(長短)을 구별하는 문제가 그러하다.

그러므로 현상 자체를 기술할 것인가, 현상을 오류로 간주하고 이를 교정하는 데 중점을 둘 것인가는 연구자가 결정해야 할 태도 및 관점의 문제다.

4. 의의와 발전 방향

이 논문은 경어법이라는 국어교육의 구체적인 내용 요소에 대해 역사적 접근을 함으로써 그 발전 방향을 도출해 내려고 하였다는 점에서 긍정적이다. 특히 기왕의 자료를 빠뜨리지 않고 섭렵하였다는 점에서 문법 교육의 방향을 관념적인 수준에서 논의하던 당시의 수준에서 진일보하였다. 그리고 비교의 자료로서 적절하고 또 믿을 만한가 하는 의문과는 별개로, 학습자들의 경어법 사용 실태를 조사하여 비교의 준거로 활용한 것도 의미 있는 일이다.

그러나 논문에서 표방하였던 '교육적 시각'이 덜 반영된 점이 아쉽다. 같은 경어법이라고 하더라도 순수 학문적인 시각에서 바라보는 것과 교육적인 시각에서 바라보는 것은 차이가 있을 수 있다. 경어법이 비록 중요한 언어 현상이라고 하더라도, 교육적으로는 어떤 가치를 지니고 있는지, 경어법과 관련되는 여러 현상들 중에서 교육적으로 더 의미 있는 것은 무엇인지, 경어법이 국어 능력에 어떤 점에서 어느 정도로 의미를 지니는 것인지, 경어법이 문화 맥락과 어떤 관련이 있는지 등에 대한 깊이 있는 천착이 필요할 것이다.

필자의 변

1) 논문을 쓴다고 할 때에는 어떤 하나의 관점을 갖기 마련이다. 그러나 한 편의 논문을 놓고 다양한 관점에서 분석·비판하는 것이 가능하다. 이

런 일련의 작업 결과는 그 논문의 주제와 관련된 또 다른 연구 과제를 제공할 수 있으리라 생각한다. 이런 면의 연구에 대해 후배님들의 많은 노력이 필요할 것으로 보인다.

2) 연구의 대상이 언어라고 할 때, 그 시기 구분을 통시적으로 볼 것이냐 공시적으로 볼 것이냐 하는 문제가 제기될 수 있다. 가령 객체경어법 체계가 50년대나 90년대나 다르지 않다고 한다면, 공시적(共時的)으로 처리하는 것이 좋다고 본다. 국어교육과정과 관련하여 교과서를 분석하는 일은 또 다른 문제라고 본다.

3) 언어와 관련하여 볼 때에, 국어교육에서 기술적(記述的)인 것은 결과적으로 규범적(規範的)인 것이 되어야 한다. 학문적 연구가 발전하지 못하고 미흡하여 규범적으로 문제가 있다면, 그런 것은 올바르게 파악하고 일련의 교육적 연구나 조치를 취하지 않으면 안 될 것이다.

국어 교육용 어휘 연구*

－국민학교・중학교 국어과 교육용 어휘 선정을 중심으로－

■ 이충우, 서울대 박사학위논문, 1992 ■

1. 논문 목차

---

* 이 논문은 『한국어 교육용 어휘 연구』(이충우, 국학자료원, 1994)로 발간되었다.

2. 내용

1) 연구 문제

이 논문은 어휘 교육이 효과적으로 이루어지기 위해서 반드시 선행되어야 할 교육용 어휘 연구가 당시까지도 체계적으로 이루어지지 못하고 있음에 주목하여 수행되었다. 이에 따라 이 논문은 교육용 어휘의 선정 기준과 방법을 체계적으로 정비하고 교육용 어휘로서 '교과전문어휘, 대표어휘, 대표접사, 조어력이 큰 한자어형성소'의 목록을 제시하고자 하였다.

2) 주요 내용

이 논문은 교육용 어휘를 선정하기 위해서 교육용 어휘의 선정 기준을 먼저 2장에서 검토하고, 3장에서는 2장의 논의를 바탕으로 구체적인 교육용 어휘를 선정하였다. 부록에서는 국어연구소(1986, 1987, 1988)[1]의 어휘를 분석하여 교과전문어휘 및 일반어휘, 총 20,100어(국민학교 14,600어, 중학교

5,500어)를 제시하였다.

이 논문에서는 국어 어휘의 특질을 교육용어휘 선정의 기본 전제로 삼고, 경험적 방법에 의해 교육용 어휘 선정의 일반적인 방법과 기준을 마련하였다. 선정 기준은 다음과 같다. 1) 어휘빈도가 높은 어휘 2) 사용범위가 넓은 어휘 3) 교육에 기초적인 어휘 4) 조어력이 높은 어휘 5) 학습자의 발달단계에 맞는 어휘 6) 적용성이 큰 어휘 7) 시대가 요구하는 어휘 등이 그것이다.

위와 같은 일반적인 기준을 전제로 하여 교과전문어휘, 대표어휘, 대표접사, 조어력이 큰 한자어형성소 선정의 기준을 구체적으로 다시 제시하였는데 이는 다음과 같다. 먼저, 국어교과전문어휘의 선정 기준으로는 1) 언어의 표현·이해와 관련된 어휘 중 전문적인 어휘, 2) 공식적인 국어 생활에 필요한 어문 규정을 이해하기 위한 어문 규정 용어, 3) 언어 현상의 이해를 위한 언어학용어, 4) 국어교육 자료로서의 문학을 이해하는 데 필요한 어휘 등을 제시하고 1) 지나치게 전문적인 어휘, 2) 억지 조어식 어휘, 3) 고어, 4) 사용이 극히 한정된 어휘, 5) 외래어 등은 제외하였다. 이 논문에서는 위와 같은 기준에 근거하여 교과서의 전문용어를 조사한 후 교과전문어휘를 제시하고 있다.

대표어휘의 선정 기준으로는 1) 사용 빈도가 높고 범위가 넓은 어휘, 2) 조어력이 뛰어난 어휘, 3) 문법적, 어휘적 설명을 위해 필요한 어휘 등을 제시하였다. 이 기준에 따라 국어연구소(1986, 1987, 1988)의 단일어와 합성어 및 파생어를 분석하여 대표어휘를 선정 및 세시하였다.

대표 접사의 경우는 1) 파생어 생성 가능성이 많은 접사, 2) 교과서나 일상 언어 생활에서 자주 사용되는 파생어를 만드는 접사, 3) 한자에서 유래한 고유어처럼 쓰이는 접사, 4) 관형어나 부사어로 분류되더라도 그 쓰임이 의미상으로 접사이며 많은 복합어를 이루는 어형성소(접사로 취급), 5)

---

1) 국어연구소(1986), 『국민학교 교육용 어휘』(1, 2, 3학년용)
   국어연구소(1987), 『국민학교 교육용 어휘』(4, 5, 6학년용)
   국어연구소(1988), 『중학교 교과서 어휘』(국어, 국사)

문법적, 어휘적 설명을 위해 필요한 접사, 6) 의성어 및 의태어를 만드는 기본적인 접사 등을 선정 기준으로 제시하고 1) 시대성이 없는 접사, 2) 외래어 접사와 어두·어미의 한자어형성소, 3) 접사로 학습하는 것보다 파생어 그대로 학습하는 것이 더 쉬운 접사, 4) 사용 범위가 극히 한정된 파생어만 생성하는 접사 등은 제외하였다. 그리고 접사의 쓰임을 보기 위해서 새우리말큰사전(1986)과 문교부(1956)를 분석하여 표로 제시하였다.

조어력이 큰 한자어형성소는 빈도가 높고 조어력이 뛰어난 것을 기준으로 하였다. 그리고 국어연구소(1985), 신기철·신용철의 새우리말 큰사전 (1986), 문교부(1956)를 분석하여 대표적인 한자어형성소를 선정하고 각각의 빈도를 제시하였다.

3) 핵심 어구

국어교육, 어휘교육, 교육용 어휘, 교과전문어휘, 조어력이 큰 어휘

3. 논의점

1) 어휘 선정 기준

가. 어휘 선정 기준의 객관성과 이론적 바탕이 확보되지 못했다.

이 논문은 국어 지식 영역 중 어휘 선정에 관한 연구로서, 연구자는 국어연구소(1985[2]), 1986, 1987, 1988)의 논의를 검토한 후 경험적 방법이라는 연구 방법으로 이에 임하고 있다. 이 방법은 객관적 방법과 주관적 방법의 절충형이라고 할 수 있다. 우선 자료의 일정 부분을 추출하여 어휘의

---

2) 국어연구소(1985), 『한자 외래어 사용실태 조사 자료집』.

빈도와 분포를 통계적으로 처리하여 어휘의 순위를 결정한다(객관적 방법). 그런데 특정 어휘의 사용빈도와 분포가 그 어휘의 중요도와 정비례하지만 은 않기 때문에 이 방법은 한계가 있다. 이를 극복하기 위해서는 연구자의 전문적인 안목이 필요하다(주관적 방법). 자료의 분석을 바탕으로 하되 연구자가 중요하다고 생각하는 어휘와 그렇지 않은 어휘를 추려내는 것이다. 이러한 과정을 거치는 것이 경험적 방법이다. 현실적으로 어쩔 수 없는 선택이기는 하지만 이 방법도 궁극적으로는 연구자의 주관이 작용하기 때문에 객관성을 확보하기 힘들다. 어휘 선정 기준이 체계적으로 이루어지기 위해서는 앞으로 좀더 정련된 이론적 바탕이 마련되어야 한다.

나. 학습자의 발달 상황을 고려하지 못했다.

당시의 국어교육학의 학문적 토양이 얕아서 언어 발달 상황을 충분히 고려할 수 없는 상황이었다. 그러나 이를 고려하지 못했다는 점은 여전히 논문의 한계로 남을 것이다.

2) 교육용 어휘 조사 방법

가. 교과서 수록 어휘를 기초 자료로 활용한 것은 논리적 모순이다.

이 논문은 기본적으로 교과서에 수록되어 있는 어휘들이 객관적인 기준에 의해 합리적으로 들어간 것이 아니라 주먹구구식으로 들어가 있다는 점을 전제로 하고, 이를 바로잡기 위한 목적 의식에서 출발했다고도 볼 수 있다. 그런데 이러한 목적을 달성하기 위한 과정을 살펴보면 기존 교과서에 수록되어 있는 어휘를 기초 자료로 활용하고 있다는 점을 발견할 수 있다. 이것은 스스로 부정한 자료를 자기 주장의 근거로 삼는 격이라 할 수 있다. 타당성을 확보한 교육용 어휘를 선정하기 위해서는 교과서에서 벗어나 더 광범위한 자료를 바탕으로 해야 한다.

나. 표집 방법을 좀더 체계적으로 정비할 필요가 있다.

위의 '가'의 지적과 관련하여 표집 방법의 문제를 생각해 볼 수 있다. 교육용 어휘 조사 시 표집 방법의 문제는 중요하다. 표집 시 초등학생은 학년 단위보다 '저·중·고'로 나누는 것이 좋을 듯하다. 그리고 초등 1학년생은 여름 방학 후에 사용 어휘가 갑자기 2배로 느는 경향이 있으므로 표집 시기를 잘 고려해야 한다. 연세대, 고려내, 세종 계획 등이 구축한 말뭉치를 이용하는 것도 생각해 볼 수 있는데, 교육용 어휘를 선정할 때에는 자료의 균형이 중요하기 때문에 이를 어떻게 활용할지가 또 다른 문제로 대두될 것이다.

4. 의의와 발전 방향

이 논문은 언어교육의 중요한 부분인 어휘 교육을 다루고 있으며, 어휘 교육 중에서도 가장 기초라 할 수 있는 어휘 교육 내용에 대한 연구로서 교과서 개발에 실질적인 도움을 줄 수 있다는 점에서 그 의의가 있다. 그리고 단편적으로만 이루어지던 교육용 어휘 선정 기준에 대한 연구를 체계적으로 시도하였다는 점 또한 큰 의의가 있다고 할 것이다.

이 논문과 관련하여 다음과 같은 연구들이 보완될 필요가 있다. 첫째, 더욱 체계적인 어휘 선정 기준이 제시될 필요가 있다. 구체적인 실험 결과나 현장 조사를 통해 체계적이고 논리적인 어휘 선정 기준이 마련되어야 한다. 둘째, 학습자 발달 상황에 대한 연구가 병행되어야만 실질적인 교육용 어휘 선정 기준이 나올 수 있을 것이다. 따라서 앞으로는 이에 대한 연구가 필요하다. 셋째, 특정 어휘가 사용 맥락마다 다른 의미를 지닐 수 있다는 점을 고려한 교육용 어휘 자료가 필요하다. 넷째, 교과서에서 벗어나 더욱 광범위한 자료를 바탕으로 교육용 어휘를 추출하여야 한다. 결국 이러한 작업은 국가 차원의 지원을 받은 프로젝트 사업으로 추진되어야 함을 의미한다.

필자의 변

필자는 이 논문에서 부족한 표현력으로 인해 필자의 생각을 독자에게 제대로 전달하지 못했다는 생각을 자주 한다. 선정 기준이 다섯 가지라면 어휘소는 이 중 하나 이상의 기준에만 해당하면 되는 것이다. 그럼에도 불구하고 본 논문을 다룬 다른 논문들에서 '특정 어휘소'가 선정 기준 중 어느 하나에 해당하지 않는다는 비판이나 주관적인 선정이 있다는 비판을 접하였기 때문이다. '선정 기준 어디에도 해당하지 않는다.'라는 지적만이 타당해야 함에도 불구하고 말이다.

발표한지 십 년이 지난 논문을 읽고 좋은 의견을 주는 동학이 있다는 것은 반가운 일이며, 이들 의견에 대한 필자의 생각은 다음과 같다.

논문은 객관성이 유지되어야 하는데, 본 논문은 객관성이 결여돼 있다는 지적은 타당하다. 그런데 이 논문의 성격은 주관성이 개재되어야만 한다. 필자는 본 논문에서 어휘 선정 방법으로 경험적 방법을 취하였다. 이 방법은 궁극적으로는 선정자의 주관이 작용되어야만 한다. 우리가 사용하는 언어는 엄밀한 의미에서 객관적인 것이 아니다. 주관이 개재되어야 하는 것이 교육이고 교육을 위한 자료는 주관이 개입될 수밖에 없는 것이다. 또한 주관적 방법의 문제와 객관적 방법의 문제를 최소화하기 위한 방법이 경험적 방법이기 때문에 주관성을 문제시하는 것은 주관성이 지나칠 때에 한정되어야 한다. 따라서 현재로는 주관이 개입되는 경험적 방법이 객관적 방법보다 합리적일 수밖에 없다.

구조주의 언어학자들의 '언어는 모두 다르다'라는 이론을 적용하면 언어 교육은 각 언어의 특성에 맞게 계획되고 가르쳐야 한다. 따라서 국어 어휘의 특질을 규명하고 이에 맞게 어휘 선정 기준을 세운다면 이는 경험주의적 언어학자(구조주의 언어학자)의 이론에 바탕을 둔 것이다. 따라서, '왜 국어 어휘의 특질을 밝혀 어휘 선정 기준을 세우는가'에 대하여는 필자의 논문에서 상술하였다. 예를 들어 '사용 빈도가 높은 어휘여야 한다'는 것은 의사 소통에서 '사용 빈도가 높다'는 것은 그만큼 유용한 어휘라는 것을 뜻한다. 이 경우 '유용성의 원리'를 꼭 인용하여 언급할 필요가 있을까? 당연히 유용한 것을 선정하는 것이 교육 대상 선정의 첫째 조건이기 때문에 이런 것이 상세하게 명시되지 않았다는 것이 이론적 바탕이 없다는 것인지……. 그러나 교육용 어휘 선정의 이론을 정립하여야 한다는 주장에는 공감한다. 보다 좋은 선정 원리가 보다 좋은 선정 기준을 만들 수 있기 때문이다. 그리고 '자료 분석을 바탕으로 연구자의 판단을 가미한 형태'라는 의견은 긍정적으로 이해될 수 있다. 주관적으로 판단한 것이 아니고 자료 분석을 바탕으로 하였기 때문이다. 대다수의 연구는 자료 분석을 바탕으로 연구자의 판단을 가미하는 것이다.

그리고 선정 기준을 세우는 데 대한 이론적 고찰은 본 논문에 인용된 李忠雨(1991a)를 참고하기 바란다. 필자는 한국어 어휘의 특성을 규명하였다. 이는 언어의 보편성 위에다 언어의 개별성을 보완한 것이 된다. 언어의 개별성과 언어 사용의 유용성을 전제로 한 선정 기준이라면 이론이 없다고 말할 수 있을까? 물론 논자에 따라서는 어휘 선정을 위한 기본 이론, 예를 들면 유용성의 원리, 효율성의 원리 등을 요구할지도 모른다. 그러나 교육의 기본 이론이 바로 유용한 것과 교육에 효율적인 것을 선정해서 가르치는 것을 전제하는데 왜 이를 구체적으로 밝히지 않는 것이 문제가 되는가? 기존의 대다수 논문이 이를 다 밝히려다 보니 양이 늘어나는 문제점을 가지고 있지는 않은지?

참고로 필자는 어휘의 특성을 규명하고 선정 기준을 세우기 위하여 아래의 자료를 참고했다.

국어연구소(1985), 『한자 외래어 사용실태 조사 자료집』.
李忠雨(1991), 「敎育用語彙의 選定-經驗的 方法에 의한 語彙 選定의

　　　基準設定 一」, 關大 論文集 19:131-146.

Carter R. & McCarthy, M.(1988, 1991), *Vocabulary and Language Teaching,* *Longman.*

Rivers, W. M.(1981), *Teaching Foreign Language Skills*, The University of Chicago Press Ltd.: London

신기철·신용철(1986), 『새우리말 큰 사전』, 7차수정증보판, 三省出版社.

李應百·李仁燮·金承烈(1982), 「國民學校 學生의 語彙力調查」, 『국어 교육』 42·43: 235〜325, 한국국어교육연구회.

　선정 기준의 핵심 요소 중의 하나인 학습자 발달 상황을 고려하지 못했다는 지적에 대해서는 본 연구의 한계임을 밝힌 바 있다. 학습자의 발달에 따른 어휘 조사가 이루어지지 못한 우리 나라의 현실에서 '교과서 어휘'를 분석한 자료를 이용할 수밖에 없었다. 기존의 학습자 발달 상황 관련 자료는 이용하였으며, 결론에서 전국 규모의 학습자 발달 조사를 제안하였다.

　학습자의 발달 상황에 대한 연구를 한 후 이를 가지고 교육용 어휘 선정 기준을 만들거나 어휘 목록을 작성해야 한다는 비판은 아주 좋다. 그러나 실제로는 많은 문제가 존재하는 학문의 한계를 보지 못한 지적이다. 우리는 국어 교육에 관한 많은 논문을 읽는다. 이들은 과연 국어교육연구의 전제 조건인 '국어교육이 무엇인가'에 대한 것이 정해진 다음의 연구인가? 국어교육이 무엇인가에 대한 논의는 끝났는가? 위의 지적이야말로 이론상으로는 가능하나 실제상으로는 많은 문제가 있다. 학습자 어휘 발달 조사가 끝나고 어휘 목록이 작성된 동안에도 실제 사용 어휘와는 차이가 나게 된다. 따라서 이 지적은 현실을 외면한 이론적 지적일 뿐이다. 필자는 본 논문에서 어휘 선정의 전제 조건으로 '학습자의 발달에 따른 어휘 조사의 필요성'을 이미 언급하였다.

　그리고 의미별 분석 통계는 다의어의 사용 문제로서 이는 지금까지 단순한 어휘 통계조차 못 내고 있는 우리의 상황에서 현실적으로 매우 어려운 문제에 속한다.

마지막으로 초등은 학년단위보다 '저·중·고'로 나누는 것이 좋을 듯하다는 지적은 타당하다. 국어연구소(1986, 1987)도 아마도 저·중·고로 나누는 것이 바람직하다고 여긴 것 같다.

제대로 된 어휘 선정 기준을 세우기 위해서는 우리 나라의 언어 사용 실태에 관한 전국 규모의 조사가 이루어짐과 동시에 이에 대한 철저한 분석이 있어야 한다. 그러나 완벽에 가까울 정도로 이루어진 어휘 선정 기준이나 선정 목록이라도 그 목록이 완성되었을 때는 이미 시대에 뒤떨어진 것이라는 것을 인정해야 한다. 또한, 어휘 목록은 말뭉치를 제한하는 것이 아니라 말뭉치를 잘 활용하도록 하기 위한 것이라는 것을 간과해서는 안 된다. 즉, 목록의 어휘가 말뭉치를 잘 반영하여야 하고, 목록 이외의 어휘들도 교육에 이용되어야 한다는 사실을 중시해야 한다. 교육용 어휘 목록은 어휘 교육을 위해 제시되는 하나의 자료일 뿐이기 때문이다. 또한 교육용 어휘 조사 방법에 대한 논문이 더욱 많이 나와야 할 것이다. 수많은 외국의 관련 논문에 비추어 우리 나라는 이에 대한 연구가 많지 않다.

학생에게 적합한 말뭉치를 찾는 방법은 계층별, 연령별, 성별 등 여러 문제를 고려해야 할 뿐 아니라 급변하는 시대의 언어 변화를 고려해야 하기 때문에 어려운 문제이다. 더구나 교육은 현재와 미래를 함께 고려해야 하는 문제이기 때문에 더욱 그렇다.

국어 대명사의 담화분석적 연구

■ 주경희, 서울대 박사학위논문, 1992 ■

1. 논문 목차

2. 내용

1) 연구 문제

본 논문은 국어교육에서의 문법은 의사 소통 능력 향상에 도움을 주기 위해 필요한 언어 기능으로 제시되어야 한다고 보고, 이를 위한 문법 교육의 방향을 모색하고자 한 연구이다. 이에 대명사를 연구 대상으로 하여,

담화 분석 방법에 의거하여 대명사의 여러 기능을 체계적으로 분석하고, 이를 토대로 학습자의 의사 소통 능력을 신장하는 방향으로 대명사를 교수-학습할 수 있는 교재를 구안하고자 하였다.

2) 주요 내용

이 논문에서는 연구 문제의 해결을 위해 크게 다음과 같은 두 단계의 과정을 밟고 있다. 첫째, 담화 분석 방법에 의거하여 대명사의 기능을 분석하고, 둘째, 이러한 논의를 토대로 대명사를 교수－학습하는 교재 구안을 모색하였다.

먼저 이 논문에서는 대명사를 의사소통에 필요한 언어 기능(機能)의 하나로 보고, 그 기능을 분석, 제시하고 있다. 대명사는 같은 형태를 지녔더라도 그것이 실현되는 문맥에 따라 서로 다른 담화 가치를 지니기 때문에 문(文)결합적이다. 따라서 이 논문에서는 담화 분석 방법을 택하여, 문맥에 관여하는 여러 요소들을 상호 관련시키는 동적인 입장에서 대명사를 기술하고 있다. 담화 분석 방법을 택한 이유는, 담화 분석이 언어의 형태보다는 기능을, 문장보다는 문맥을, 문법성보다는 적절성에 주목함으로써, 추상적이고 이론적인 논의에서 벗어날 수 있기 때문이다.

이 논문에서는 대명사 중에서도 '이, 그, 이것, 그것'과 인칭대명사 '그'를 연구의 대상으로 삼고 있다. 이들만이 글에서 문결합의 요소로 사용되므로 담화 분석의 대상이 되기 때문이다. 먼저 이들이 지니는 해석이나 담화에서의 기능, 사용 제약상의 특성을 살핀 후, 이들 각각의 개별적인 특성을 상세히 논의하고 있다. 이러한 과정에서, '이것, 그것'은 해석 과정에서 선행어(先行語)와 지시 내용에 제한이 없으나, '이, 그'는 대개 앞선 명제만을 선행어나 지시 내용으로 한다는 제약이 있음을 밝혔다. 그리고 '이, 그'는 '이것, 그것'이 글의 종류에 제한 없이 사용되는 데 비해 주로 설명문과 논설문(expository text)에서 사용되며, '이것, 그것'과는 달리 단독으로 사용되지 못하고 주격 조사, 관형격 조사의 공기 제약, 서술어로의 사용 제약 등이 있음을 보였다. 또한 인칭 대명사 '그'도 지시 대상의 성(性)에 의해 선택되는 것이 아니라 글의 종류와 글에서의 대상 인물의 업적이나 행위 등에 의해 선택됨을 밝혔다.

다음 단계에서는 이상과 같은 논의를 토대로, 대명사의 교수-학습을 위한 교재를 구안하고자 하였다. 이를 위해 '관계적 교재'를 제안하고 있다. 여기서 관계적 교재란 담화 분석을 통한 이론적 연구가 문맥을 중심으로 적용된 교재를 말하는 것으로, 언어 교육에서 의사 소통 능력 향상을 중시하는 위도우슨(Widdowson, 1979), 스텁(Stubbs, 1988), 크롬비(Crombie, 1985) 등의 견해에 이론적인 바탕을 두고 있다. 대명사를 중심으로 관계적 교재를 구안할 경우, 대명사는 문장 연결어로 인식되며, 문맥에 따라 지시 내용의 범위가 가변적이며, 그 수가 제한되어 있는 폐쇄 항목이라는 특성을 지니게 된다고 하였다. 또한 관계적 교재에서는 교육 내용의 선정과 배열에서 담화 가치를 가장 중요한 것으로 다루므로, 교재 내용의 단계화에 일정한 기준을 제공해 줄 수 있을 것으로 보았다.

3) 핵심 어구

국어 교육, 담화 분석, 대명사, 문맥, 사용 제약, 관계적 교재

3. 논의점

1) 연구 방향 및 접근법

가. 텍스트 언어학·담화 분석적 관점을 택한 첫 번째 박사학위논문이다. 이 논문은 담화 분석이라는 틀 위에서 대명사라는 언어 현상을 다루고

있는 연구로서, 기능 문법이나 텍스트 언어학, 담화 연구 등에 이론적 기반을 두고 있다. 최근 언어 연구에서 형식 중심, 문장 중심에서 벗어나 전체로서의 담화 또는 텍스트를 연구의 대상으로 삼으면서 문결합적 기능을 하는 언어적 요소에 대해 관심이 높아지고 있는데, 그 주요한 연구 대상의 하나가 대명사이다. 이 논문은 담화 분석을 통해 국어 대명사의 담화적 기능과 함께 대명사 각각이 지니는 특성을 정교하게 분석, 제시하고, 이를 토대로 교재 구안을 모색하고 있다.

나. 당시 국어지식 영역 연구의 경향성과 한계를 동시에 보여 주는 연구이다.

이 논문은 연구 대상으로 삼은 국어 현상을 그 나름의 관점으로 해명한 다음 국어교육에의 적용 방안을 살피는 체제로 되어 있다. 이러한 방식은 국어지식 교육 영역의 일련의 논문들[최영환(1993), 이은희(1993), 송현정(1998) 등]에서 일관되게 나타난다.

그러나 이러한 연구 방식은 연구 대상으로 삼는 국어 현상에 논의가 한정되어 있어서 국어교육의 전체적 내용이나 방향성을 논하기에는 한계가 있다. 이 논문 역시 기존의 정태적인 관점에서 벗어나 담화 · 텍스트적인 역동적 입장을 지향하고 있으나, 대명사를 대상으로 하여 논의를 펼치고 있기 때문에 내용적으로 포괄할 수 있는 부분이 많지 않다. 이와 관련하여 앞으로 문법 교육의 연구 방향 및 접근법에 대한 진지한 논의가 있어야 할 것이다.

2) 대명사의 용법과 기능에 대한 정치한 분석의 목적과 효용

이 논문은 '이, 그, 이것, 그것'과 인칭 대명사 '그'가 어떤 상황에서 어떤 기능을 하며, 어떤 제약을 지니는지 정치하게 분석하고 있다. 그런데 이 논문이 국어교육학 논문이라는 점을 감안하면, 이러한 작업의 목적이 무엇인지 면밀히 검토해 보아야 할 필요가 있다. 우선 언중들이나 학습자들이 대명사를 잘못 사용하는 경우가 많아서 이를 바로잡을 필요가 있기 때문에 대명사의 기능을 분석한 것 같지는 않다. 이 논문에서는 사람들이 쓴 글(written language)에서 대명사의 용법과 기능을 추출해 내고 있기 때문이다. 그렇다면 이 논문은 오히려 국어교육보다는 한국어교육에 더 어울리는 연구라고 말할 수도 있다. 사실 '관계적 교재'를 제안한 크롬비(Crombie)도 제2언어로서의 영어 교육에 관심이 있는 사람이다.

이러한 연구가 좀더 국어교육적인 타당성과 영향력을 확보하기 위해서는, 'X라는 형식의 대명사는 이러이러한 상황에서 이렇게 사용되고 이런 기능을 지닌다.'는 기술(記述)에 머무를 것이 아니라, 'X라는 형식의 대명사를 이럴 때 이렇게 사용하면 이러한 효과를 얻을 수 있다.'는 교육적 처치(處置)까지 나아갈 수 있어야 할 것이다.

3) '관계적 교재'의 개념과 구안 방안

가. '관계적 교재'의 개념이 불분명하다.

이 논문에서는 '관계적 교재'란 해당 문법 요소의 여러 쓰임이 포함된 풍부한 텍스트를 제공하여, 문법 요소를 그 관계적 맥락 안에서 가르치기 위해 구성된 교재라 하였다. 여기서 말하는 '관계'라는 것이 무엇과 무엇 사이의 관계인지 파악하기 힘들다. 만약 '맥락'이나 '문맥'에 초점이 있는 것이라면, '맥락적 교재'라는 용어가 더 쉽고 분명한 것 같다. 특별히 '관계적 교재'라 칭한 까닭이 무엇인지, 그 온전한 개념 파악이 쉽지 않다.

나. 관계적 교재의 구체적인 구현 양상이 궁금하다.

만약 관계적 교재가 단순한 문법 지식을 제공하는 데서 나아가 텍스트 형태의 예문이 많이 제공된 문법 교과서를 의미한다면, 국어 교과서 설명문 단원에서 문법 지식, 예를 들어 대명사를 가르치는 것과 어떻게 차별화될 수 있는지 궁금하다. 또한 현실적으로 텍스트를 풍부하게 제공하는 본격적인 관계적 문법 교재를 구안하기란 거의 불가능하다. 가르쳐야 할 문법 내용의 양이 너무 많기 때문에, 각각의 문법 요소에 일일이 많은 양의 텍스트를 제공할 수는 없는 노릇이다.

그렇다면 관계적 문법 교재의 구안과 관련하여 다음과 같은 두 가지 방향을 생각해 볼 수 있다.

첫째, '통합'이다. 이는 듣기, 말하기, 읽기, 쓰기, 국어지식 영역의 목표를 통합하여 교재를 구성하는 방안이다. 즉 문법 요소만을 가르치기 위하여 텍스트를 제공하기는 현실적으로 어렵기 때문인데, 이는 오히려 국어지식 영역을 강조하는 결과를 초래할 수도 있다.

둘째, '독립'이다. 이는 문법 과목을 분리하되, 텍스트 예문을 짧게 구성하여 관계적 맥락을 제공하는 방안이다. 영국의 모국어 교육을 살펴보아도, 다른 영역은 모두 통합적으로 다루면서도 문법(<LANGUAGE>)은 지식 영역이므로 별도로 독립시켜 다루고 있음을 알 수 있다.

그런데 우리 나라의 고등학교 교육과정상 문법 과목은 이미 분리되어 존재하며, 문법이 국어의 다른 영역과 통합되어 교수-학습 될 가능성은 거의 없어 보인다. 그러므로 현실적으로 관계적 교재를 구안하는 방법은 해당 문법 요소에 적절한 분량의 텍스트를 제공하여 관계적 맥락을 제공하는 것으로 보인다.

4. 의의와 발전 방향

이 논문은 국어교육에서 문법 교육이 어떤 위상을 지녀야 하며, 이를 위해서 어떠한 연구 방법을 취해야 하는가에 대한 깊이 있는 고찰을 보여 주고 있다. 그 동안 국어교육이 학문적으로 정립되어 가는 과정에서, 국어교육의 여러 영역들 중 특히 언어 지식 영역에 관해서는 그것의 국어교육 내적 위치와 연구 방법을 중심으로 많은 논의가 이루어졌다. 이 논문에서는 언어의 형식보다는 기능을, 문장보다는 문맥을, 문법성보다는 적절성을 중시하는 담화 분석 방식을 토대로 대명사의 기능을 분석함으로써, 국어 지식 영역의 새로운 연구 방식을 제시하고 있다.

그리하여 이 논문에서는 '관계적 교재'를 제안함으로써 대명사에 대한 담화 분석의 결과를 국어교육에서 교재화하는 방식을 보여 주고 있다. 그러나 대명사의 기능을 정치하게 분석하는 데 중점을 두고 있으며, 그 결과를 교재화하는 방안에 대해서는 전체적인 윤곽만을 제시하고 만 듯한 느낌을 준다. 이는 근본적으로 관계적 교재에 대한 좀더 면밀한 천착이 부족한 데서 기인한 것이 아닌가 싶다.

그러므로 앞으로 국어교육 내에서의 문법 교육이 점하는 위상에 대한 명확한 인식이 요구된다. 이러한 인식이 기반이 되었을 때에야 개별적인 문법 요소들이 문법 교육 안에서 어떠한 역할과 위상을 지니고 있는지 본격적으로 탐색이 가능할 것으로 보인다.

필자의 변

이 논문은 문법이 국어학적 이론과 동일하게 제시되거나 취급되어서는 안 된다는 것을 기본 전제로 삼고, 의사소통능력의 신장을 위해 문법 교육이 지향해야 할 방향을 제시한 것이다. 그리고 이러한 방향성을 제안하는 구체적인 대상의 하나로 대명사를 선정하였다.

그러므로 이와 같은 연구 방식을 택하는 학위 논문의 경우, 그 연구 대상은 특정 품사에 한정될 수밖에 없다. 개별 연구 대상에 대한 귀납적 연구가 기초가 될 때, 문법이 실질적인 언어 생활의 영위에 도움을 줄 수 있으리라고 본다.

또한 '관계적 교재'란, 해당 문법 요소의 여러 쓰임이 포함된 풍부한 텍스트를 제공하여 문법 관계적 요소를 그 관계적 맥락 안에서 가르치는 교재라고 지적하였으나, 이 논문에서의 '관계적 교재'란 이러한 개념이 아닌 것 같다. 그 용어가 적절한 것인가에 대해서는 본인 자신도 의문이지만 개념 자체는 이것이 아니다.

즉 관계적 교재란, 대명사만을 중심을 볼 때, 대명사가 우리의 의사 소통 능력을 신장시키기 위해서는 그 기능이 우선되어야 하며, 단순한 것에서 복잡한 기능까지 단계별로 학습자의 수준에 맞게 제시되어야 함을 의미한다. 또한 여기에서의 관계적 교재란 학습자에게 직접 투입되는 교재가 아니라 국어 교사에게 문법 교육을 위해서 하나의 모델로서 제시되는 교재를 의미한다. 교재의 투입 단계도 논문에 제시되어 있다. 따라서 '관계적 교재'라는 것은 실제 배움의 현장에 투입되는 교재의 개념이 아니다. 그러나 그 개념의 모호함에 대해서는 인정한다.

접속관계의 텍스트 언어학적 연구*

■ 이은희, 서울대 박사학위논문, 1993 ■

1. 논문 목차

---

* 이 논문은 『텍스트 언어학과 국어교육』(이은희, 서울대 출판부, 2000)으로 발간되었다.

2. 내용

1) 연구 문제

이 연구는 접속 관계의 개념과 기능 및 접속 관계의 양상을 고찰하고, 이를 바탕으로 국어교육 측면에서 접속 관계 교육을 위한 교재 내용과 구조 방식 등을 구안하여 제시하였다.

2) 주요 내용

이 연구는 접속 관계에 관해 텍스트 언어학적 관점에서 이론적으로 연구한 후, 이러한 연구 결과를 실제 교육 현장에 적용하는 방법을 교재론적 측면에서 고찰하였다.

접속 관계는 두 접속 대상 사이의 의미적 관계이며, 이는 언어적으로 나타날 수도 있고 그렇지 않을 수도 있는데, 접속 관계가 언어적으로 나타난 것이 접속어이다. 접속 관계는 글의 명제들 사이의 관계를 형성해서 글의 미시구조를 형성하며, 미시구조들 사이의 위계적 관련성을 형성하면서 글의 거시구조를 형성해 나간다. 이러한 접속 관계의 기능을 설명하기 위해서는 응집성(cohesion)의 틀이 아닌 통일성(coherence)의 틀이 도입되어야 한다고 주장한다. 응집성은 두 요소 사이의 관계만 강조하기 때문에 글 전체적 구성을 파악하기 위해서는 통일성의 틀이 필요하기 때문이다. 접속 관계는 독해 과정에서 글의 전체적인 내용과 부분적 내용을 연결시키며 독자로 하여금 접속 관계를 통해 제시된 글의 내적 논리 관계에 따라 글의 전체적인 내용의 위계적 구성을 파악할 수 있도록 하는 기능을 수행한다.

  글의 구조를 형성하는 데 있어서 접속 관계가 보이는 양상은 접속 구조의 위계 측면, 관계 측면, 언어적 명시화 측면으로 나누어 살펴보고 있다. 접속 구조의 위계 양상은 접속 관계가 글의 위계적 구조를 형성하는 역할을 말한다. 접속 구조의 위계적 양상은 접속의 단위, 접속의 단계, 접속의 거리 측면에서 고찰하고 있다. 접속의 단위는 다양한 언어 층위에서 나타나는데, 구체적으로는 어구, 성분절, 이어진 문장, 한 문장, 문장들, 한 단락, 단락들 등에서 접속 관계가 나타난다. 접속의 단계는 일차적 접속 관계와 이차적 접속 관계로 나누어지는데, 일차적 접속 관계는 종합화 과정이 수반되지 않는 접속 관계를 말하며 이차적 접속 관계는 종합화 과정이 있는 접속 관계를 말한다. 접속의 거리에 따른 접속 관계는 직접적 접속 관계와 간접적 접속 관계로 나누어지는데, 접속 대상들이 인접해 있는 경우를 직접적 접속 관계로, 인접하지 않는 경우를 간접적 접속 관계로 나누고 있다. 접속 구조의 관계 양상은 접속 관계의 의미 기능적 유형을 중심으로 ① 접속 관계를 통해 후행 접속대상이 선행 접속대상에 대한 하위구조를 형성하는 것(상술과 결과), ② 접속 관계를 통해 후행 접속 대상이 선행 접속 대상과 함께 새로운 독립된 상위구조를 형성하는 것(나열, 반대,

전환)으로 나누고 있다. 접속 구조의 명시화 양상은 접속 관계의 언어적 명시화 여부와 접속 대상의 명시화 여부를 중심으로 살피고 있는데, 접속 관계의 명시화 양상은 접속어를 중심으로 살펴보고 있으며, 접속 대상의 명시화 양상은 접속 대상이 언어적으로 표현되기도 하고 그렇지 않을 수도 있음을 말하고 있다.

이론적 연구 결과를 실제 교육 현장에 적용해서 교육 과정상의 교육 목표를 달성하기 위해서는, 교재 구성의 기본 원칙을 결과 중심의 교재화 방식과 과정 중심으로 교재의 제시 방식을 채택해야 한다고 한다. 이러한 교재 구성의 기본 원칙에 따라 접속 관계의 교재를 실라버스 중심으로 구안하고 있는데, 교재의 내용 선정에서는 기능의 발달 과정에 부합하는 방식을 취했으며, 교재의 제시 방식으로 전략적 측면에 따라서 탈내용적 전략으로는 직접교수법의 방식을, 내용적 전략으로는 관계짓기 방식을 취하고 있다.

3) 핵심 어구

국어교육, 접속 관계, 텍스트 언어학, 글 구조, 교재 구안, 언어 지식 교수

3. 논의점

1) 접속 관계의 개념

이 논문에서 대용 관계와 접속 관계를 구별하고 있다. 대용 관계는 선행 요소와 후행 요소의 대용 관계 표현이며, 접속 관계는 선행 요소와 후행 요소 사이의 관련성을 보여주는 것이라고 말하고 있다. 대용 관계는 이해 과정에서 회복 가능성을 본질로 하는 반면, 접속 관계는 결합 관계

를 본질로 하며, 대용 관계는 대용 표현을 중심으로 성립이 가능하며 접속 관계는 접속어의 사용이 반드시 필요한 것은 아니라는 차이점도 들고 있다. 그러나 두 개념의 차이가 명확하게 드러난 것은 아니다. '철수는 학생이다.', '그의 희망은 군인이다.'라는 문장이 있다고 하면, 앞의 문장과 뒤의 문장이 의미적으로 연결되어야 하나의 텍스트가 성립된다. 여기서 의미적으로 연결된다고 하는 것과 접속관계의 관련성이 문세가 된다. 의미적으로 연결되는 것이 텍스트 자질이 되고, 접속 관계는 그 중의 하나로 보면 접속 관계는 매우 협의의 개념이 된다. 그러나 모든 텍스트는 그것을 이루는 단위들의 연결 관계이므로 이를 접속 관계라고 보면 접속 관계는 매우 폭 넓은 개념이 된다.

2) 접속 관계의 규정

일반적으로 접속 관계를 역접, 순접 등으로 구분하며, 그것을 규범화하고 있다. 예를 들어 '철수는 착하다', '그는 공부를 못한다'의 관계는 역접 관계로 인식하게 되며 다르게 인식하면 틀렸다고 생각한다. 그러나 접속 관계는 문화적인 측면, 필자의 이데올로기적인 측면이 결부되기도 한다. 예를 들어 '그는 공부를 잘 해. (   ) 착해'에서 (   ) 속에는 '그래서'가 일반적이라고 생각할 수 있지만, 문화가 다른 경우는 '그런데도'가 들어갈 수 있다. 즉, 문화에 따라 전제하고 있는 바가 달라서 의미의 접속이 달라진다. 문화적인 규범을 고려해야 한다는 것이다. 조세희의 소설『난장이가 쏘아 올린 작은 공』에서 접속사를 뺀 표현이 자주 등장하는 것은 당연하게 생각하는 사고 관습을 낯설게 하기 위한 것으로 볼 수 있다. 다른 예를 들어보자. '그는 착하다. 그는 가난하다' 사이의 관계는 역접이 일반적이다. 그러나 조세희는 '그래서'를 쓰고 싶었던 것이다. 이와 같이 접속어는 단순한 교량적 역할뿐 아니라 필자의 의도와 이데올로기를 드러낸다. 그렇다면 그것을 규범화하는 것이 가능한가에 대한 의문이 든다. 특히 생활문이나 감상문 등과 같이 주관적인 성격이 강한 글에서는 더욱 그렇다. 아울러 접속 관계는 문학에서도 중요한 의미를 갖는다. '왕이 죽었다. 왕비도 죽었다.'는 이야기이지만, '왕이 죽었다. 그래서 왕비도 죽었다.'는 플롯이 되기 때문이다. 이런 점에서 보면 접속 관계의 연구는 텍스트언어학의 관점만 강조하기보다는 문학적인 관점에서의 연구도 필요하다.

3) 교재화 전략

국어교육학 분야의 학위 논문에서 전반부에 국어학 또는 국문학과 관련된 논의를 하고 후반부에 앞의 논의를 국어교육적으로 적용시키는 형식을 취한 것이 많이 있다. 이러한 체제는 국어교육학의 정체성을 찾으려는 노력이 구현된 것으로 볼 수 있다. 즉, 국어교육학 논문은 순수 국어학이나 국문학의 논문과 구별되어야 하는데, 그 구별점을 국어교육적 적용에 두고자 한 것으로 볼 수 있기 때문이다. 이 논문도 이러한 체제를 수용하여 전개하고 있다. 그러나 2장과 3장에서 세밀히 분석해 놓은 접속 구조의 양상 및 기능이 4장에서의 교재화 구안 방식으로 충분하고도 온전히 구현되었다고 보기 어렵다. 즉, 접속 관계 훈련 모형의 도식화 방식으로 삼은 '접속 대상 + (?) + 접속 대상' 모형이나, 접속 대상 탐색 모형으로 삼은 '(?) + 접속 관계 + (?)' 모형은 단순히 두 단락 사이에 들어갈 접속어를 묻는 방식에 다름이 아님을 비추어 볼 때, 접속 관계 교육에 대한 교재화 방식에 대한 천착은 만족할 만한 수준이라고 보기 어렵다. 문제는 이러한 한계를 뛰어 넘어야 한다는 것이며 이것이 국어교육학 연구의 과제이기도 하다. 여러 가지 가능성을 생각해 볼 수 있는데, 그 중한 가지는 이러한 한계는 상당 부분 실제 현장에서의 실험에 의한 것이아니라 이론 연구이기 때문에 갖는 한계가 아닌가 한다.

4. 의의와 발전 방향

이 논문은 국어학 분야에 속하는 '접속 관계'를 텍스트 언어학의 관점에서 고찰함으로써, 국어지식을 국어 교육학에 접목시키고자 시도하였다는 점에서 긍정적 평가를 받을 만하다.

그런데 국어교육학의 체계는 '국어＋교육＋학문'이어야 하지 않을까? 이는 달리 말하면, 누구를 해당하는 '교육 대상'(인간－심리학·사회학·인류학 등)과 무엇을 해당하는 '교육 내용'(국어－언어와 문학) 그리고, 어떻게 혹은 왜에 해당하는 '학문적 체계'(방법－철학적·공학적 기저) 등으로 구체화할 수 있을 것이다.

필자의 변

논문의 학문적 근거 부분에서 '이 논문에서는 연구 대상의 상당 부분을 현행 교육과정에 제시된 틀을 그대로 차용하고 있는 한계를 안고 있다'고 지적하셨습니다. 그런데 제가 현생 교육과정의 틀을 논문에서 제시한 것은 교육과정을 현행 연구의 상황을 반영하는 것으로 보고, 여기에 논의의 출발점을 둔 것이지, 교육과정을 틀을 그대로 연구에서 차용한 것은 아닙니다. 그런데 이를 연구의 한계점으로 보신 것은 문제로 보입니다.

또 '국어교육의 체계를 국어 사용 기능＋국어 지식＋문학'으로 이루어져 있으며, 이 중 국어교육에서 중심을 이루고 있는 것은 국어 사용 활동으로 볼 수 있다고 한 것은 교육과정의 내용을 그대로 수용하고 있음은 이론적 공급 역할의 포기가 아닌가'라고 지적하셨는데, '국어교육의 체계가 국어 사용 기능＋국어 지식＋문학'으로 이루어져 있다고 한 것은 논의의 출발점으로 당시 교육과정 체계를 제시한 것이며, 이 중 국어교육에서 중심을 이루고 있는 것은 국어 사용 활동으로 볼 수 있다는 것은 필자의 생각입니다.

텍스트 언어학의 연구 경향은 체계 지향적 방식과 과정 지향적 방식의 두 가지가 있으며, 텍스트 언어학 연구에서는 이들 두 가지 경향이 다 필요하지만 실제로 연구를 진행할 때는 이 중 한 가지 방식에 중점을 두게 됩니다. 본 논문은 텍스트에서 접속관계를 대상으로 해서 그 기능을 분석한 것으로, 표현이나 이해 과정 자체에 중점을 둔 것은 아닙니다. 그리고 접속관계의 기능 및 특성에 대해서는 충실하게 분석하려 했습니다. 그런데 '그것을 이루는 구성적 원리는 없는 것 아닌가? 즉 어느 텍스트가 어떤 이유로 응집성은 있으며 또한 없는가에 대한 논변은 제시되어 있지 않다'는 논의는 무엇을 의미하는 것인지 이해할 수가 없습니다.

논문의 한계 부분에서 '텍스트 언어학과 일반 언어학이 변별되는 점을 선명하게 제시하지 못하고 있다'고 하셨는데, 이에 대해서는 대상과 언어에 대한 접근 방식에서 차이가 있음을 밝혔습니다.

'교육과정상 국어교육이 언어 사용 기능과 언어 문학 등 세 부분으로 나뉘어져 있음을 인정하면서도 실제로는 국어교육을 언어 지식 분야와 언어 사용 기능 분야로 이분화 한 점'을 한계로 지적하셨는데, 이는 본 논문이 국어교육의 체계를 논의한 것이 아니고 접속관계라는 언어현상에 대한 논의이기 때문에 논의를 한정한 데서 빚어진 것입니다. 그리고 이에 대해서는 논문에서 분명히 밝혔습니다. 따라서 이는 본 논문의 한계가 아니라 접근 방식의 특성으로 보아야 할 것이라고 봅니다.

보충할 점 혹은 제언 부분에서 제시하신 내용은 본 논문에 관련된 내용이라기보다는 국어교육 전반에 관한 논의에 해당하는 것이 아닐지요?

문학교육과정의 구조에 관한 연구*

■ 박인기, 서울대 박사학위논문, 1994 ■

1. 논문 목차

---

* 이 논문은 『문학교육과정의 구조와 이론』(박인기, 서울대 출판부, 1996)으로 발간되었다.

2. 내용

1) 연구 문제

이 연구는 문학교육 연구의 이론적 발달과 연구 자체의 고유한 정체성을 추구하기 위해서 '문학교육과정의 구조'라는 개념을 제시하고 그것을 통합 및 공유성과 중추성의 원리에 의해 구명하고자 하였다. 문학교육과정의 개념에 대한 인식이 이론적 망으로서 존재하기보다는 경험적 실체를 중심으로 이루어지고 있고, 문학교육과정을 정태적으로 인식하고 있으며, 교육과정 일반론과 호환이 안 되는 상황에서 문학교육과정을 이론적으로 살핌으로서 문학교육의 학적 정체성과 체계를 확립하고자 하였다.

2) 주요 내용

이 연구는 문학교육 연구의 독자적 정체성 확보와 이론화라는 뚜렷한 목표를 지니고 있다. 문학교육 연구는 '문학'이라는 교과의 교육적 인식과 현상과 실천을 연구 대상으로 삼는 연구 분야로, 문학 연구와도 변별되고 교육학 연구와도 변별된다. 그 절실함이 많이 줄어들기는 했지만, 현상에 대한 분편적 관찰이나 지엽적 아이디어만으로는 더 이상 그 학문적 정체를 마련해 갈 수 없다는 이 논문의 문제 의식은 문학교육 연구자들에게 많은 시사점을 준다.

이 연구에서 문학교육 연구의 이론화를 위해 그 접근 경로로 주목한 개념은 '구조'로서의 문학교육과정이다. 연구자는 문학교육과정의 구조를 존재 양식의 측면과 작용 양식의 측면, 그리고 형태 및 기술적 측면에서 조명하여, 문학교육과정의 심층적이고도 역동적인 총체성을 설명해 냄으로써 문학교육과정의 가능한 양식을 구조화하고, 그것이 문학교육과정 논의의 상위 준거와 이론으로 적용될 수 있는 가능성을 모색하였다.

연구자는 이 논문에서 문학교육과정의 구조를 다면적이고도 입체적으로 구명하여 문학교육과정 연구의 이론화 가능성과 학문적 자장을 모색함으로써, 현실태로서의 문학교육 현상 및 문학교육과정 현상을 일관성 있게 평가하고 구조적으로 검색·비판할 수 있는 체계적 이론망을 구축하고자 하였다.

문학교육과정의 구조는 문학교육과정의 존재 양식과 문학교육과정의 작용 양식 그리고 현실 문학교육과정의 형태 및 기술 특성으로 나누어서 접근하였다. 이를 살펴보면 다음과 같다.

(1) 존재 양식으로서의 구조

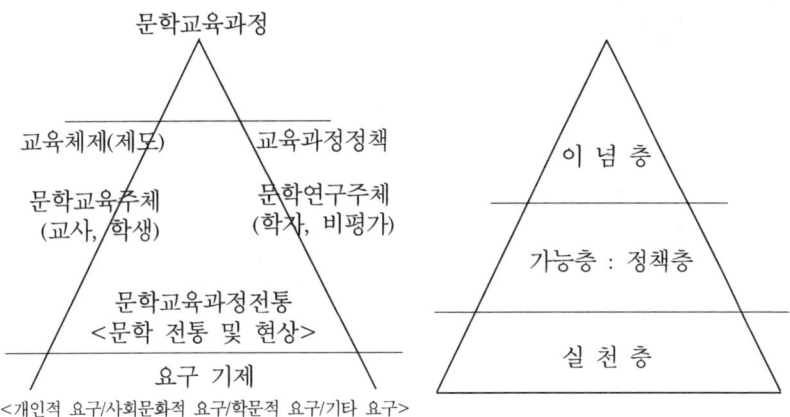

문학교육과정

교육체제(제도)　교육과정정책

문학교육주체　　문학연구주체
(교사, 학생)　　(학자, 비평가)

문학교육과정전통
<문학 전통 및 현상>

요구 기제
<개인적 요구/사회문화적 요구/학문적 요구/기타 요구>

① 발생적 구조(p.73)

이 념 층

가능층 : 정책층

실 천 층

② 성층적 구조(p.78)

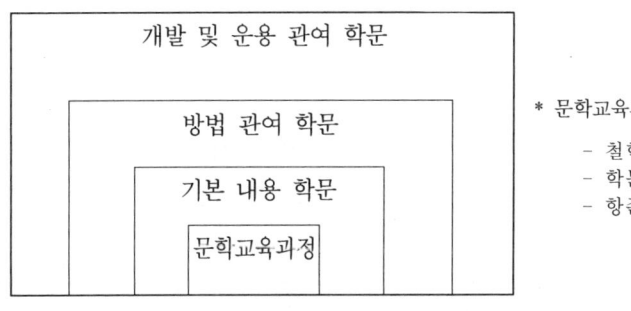

개발 및 운용 관여 학문

방법 관여 학문

기본 내용 학문

문학교육과정

③ 문학교육과정의 학문적 구조

* 문학교육과정의 존재 적합성

- 철학적 적합성
- 학문적 적합성
- 항존성과 변화성

(2) 작용 양식으로서의 구조

문화 현상

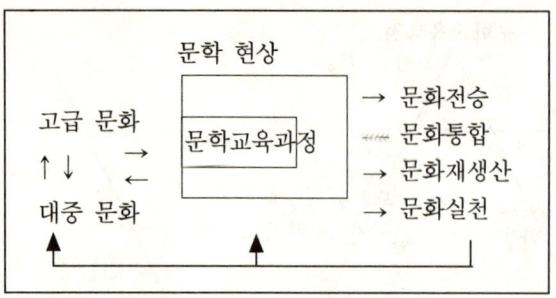

① 문학교육과정의 문화작용

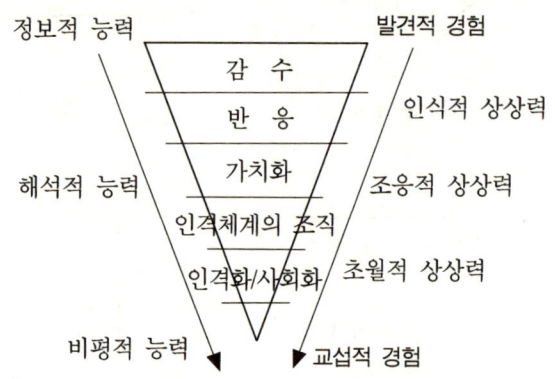

② 문학교육과정의 발달적 구조

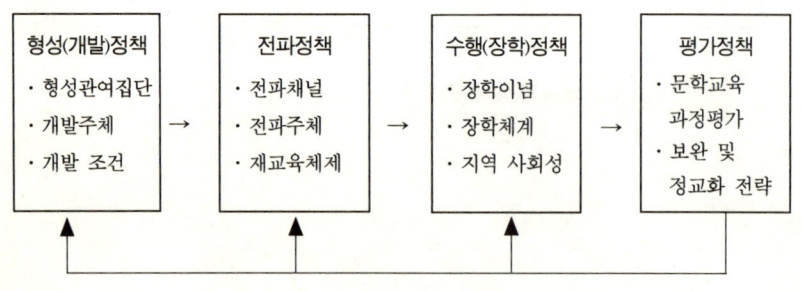

③ 문학교육과정의 정책적 구조

(3) 형태 및 기술상의 구조

문학교육과정의 형태적 구조는 목표를 더욱 구조화하고, 목표와 내용을 분명하게 변별해야 하며 '내용'의 경우 내용의 하위 요소들을 구분하고 형태적 구조로 드러내야 한다. 지도와 평가는 내용과 유기적 관련성을 강화하면서 교육과정의 구조를 긴밀하게 하는 모습으로 형태화되어야 하며 전반적으로 문서차원의 문학교육과정 형태는 '구조'로서의 완결성과 구성 요소간의 상호성을 추구하는 방향으로 나아가야 한다. 문학교육과정의 기술은 심미적·예술적 언어 구조물인 문학을 고유하게 경험하게 하는 데 부합되는 기술 체계를 갖도록 과학적 타당도 대신에 참조의 적절성과 구조의 확실성을 강화하는 방향으로 접근해야 한다.

이들 개별 구조는 각 구조 양식이 하나의 총합적 구조로 입체화되어 구조의 총체상을 드러낸다. 이렇게 총체화된 구조는 개방성, 즉 학문적 탐구에의 개방성, 수용자 요구에의 개방성, 타교과 영역 체계에의 개방성 등을 특징으로 하며 정태적인 구조가 아닌 동태적 구조이다. 이처럼 문학교육과정을 문화 환경과의 적극적인 교섭 속에서 구조와 경험을 역동화하는 역동적인 작용 구조라는 관점에서 바라보기에 이 논문은 문학교육과정의 생태학적 구조를 상정한 것이라고 할 수 있다. 이런 구조상을 선택했을 때 문학교육과정은 자기 결정성을 강화하여 문학 교육의 변화에 맞게 스스로를 부단히 검증할 수 있으며, 내용의 정체성을 확보하고, 그 동안 문제로 인식되어 온 심미성 편향 구조를 극복할 수 있다.

3) 핵심 어구

문학교육과정 개념 확충, 문학교육과정 현상, 다층위성, 구조 발전, 문학교육과정의 생태학, 구조의 총체성, 재개념화, 적합성

3. 논의점

1) 상위 교육과정과의 관련성

국어과 교육과정 안에 문학교육과정이 포함되어 있어야 하는가, 아니면 국어과 교육과정과 별개로 독립된 문학교육과정이 성립해야 하는가?

문학이 국어과의 하위 분야로 설정되어 있는 현실과 달리, 필자는 이 논문에서 문학을 독립된 교과로 삼는 것을 전제로 하고 문학교육과정을 논하고 있다. 이러한 논의는 문학이 갖고 있는 특수성을 부각시키기에는 유리할 수 있지만, 바로 이러한 점 때문에 이 논의가 갖는 한계가 있을 수 있다. 이와 관련해서 두 가지 입장이 있을 수 있다. 문학이 국어과 교육과정 내에 포함되어 있어야 한다는 입장과 국어과 교육과정과는 별도로 필요하다는 입장이다. 전자의 경우는 문학이 국어 활동 양상의 한 발현이라는 점을 근거로 하고 있다. 그렇지만 후자의 입장에서는 문학의 가지고 있는 특수성을 제대로 살리려면 문학교육과정이 따로 필요하다는 입장이다. 그렇게 돼야만 국문학과 독문학 혹은 영문학 등의 타문학과의 관계를 고려하면서 문학을 가르칠 수 있다는 장점이 생긴다. 이 점과 관련해서 문학교육과정을 구상할 때 생각해 보아야 하는 것이 문학이 가지고 있는 두 가지 측면인 '언어 활동 방식'과 '향유'의 측면이다. '언어 활동 방식'이라는 측면에 주목한다면 별도의 문학교육과정이 불필요하다고 생각할 수 있다. 반면에 '향유'의 방식에 주목한다는 것은 문학이 갖고 있는 특수성을 어떻게 살려낼 것인가의 문제와 맞닿아 있다. 결국 문학의 특수성을 국어과 교육과정의 틀 내에서 소화할 필요가 있는지, 그리고 그것이 가능한지에 대한 추가 논의가 계속 필요하다고 할 수 있다.

2) 용어와 서술의 명확성

가. 이 논문에서 가장 중요한 용어인 '구조'의 개념이 포괄적이다.

이 논문에서는 문학교육과정 자체를 하나의 유기체 작용태 내지는 생태학적 존재로 보고 그것의 양상이나 작용 전반을 체계적으로 파악하고 이론화하기 위한 방법론적인 것으로 '구조' 개념을 제시하였다. 그래서 '존재 양식으로서의 구조', '작용 양식으로서의 구조', '형태 및 기술상의 구조'로 분류하여 설명하였다. 그런데 이 세 가지 구조에 대한 설명에서 구조라는 용어를 사용한 층위가 다르다. 특히 '형태 및 기술상의 구조'에서 설명하는 구조의 개념은 '존재 양식으로서의 구조'나 '작용 양식으로서의 구조'에서 설명하는 구조의 개념과 다르다. 이로 말미암아 이 논문에서 사용한 구조라는 용어의 개념이 지나치게 포괄적이게 되었고 그 결과로 개념의 불명확성을 초래하게 되었다.

나. 문학교육의 내용과 방법에 맞는 교육과정의 기술상의 특징은 어떤 것인가?

교육과정의 기술은 전통적으로 추상적이고, 주관성이 허용될 여지가 있거나 불명료하게 해석될 여지가 있는 기술 방식이 배제되어 왔다. 이런 전통을 비판하면서 연구자는 문학교육은 정서, 심미적 경험과 그것의 가치화, 삶의 총체성, 언어적 상상력을 주요한 교육 내용 내지는 교육적 경험으로 다루어야 하므로 객관적이고 명료한 문학교육과정 서술이 적합하지 않다고 지적하였다. 문학교육과정 서술의 새로운 방향으로 연구자가 제시한 것이 '참조의 적절성과 구조의 확실성'을 갖도록 해야 한다는 것이며 다음 진술에서 압축되어 드러나 있다.

> 문학교육과정의 기술은 심미적 예술적 언어 구조물인 문학을 고유하게 경험하게 하는 데 부합되는 기술 체계를 갖도록 과학적 타당도 대신에 참조의 적절성과 구조의 확실성을 강화하는 방향으로 접근해야 한다(p.140).

그렇다면 '참조의 적절성과 구조의 확실성'이라는 것이 어떤 것인가? 이런 접근 방식을 구체화 할 수 있는 방안이 모색되어야 할 필요가 있다.

4. 의의와 발전 방향

이 논문은 문학교육 연구의 독자적 정체성 확보와 이론화라는 뚜렷한 목표를 지니고 있다. 문학교육 연구는 '문학'이라는 교과의 교육적 인식과 현상과 실천을 연구 대상으로 삼는 연구 분야로서 문학 연구와도 그리고 교육학 연구와도 변별된다는 것이 연구의 관점이다. 그 절실함이 많이 줄어들기는 했지만, 현상에 대한 분편적 관찰이나 지엽적 아이디어만으로는 더 이상 그 학문적 정체를 마련해 갈 수 없다는 이 논문의 문제의식은 지금의 문학교육 연구자들에게 여전히 유효하다. 이 논문의 의의는 다음과 같은 두 가지로 크게 생각해 볼 수 있다. 우선 이 논문은 문학교육과정의 가능한 양식을 구조화함으로써, 단순히 기술과 처방 수준에만 머물렀던 문학교육과정 논의의 학문적 위상을 밝혔다. 또한 '문학교육과정의 구조 발전'을 문학교육과정 논의의 상위 준거와 이론적 기반으로 설정함으로써, 문학교육과정 담론의 자장을 확보 혹은 제공하였다.

문학교육과정의 체계를 논의한다는 점에서 이 논문은 일종의 메타 논문이라고 할 수 있다. 그런데 애초에 필자의 관심은 구체적 문학교육과정 개발이라는 실천에서 비롯된 것으로 보인다. 그렇지만 구체적인 교육과정 개발 과정에서는 시시콜콜한 듯하지만 첨예하고 실질적 힘을 가진 입장들 간의 갈등이 빚어질 수밖에 없다. 필자는 거기에서 벗어나서 문학교육과정의 일반론적 망을 구축하고자 했고 성과를 거두었다. 이 성과를 바탕으로 구체적인 문학교육과정의 수립 방향에 대한 진전된 연구가 필요하다. 이를 위해서는 문학교육과정과 상위체계로서의 국어교육과정과의 관계 설정의 문제, 문학교육의 목표 수립 및 내용 선정의 기준을 마련하는 문제 등이 선결되어야 할 것이다.

동화의 교육적 응용에 관한 연구

■ 최경희, 한국교원대 박사학위논문, 1994 ■

1. 논문 목차

Ⅲ. 동화교재의 변천상

  1. 광복 이전

    가. 개화기

    나. 일제기

  2. 광복 이후

    가. 소생기

    나. 성장기

    다. 발전·도약기

Ⅳ. 동화교재에 나타난 가치 활용 양상

  1. 교육적 가치 활용

    가. 언어적·지적인 면에서 본 가치 활용

    나. 윤리적·도덕적인 면에서 본 가치 활용

    다. 사회생활적인 면에서 본 가치 활용

  2. 문학적 가치 활용

    가. 정서적인 면에서 본 가치 활용

    나. 상상적인 면에서 본 가치 활용

    다. 사상적인 면에서 본 가치 활용

Ⅴ. 동화교육의 지향점과 실제적 적용 지도

  1. 동화교육의 지향점

    가. 동화교재의 주제

    나. 동화의 갈래

    다. 동화교재 선정의 시각

    라. 인간 형성에의 지향점

  2. 동화교재의 실제적 적용 지도

    가. 동화교재의 지도관

    나. 동화교재의 감상 지도 방안

      1) 감상 학습 지도 계획 수립

      2) 동화교재의 수업 모형 구안

      3) 지도의 실제

Ⅵ. 결론

2. 내용

1) 연구 문제

동화는 교육적·문학적인 가치와 효용성을 지닌다. 이 때문에 그 동안 역대 국어 교과서에서는 동화를 읽기 자료로서 지속적으로 사용해 왔다. 그럼에도 불구하고 아직까지 역대 국어 교과서에 어떤 동화들이 수록되어 왔으며 동화가 갖는 교육적 가치 및 효용성이 무엇인지를 구체적으로 밝힌 연구는 없었다. 따라서 이 연구는 역대 국어 교과서에 수록된 동화 교재의 성격과 변천상을 살펴보고 이를 바탕으로 바람직한 동화 교육의 방향을 모색해 보고자 하였다.

2) 주요 내용

이 연구는 먼저 동화의 가치를 개괄적으로 제시하고, 이러한 가치들이 실제 동화 작품들에 어떻게 구현되어 있는가를 국어 교과서에 실린 동화 교재를 바탕으로 하여 통시적으로 살펴본 후, 이러한 가치의 교육적 활용 방안을 고찰하는 방식으로 논의를 전개하고 있다.

먼저 2장에서는 아동문학에서 동화의 위상, 본질, 특성과 '아동 심리와 동화'와의 연관을 살펴본 후 동화의 기능에 대하여 논하고 있다. 그리고 동화의 교육적 가치와 효용성에 대하여 각기 언어교육적인 측면, 지적 향상의 측면, 윤리적인 측면과 사회생활 측면으로 나누어 논하고, 동화의 문학적 가치와 효용성에 대하여는 미적 정서, 상상과 창조, 사상적인 면으로 나누어 살펴보고 있다. 이러한 논의들은 주로 아동 교육학, 아동 심리학, 교육 심리학 등에 근거하고 있다.

3장에서는 개화기부터 현행 교육과정기까지 교육과정기별로 국어과 교과서에 수록된 동화 작품들을 통시적으로 검토함으로써, 동화 제재의 변천상을 살피고 있다. 이러한 과정에서 이 연구는 동화의 문학적·교육적 가치가 작품 속에서 구체적으로는 어떻게 구현되고 있는지도 살펴보고 있다. 이 연구에서는 시대가 지남에 따라 점차 동화 작품이 교재로서 많이 활용되고 있으며, 국어 교과서에 실린 동화 제재가 다분히 시대적 상황에 따른 교육 정책과 교육과정의 정신을 여실히 반영하고 있음을 지적하고 있다.

4장에서는 교과서에 수록된 동화가 수용자인 아동에게 어떤 교육적 기능을 하고 있는지, 그 교육적 가치 활용 양상을 제시하였다. 동화는 언어 능력과 사고력의 신장, 윤리적·도덕적·사회생활 면에서 올바른 가치관을 형성하도록 돕기 때문에 교육적인 가치를 갖고 있다. 그리고 동화는 미적 정서를 함양하고 상상력을 계발시켜 주기 때문에 문학적인 면에서도 그 가치가 있다.

5장에서는 동화 제재를 주제별·갈래별로 나누어 그 수록 상황을 제시하고, 이를 토대로 동화교육이 지향해야 할 바와 그 실제적 지도 방법을 제시하고 있다. 동화 지도 방안은 기본적으로 수용이론에 기대어 있다. 동화 지도 시에는 수용자인 아동의 경험과 독서 과정을 중시하고 주체적인 '작품의 구체화 작업'을 통해 획일적인 사고와 경직된 이론의 틀을 탈피하여 아동이 새로운 해석을 할 수 있도록 도와야 한다. 동화 제재의 지도는 지적인 이해에 초점을 두지 말고, 아동의 감상에 중심을 두어야 한다.

3) 핵심 어구

동화 교육, 동화 교재, 교육적 가치, 문학적 가치, 감상 학습

3. 논의점

1) 아동문학의 정의 및 개념

'아동문학'은 국어교육에서 매우 중요한 개념임에 틀림없다. 따라서 아동문학이 무엇인지를 명확하게 규정하는 일은 의미가 있다. 그런데 이 연구에서는 아동문학의 개념이 명확하지 않다. 가라타니 고진의 『일본 근대 문학의 기원』(민음사, 1999)을 보면, 아동문학은 근대에 아동이 발견되고 제도적으로 문학이 확립되고 난 이후에 어른의 필요에 의하여 만들어진 근대의 인위적인 개념이다. 아동문학을 아동들이 주로 읽으며 아동들의 생활을 다룬 문학 작품으로 규정하는 것은 매우 모호할 수밖에 없다. 아동과 청소년의 경계는 어디까지이며 아동들의 생활이라는 것은 또 무엇인가. 아동들의 생활을 다룬 성인 동화도 존재할 수 있다. 아동문학을 규정할 수 있는 요건 혹은 자질을 분명히 할 필요가 있으며, 이를 위해서는 작품 외적 접근과 작품 내적 접근이 동시에 정밀하게 이루어져야만 할 것이다. 이 때, 피아제 등의 아동 발달·성장 이론도 면밀하게 검토할 필요가 있을 것이다.

2) 동화의 교육적 가치에 대한 검증

이 연구에서는 동화가 가지고 있는 가치를 다양한 측면에서 제시하고 있다. 그런데 그러한 것들이 논리적인 설명이나 근거 없이 선언적으로 제시되고 있어 아쉽다. 예컨대 동화가 아동의 사고력이나 창의력 신장에 도움이 된다고 하였는데, 왜 그러한지에 대한 실증적인 검증이나 근거가 없다.

이 때문에 '동화가 교육적으로 가치 있다'고 할 때 이 말의 의미가 무엇인지 명확하지 않다. 동화 자체가 이미 교육적 가치를 내재하고 있어서 아동들이 특별한 교육적 처치를 받지 않아도 그러한 가치관이나 능력을 체득할 수 있다는 것인지, 아니면 동화를 잘 지도하면 아이들이 그러한 가치관이나 능력을 체득할 수 있다는 것인지 그 의미가 이중적이다. 만약 전자라면 동화를 굳이 교육적으로 응용하는 방법에 대한 연구를 할 이유가 애초부터 사라진다. 만약 후자라면 동화가 교육적 가치를 갖고 있다는 전제를 2장에서 먼저 제시하고 예컨대 동화는 아동들의 창의력을 길러 준다고 선언한 뒤에, 마지막 장에서 다시 아이들의 창의력을 길러 주기 위한 교수법을 구안하는 것은 비논리적이다.

4. 의의와 발전 방향

이 연구는 개화기부터 90년대 초반까지의 동화문학교육의 실상을 교과서를 바탕으로 통시적으로 분석함으로써, 앞으로 보다 나은 동화 교육의 방향을 설정하기 위한 토대를 제공했다는 점에서 의의가 있다.

그러나 동화를 구체적으로 어떻게 가르칠 것인가에 대한 논의가 소략하다는 점이 아쉽다. 이 연구에서는 동화의 교육적 가치는 무엇이며, 그것이 실제로 교재에 어떠한 방식으로 구현되어 있는가(Ⅱ, Ⅲ, Ⅳ장)를 중점적으로 논하고 있어, 이러한 가치를 현장에서 교육적으로 적용하고 활용할 수 있는 방안은 미진하다. 동화에 내재된 가치와 아이들이 그러한 가치를 체험하고 내면화하는 것은 전혀 다른 문제이므로 그 방법론(교육적 처치)은 매우 중요할 수밖에 없다. 그러나 본고에서는 그 방법론을 수업 지도안의 차원에서만 간단히 다루고 있어 아쉽다.

문법 지식의 확대 사용 전략에 대한 연구

■ 심영택, 서울대 박사학위논문, 1995 ■

1. 논문 목차

2. 내용

1) 연구 문제

토박이 화자는 학문적 문법 지식을 배우지 않아도 일상 언어 생활에 아무런 지장이 없다. 따라서 논자에 따라서는 국어지식 교육의 필요성에 대해 부정적인 견해를 제시할 수도 있다. 이 논문은 이와 같은 국어 지식 교육 무용론에 대한 대안을 마련하기 위해 수행되었다. 이 논문에서는 문법 지식의 확대 사용 전략을 마련하여 문법 교육의 필요성과 문법의 교육적 활용 가능성의 지평을 넓히고자 하였다.

2) 주요 내용

토박이 화자들이 문법을 배우지 않아도 자연스럽게 언어 생활을 영위할 수 있는 이유는 이들이 직관적 문법을 갖고 있기 때문이다. 토박이 화자들이 갖고 있는 직관적 문법 지식은 '언어 사용자는 자신의 토박이어를 지배하는 규칙을 알고 있고 그것들에 주의를 기울이지 않고도 그 규칙들을 적용할 수 있다', '토박이 화자는 토박이어를 창조적으로 사용한다' 등의 특징을 갖는다. 또한 표현 형식과 표현 내용은 상호규정성을 갖는데, 이러한 특징은 토박이화자가 자신이 직관적으로 알고 있는 문법 지식을 명시화하고 이를 창조적으로 사용하는 것을 가능하게 한다. 마지막으로 문법 지식의 확대 사용 전략은 인식론적 측면에서나 실재론적 측면, 가치론적 측면에서도 그 타당성이 입증된다.

문법 지식의 확대 사용 전략은 전략 중심 문법 교육에서 가능하다. 전략 중심 문법 교육이란 '조직적인 계획 하에 토박이 화자로 하여금 학문적 문법 지식을 확대 사용할 수 있게 하는 교육'이라고 규정할 수 있다. 여기서 전략은 크게 기본 전략과 확대 전략으로 나눌 수 있다. 기본 전략은 문법 지식을 학습하고(학문 중심 문법 교육).학습한 문법 지식을 적용(기능 중심 문법 교육)한 것을 말하며, 확대 전략은 그 문법 지식을 확대 사용(전략 중심 문법 교육)한 것이다.

문법 지식의 확대 사용 전략으로는 '주관화와 객관화 전략, 사물적 특성의 사건화 전략, 기정 사실화 전략, 높임 대상의 확대 전략, 옛말 문법의 활성화 전략, 어순의 도치 전략' 등을 들 수 있다. 이들 전략들은 모두 각각의 문법 사항에 대한 학습과 적용 후 실시된다. 즉 문법 지식의 확대 사용 전략은 '문법 지식의 학습 → 문법 지식의 적용 → 문법 지식의 확대 사용'이라는 세 단계를 거쳐 학습된다. 이러한 방법은 지식에 기반을 두면서도 언어 표현의 창조성을 살릴 수 있는 방식으로 문법 교육이 이루어지도록 돕는다.

먼저 주관화와 객관화 전략은 '인칭 대명사'와 관련을 맺고 있다. 예컨대 '나 아닌 나와의 다툼에서 찾을 수 있는 나'와 같은 표현이 그 예이다. 사물적 특성의 사건화 전략은 '목적격 조사'와 관련을 맺고 있는데, '북한산 기슭을 곱게 피는 진달래꽃'이 그 예이다. 기정 사실화 전략은 어미 '-었-'과 관련을 맺고 있는데 '너 이제 학교는 다 갔다'와 같은 것이 그 예이다. 높임 대상의 확대 전략은 어미 '-시-'와 관련을 맺고 있는데 '바보들이 오신다, 느티나무가 말씀하셨다' 등이 그 예이다.

이와 같은 전략들은 다음과 같은 네 가지 측면에서 의의가 있다. 첫째, 문법 교육의 내용을 내용 중심과 활동 중심으로 재구성할 수 있다. 둘째, 학문적 문법 지식의 확대 사용 전략은 문법 교육에서 문법을 어떻게 접근할 것인가를 고안하고 연구하는 데 도움을 준다. 셋째 문법 지식의 확대 사용은 문법 체계의 속성을 파악하는 데 도움을 줄 수 있다. 넷째, 문법 지식의 확대 사용은 바로 후손들에게 미칠 언어 생활이기에 현재 살고 있는 토박이 화자로 하여금 학문적 문법 지식을 토대로 정확하고 효과적으로 쓰는 방법에 대한 하나의 모습을 제시해 줄 수 있다.

3) 핵심 어구

직관적 문법 지식, 학문적 문법 지식, 문법 지식의 확대 사용, 전략 중심 문법 교육, 전략적 능력, 주관화, 객관화, 사건화, 기정 사실화, 높임 대상의 확대, 활성화, 어순의 도치

3. 논의점

1) 연구의 학문적 근거

이 논문은 다양한 언어학 이론을 원용하여 논의를 전개하고 있다. 예를 들어 학문 문법을 설명할 때에는 변형생성문법을, 사물적 특성의 사건화 전략에서는 인지 문법을, 기정 사실화 전략에서는 구조 문법적 접근을 사용하고 있다. 그런데 하나의 현상에 하나의 이론을 제시하는 이와 같은 일대일 대응 방식이 과연 각 현상을 합리적으로 설명하는 방식인지는 의문이다.

2) '문법 지식의 확대 사용 전략'에서 '확대'의 의미 및 범위

'문법 지식의 확대 사용 전략'에서 '확대'의 대상은 무엇인가. 문법 교육의 '내용'의 확대인가, '사용'의 확대인가. 이 논문에서 '확대'는 '학교 문법에 수용되지 않은 문법 내용으로의 확대'의 뜻으로 사용되고 있는 듯하다. 예들을 살펴보면, 하나의 문법 요소에 대한 여러 가지 논의 중에서 학교 문법에 수용된 것을 '기본'이라 하고, 그 이외의 것을 '확대'로 보고 있다는 인상을 준다.

① 문법 요소에 대한 기존의 설명 + 색다른 설명

② 규범적 사용 + 일탈적 사용

위의 ①과 ②는 분명 서로 다르다. 만약 확대가 '색다른 설명'을 의미하는 것이라면, 왜 '전략'이라는 용어를 썼는지 궁금하다.

3) 용인 가능성과 소통 가능성, 교육 현장에서의 수용 가능성 문제

문법 지식의 확대 사용의 범위가 모호하다. 문법 지식의 확대 사용의 예로 시어를 들고 있는데, 일상어에서 이러한 사용 방식이 어느 정도의 용인 가능성을 지니는지에 대한 논의가 필요하다. 즉 문법 지식의 확대 사용에 있어서 용인성의 한계는 어디까지인지에 대한 규정이 필요하다. 소통 가능하다면 곧 용인 가능한 것일까? 용인 가능하지만 소통 가능하지 않는 것은 없을까?

또 용인 가능하다고 해서 그것을 그대로 교육 현장에서 모두 수용할 수 있는 것은 아니다. 비규범적 언어 사용을 정밀하게 기술하는 것과 그것을 가르치는 것은 별개의 문제이다. 컴퓨터 통신에서 통용되고 있는 언어들이 이에 해당한다.

4. 의의와 발전 방향

이 논문은 '문법의 범위를 어느 정도까지 확대할 수 있는가'라는 질문에 대한 답을 진지하게 타진해 보고 있다. 일반적으로 '오류'라 일컬어지는 언어 사용법을 창조적 언어 사용의 하나로 파악하는 새로운 시각을 통해, 문법이 갖는 '규범성'의 바탕을 충분히 인정하면서도 문법적 일탈을 '창조성'의 터전으로 전환시킨 점은 그 의미가 크다고 할 수 있다.

이 논문은 또한 기존의 학문 중심 문법 교육이나 규범 중심의 교육 방법에서 벗어나 언어 사용의 창조성을 살릴 수 있는 새로운 문법 교육의 방향으로 전략 중심의 교육 방법을 제시해 주었다는 점에서도 의의를 지닐 것으로 보인다.

그러나 문법 교육의 내용을 이렇게 확대할 때, 전체적인 국어교육 및 문법 교육의 구조가 과연 어떻게 설정될 수 있는지에 대한 논의가 없다. 문법 지식의 확대 사용 전략이 전체 문법 교육의 어느 위치를 차지하고 있는지, 국어교육의 다른 영역과는 어떤 관계로 규정돼야 하는지, 그리고 학습자들의 학년별 수준에 따라서 확대 전략을 어떻게 배열할 수 있을 것인지 등에 대한 천착이 필요하다.

또한 '문법의 확대 사용 전략'을 논하는 것이 논문의 주 내용이므로, 그 전략들이 도출된 틀이나 과정, 그리고 그 전략을 가르치는 방법 등에 대한 체계적인 논의가 뒷받침된다면 더 좋았을 것이다.

시조문학 교육의 통시적 연구*

■ 김선배, 한국교원대 박사학위논문, 1996 ■

1. 논문 목차

---

* 이 논문은 『시조문학 교육의 통시적 연구』(김선배, 박이정, 1998)로 발간되었다.

2. 내용

1) 연구 문제

이 논문은 개화기부터 제5차 교육과정기까지 국어과 교육의 문학 영역에서 다루어진 시조 문학 교육의 면모를 각 시기, 교육과정기별로 검토하여 그 실체와 사적 전개 양상을 총체적으로 밝히고자 하였다.

2) 주요 내용

이 연구의 Ⅱ장에서는 시조문학의 교육적인 수용 실태와 성격 및 목적을 논의하였다. 이러한 논의를 통해 시조문학 연구의 성과가 시조문학 교육 현장에 부실하게 수용되었으며, 시조 문학 교육의 위상은 문학교육의 범주에 포함되면서도 현대시 교육과 변별되는 특성을 지닌다는 것을 확인하였다. 그리고 시조의 형식적 특성, 전통성, 문학적인 언어 감수성, 창작 능력의 배양이라는 관점에 입각하여 시조 문학 교육의 목적을 5가지 설정하였다.

Ⅲ장, Ⅳ장에서는 개화기부터 제5차 교육과정기까지 각 시기별로 시조 문학 교육의 실태를 분석하고 있다. 먼저 개화기부터 교수요목기까지는 '교육과정기 이전 시조문학 교육'으로 묶어 차례로 개화기, 일제강점기, 교수요목기로 나누고, 그 이후 '교육과정기'는 1차부터 5차까지 각 과정기로 나누어, 시조문학 교육의 실태를 분석, 정리하고 있다. 이러한 시대 구분은 박붕배(1987)를 참고하여 설정한 것이다. 주된 자료는 각 시기별 각급 학교 교육과정, 국정 국어 교과서(초등학교~고등학교), 교사용 지도서이다.

시조문학 교육의 실태는 크게 ① 교육과정에 제시된 문학교육 내용, ② 교과서에 수록된 시조 텍스트의 실태, ③ 시조 텍스트의 학년별 배열성, ④ 시조 학습 내용과 연계성의 항목으로 나누어 검토·정리하고 있다. ② 에서는 각급 학교 국어 교과서에 수록된 시조 텍스트를 교과서명, 단원명, 제재명, 작가, 형식, 시대로 나누어 살피고 있다. 또한 ③에서는 동일 시기 각급 학교별 교과서에 수록된 시조 텍스트가 학교급별, 학년별로 배열된 제 특성을 비교 검토하고 있다. 마지막으로 ④에서는 시기별 각급 학교의 국어과 교육과정, 교과서, 교사용 지도서에 제시된 학습 목표와 학습 활동(학습 문제) 내용 등을 분석하여 시조 교육 내용 체계와의 연계성을 밝히고 있다.

Ⅴ장에서는 Ⅳ장의 내용을 바탕으로 하여 시조문학 교육의 역사적 발달 과정에 따른 시대 구분을 모색하고, 각 시기별 특징을 정리함과 동시에 비판적 견해를 밝히고 있다. 이 연구에서는 개화기부터 제5차 교육과정기까지의 시조문학 교육의 흐름을 살펴볼 때, 역사적 전개 과정을 '태동

기-출발기-성장기-도약기-발전·전환기'로 설정할 수 있다고 하였다. 이때 태동기는 개화기부터 일제 강점기, 출발기는 미군정기부터 1차 교육과정 이전, 성장기는 제1차·2차 교육과정기, 도약기는 3차 교육과정기, 발전·전환기는 4차·5차 교육과정기로 구분하고 있다. 이러한 시대 구분 하에, 각 시기별로 교과서에 시조 텍스트가 수록된 양상을 살피고, 교과서에 실린 학습 문제 및 학습 활동 등을 통하여 시조 학습 내용의 특징을 소개한 후, 이에 대한 비판적인 의견을 제시하고 있다.

3) 핵심 어구

시조문학 교육, 시조 교육사, 시조 텍스트의 배열성, 학습 내용과의 연계성, 시대 구분

3. 논의점

1) 시조문학 교육사로서의 의의

시조문학은 우리 조상들이 몇 백년 동안 즐겨온 장르로서 그 동안 국어 교육에서 중요한 교육 내용으로 다루고 있는 것 중의 하나다. 이러한 시조문학 교육의 실태를 이 논문에서는 실증적으로 접근하여 밝히고 있다. 단순히 시조 문학의 교육은 이러이러해야 한다는 당위 중심의 논의가 아니라 지금까지 시조 문학 교육이 어떻게 이루어지고 있는지를 밝힘으로써, 앞으로 시조 문학 교육이 취해야 할 방향을 우회적으로 제시하고 있다는 의의도 있다. 시조 문학 교육에서 우리가 이어받아야 할 것이 무엇이며, 극복해야 할 것이 무엇인지 명확해졌다는 의미이다.

2) 연구 자료의 한계

이 연구는 시조문학에 관련된 각 시기별, 교육과정기별 각급학교 교육과정, 국정 국어 교과서, 교사용 지도서를 핵심 분석 자료로 삼았다. 그런데 교육과정, 국정 국어과 교과서, 교사용 지도서라는 한정적인 자료를 토대로 하여 각 시기별 시조 교육의 목표 및 학습 내용을 총체적으로 밝혀내기에는 무리가 따를 수 있다. '공식적인 문서(교육과정, 교과서, 교사용 지도서)'가 실제적인 교육 내용 및 실태와 일대일로 대응한다고 보기는 어렵기 때문이다. 이런 점에서 일제 강점기 때 개인, 단체, 출판사에서 발행된 검인정 교과서나, 교육과정기 고등학교 실업계 국어 교과서, 고전 교과서, 문학 교과서를 분석의 대상에서 제외시킨 것 역시 자료의 한계로 작용할 수 있다.

3) 총체적인 시조 교육사 논의의 필요

각 교육과정에서 제시된 시조문학 교육의 내용, 국어 교과서에 수록된 시조 텍스트의 배열, 학습 내용과의 연계성 등만을 주된 논의의 대상으로 삼고 개별 작품의 분석이나 해석을 제외하고 있는 것 역시 총체적인 시조 교육사 논의라고 하기에는 한계로 작용한다. 시조 교육사의 주된 내용은 '각 시기별로 몇 편의 시조가 어느 학년에 실렸는지'보다 '어떠한 시조가 어떠한 목표 아래 어떠한 방식으로 다루어지고 있는가'에 대해 좀더 깊게 분석할 필요가 있을 것이다. 물론 '학습 내용과의 연계성'이라는 항목에서 이를 어느 정도 다루고는 있으나, 교육과정 내용과 교과서의 학습 문제를 비교·소개하는 것에서 더 나아갔으면 하는 아쉬움이 든다.

4) 시조문학 교육사 시기 구분의 문제

시조문학 교육사를 각기 '태동기 – 출발기 – 성장기 – 도약기 – 발전·전환기'로 구분하고 각 시기별로 비판적인 검토를 시도하였으나, 그 구분의 근거가 미약하다. 또한 모든 교육사의 '사적(史的)인 시대 구분'이 그러할 수밖에 없듯이, 이러한 구분이나 명명은 늘 추후에 시의성(時宜性) 문제와 맞닥뜨리게 된다. 제4차, 제5차 교육과정기를 '발전·전환기'로 명명하면 그 이후의 제6차, 제7차 교육과정기는 무엇이라 명명할 수 있을 것인지 모호해져 버리기 때문이다. 교육의 발달사를 논의하면서 태동기, 성장기 등의 유기체적 명칭을 사용하는 것은 앞으로 고려해 보아야 할 문제다. 그보다는 각 시기별 교육의 질적인 특성을 중심으로 하여 살피는 것이 필요할 것이다.

4. 의의와 발전 방향

이 논문의 국어교육적 의의는 개화기부터 제5차 교육과정기까지 초·중·고등학교 국어과 교육을 통해서 이루어진 시조문학 교육의 통·공시적인 내용을 확인할 수 있는 유용한 자료라는 점이다. 또한 앞으로 시조문학 교육에 관련된 교재를 편찬하거나 내용을 구성하고 방법론을 탐색하는 데 있어 유용한 기초 자료가 될 수 있을 것이다.

이제 이러한 논의를 발전시키기 위해서는 시조문학 교육의 실태에 대한 논의를 바탕으로 하여 앞으로의 방향성에 대한 논의를 할 필요가 있을 것이다. 시조(문학)의 장르적 특성, 즉 시조 장르가 문학교육에서 어떠한 의미가 있으며, 어떠한 방식으로 교육하여야 하는지, 즉 시조문학 교육의 방향에 대한 방법론적인 시각이 필요하다. 즉, 시조문학에 대한 새로운 교육적 관점을 설정하고 그러한 관점을 관철시킬 수 있는 다양한 논의를 하는 것 또한 필요할 것이다.

필자의 변

우선 『국어 교육 연구의 반성과 전망』을 위해 애쓰시는 선생님들께 감사드립니다. 이러한 연구 활동은 우리 국어교육학의 정체성 확립은 물론 학문적인 지평을 새로이 여는데 기여할 수 있는 유용한 작업이라고 생각합니다.

졸작임에도 불구하고 꼼꼼하게 읽어주시고 모자라는 부분과 부족한 점을 일깨워주신 것에 대해 거듭 고마운 마음을 표합니다. 따라서, 졸고에 대한 비판적 내용에 대해 하나하나 연구자의 변을 달고 싶은 마음은 없습니다. 다만, 이러한 기회를 통해 연구하는 과정에서 절실히 느낀 점을 몇 자 적어 변으로 삼고자 합니다.

첫째, 1990년대 초반 '시조문학 교육사 연구'란 주제를 설정하고, 이를 수행하기 위해 관련 자료를 수집하는 과정에서 연구자는 거의 절망적인 한계에 부딪치게 되었는데, 그것은 바로 광복 이후 각급 학교 국어교육 관련 자료(교육과정, 교과서, 지도서 등)가 유관 기관 어디에도 제대로 보관되어 있지 않음을 알게 된 것입니다. 그래서 거의 1년여 자료 수집에 시간을 소비했는데, 이 과정에서 박붕배, 최현섭 교수님의 도움을 크게 받아 연구를 진행할 수 있었습니다. 이러한 상황으로 인해 지적한 '연구자료의 한계'를 극복할 수 없었던 것입니다.

둘째, 시조문학 교육사에서 다룬 시대 범주는 개화기부터 연구 당시인 제5차 교육과정기까지이고, 초·중·고 국어과 교육에서 다룬 시조텍스트와 학습내용의 양상을 대상으로 삼았기에 개별 작품의 분석이나 해석은 논외로 한 것입니다. 그리고 국어과 교재에 수용된 시조는 초·중·고 모두 한두 단원에 집중적으로 수록되었고 구체적인 학습내용과 방법은 명시적으로 제시되어 있지 않기에, 한 편의 시조가 어떠한 목표 아래 어떤 방식으로 다루어졌는가에 대한 분석은 실제 학습상황에서 수행된 면모를 확인해야 하는 것이기에 논의의 내용으로 삼지 못한 것입니다. 실증적이고 객관적인 연구의 범주를 고수하려는 의지가 작용한 것입니다.

셋째, 모든 학문 연구에서 '사적인 시대 구분'은 연구 당시의 시점에서 되돌아 본 시야에 대한 양상을 이해 도모의 관점에서 구분하는 것이 통례라고 봅니다. 졸고에서 유기체적 명칭을 도입한 것도 이러한 예를 수용한 것입니다. 물론 이러한 시대 구분은 미래 시점으로 확장해 보면, 또 다른 문제가 있을 수 있음은 인정합니다. 먼 미래의 시점에서 본다면, '태동기─출발기─성장기'를 묶어 '태동기'로 명명할 수도 있을 것입니다. 논의의 대상으로 삼는 물리적 시간량에 따라 전개 양상의 구분은 상대적인 관점을 취할 수 있기 때문입니다.

졸고가 안고 있는 모자라고 부족한 점을 후속 연구를 통해 보태고 발전시켜야 하는데, 게으르고 능력이 뒤따르지 못해 안타깝습니다. 동학선생님들께서 질정과 애정을 베풀어주시기를 간절히 바랍니다.

북한의 국어과 교육에 관한 연구

■ 이인제, 한국교원대 박사학위논문, 1996 ■

1. 논문 목차

2. 내용

1) 연구 문제

이 논문은 북한이 학생들에게 혁명적 세계관을 형성시키기 위한 가장 중요한 수단으로 국어 교과를 이용하여 왔으며, 바로 이것이 분단 50여 년이 지난 지금 남북한간에 언어와 언어 문화의 차이를 가져온 직접적인 요인이 되었다는 전제에서 출발한다. 북한에서 국어 교과는 '공산주의적 혁명 인재 양성'이라는 학교 교육의 목적을 달성하기 위해 정치 사상 교육을 담당하는 교과로 자리잡고 있다. 따라서 이 논문은 국토 분단 이후 북한이 전개해 온 국어과 교육 현상을 바르게 진단하고 민족 화합을 지향하는 국어과 교육의 대안을 탐색하기 위해 북한의 국어과 교육의 현황을 탐색하고자 하였다.

이 논문에서는 북한이 국토 분단 직후부터 계획·실천해 온 국어과 교육의 전개 양상을 사적인 관점에서 살펴보고, 국어과 교육의 배경 사상과 이론의 실체를 분석·논의하였다. 또한 북한이 1990년대에 발행한 국어와 국어 문학 교과서 및 이론서를 주 자료로 하여 분석한 인민 학교와 고등 중학교의 국어과 교육 목표와 내용 체계를 바탕으로 북한의 국어과 교과관, 국어과 교육관, 교육의 내용관 및 방법관 등에 대해 논의하고, 민족 화합을 지향하는 통일 한국의 바람직한 국어과 교육의 대안을 탐색하였다.

2) 주요 내용

이 논문에서는 먼저 북한이 국어과 교육의 방향을 어떻게 잡아 왔고 교육 내용의 선정을 어떻게 해 왔는지를 통시적으로 살펴보고 있다. 이를 통하여 북한이 국어과 교육의 가장 중요한 목표를 '당과 김일성에게 충성을 다하고 사회주의 혁명을 위해 투쟁할 수 있는 혁명 인재를 양성'하는 데 두어 왔고, 국어과 교육이 언어의 사회적 기능을 강조하는 언어관과 문학의 인식 교양적 기능을 강조하는 문학 예술관에 따라 계획·실천되어 왔음을 밝혔다. 이러한 관점은 1960년대 이후의 국어과 교육에 일관되게 반영되어 있다. 물론 북한이 국어과 교육을 강화할 필요성으로 내세운 '문화어 보급을 통한 언어의 사회적 기능의 강화', '정치 사상 교양을 위한 인이의 정화', '낡은 언어 의식 및 습관의 개선을 통한 혁명적 언어 생활 기풍의 확립' 등이 사회 변화와 정치적 필요에 따라 달라지기는 하였다. 그러나 국어과 교육의 가장 중요한 목표를 공산 혁명 인재 양성에 두고, 국어 교과의 성격을 정치 사상 교육을 위한 교과로 규정한 관점은 변화하지 않았다. 또한 국어과 교육의 내용이 혁명적인 내용을 전투적인 형식에 담아 표현할 수 있는 능력을 길러주는 데 적합한 사상성 있는 것이어야 한다는 인식에도 변화가 없었다. 1990년대 초에 개정한 과정 안에서는 국어과에 배당한 시수를 80년대까지의 과정안보다 현격하게 축소시키고 있는데, 이것이 국어 교과의 성격에 대한 인식의 변화를 반영하고 있는지는 좀더 면밀하게 검토해야 할 것이다.

북한이 국어과 교육을 계획·실천하는 사상 이론적 배경과 이것이 국어과 교육의 목표와 내용 선정에 관련되는 양상도 논의되었다. 북한이 전개해 온 국어과 교육의 사상, 이론적 배경은 김일성과 김정일의 언어와 문학 예술에 관한 사상 및 이론과 지침, 그리고 당의 정책이다. 이와 관련하여, 이 논문에서는 언어의 사회적 기능을 중시하는 '도구론적 언어관'과 문학 작품을 생활의 교과서이자 당의 정책을 교양하고 계급적 원수에 대한 투쟁의 무기로 인식하는 '문학관'을 바탕으로 북한이 계획 실천한 국어과 교육의 본질론적 측면들을 살펴보고 있다. 그리고 북한의 언어관과 문학관, 국어과 교육관, 국어과 교육의 내용관 및 교수·학습 자료관에 대해서도 논의하고 있다.

인민 학교의 국어과 교육의 목표와 내용을 분석하여 각각의 성격과 특징을 논의하고, 이를 남한의 국어과 교육의 목표와 내용과 비교하여 남북한간의 동질적인 면과 이질적인 면, 북한만의 독자적인 면에 대하여 논의하고 있다. 그 결과 언어를 학생들에게 혁명적 세계관을 형성시켜 주는 무기로 보는 언어관에 의거하여 인민 학교 국어과 교육이 계획·실천되고 있음을 밝혀내었다. 즉 언어 기능 신장을 위한 교육 내용이 정치·사상적 내용의 주입을 강화하는 데 적합한 것 위주로 선정되어 있으며, 언어 지식 교육의 내용 역시 문화어에 대한 지식과 특정인과 관련된 언어 사용 및 언어 지식을 중심으로 선정되어 있다. 이러한 점들이 북한의 국어과 교육이 언어 교육의 본질적인 측면보다는 사상 교육을 위한 정치적 도구 또는 수단으로 이용되고 있다는 점을 뒷받침한다. 또한 교과서의 글을 분석과 해석, 평가와 비판의 자료가 아니라, 학생들에게 혁명적 세계관을 형성해 주기 위한 감화 및 설득의 자료로 보는 교수·학습 자료관에 따라 선정·배열되어 있다는 점도 논의하고 있다.

마지막으로 북한의 고등중학교 국어과 교육의 목표와 내용을 분석하여 각각의 성격과 특징을 논의하고, 이를 남한의 국어과 교육의 목표와 내용과 비교하여 남북한간의 동질적인 면과 이질적인 면, 북한만의 독자적인 면에 대하여 논의하고 있다. 북한은 고등중학교 1~3학년에서 국어 과목을, 4~6학년에서 국어 문학 과목을 이수하도록 하고 있고, 4~6학년에서 이수하는 국어 문학 과목에서 어문학 교육을 하도록 하고 있다. 북한의 고등중학교 국어와 국어 문학 교과서에는 북한의 문학 예술관이 반영되어 창작된, 그래서 남한의 시각에서는 매우 생소한 가극, 동극, 실기, 혁명 가요, 혁명 가극, 선전글, 서정글, 선전선동글, 영화 문학 등의 글과 작품이 수록되어 있는데, 이들 제재가 김일성 일가의 우상화, 체제 세습의 정당화, 혁명적 정서 함양과 전투성 고양을 위한 자료로 활용되고 있다. 이것이 남한의 국어과 교육과 근본적으로 다른 면이다. 물론 북한의 국어 문학 교과서에 근대 이전의 한국 문학사와 관련된 작품이 소개되어 있기는 하지만, 남한과 북한이 문학 교육을 위해 선정한 교육의 내용과 작품이 서로 다를 뿐 아니라, 남북한이 공통으로 선정한 네 편의 문학 작품도 수록한 부분과 작품 분석 내용에 차이가 많다. 이러한 점들이 남북한 국어과 교육의 동질적인 면이자 동시에 이질적인 면이고, 남북한이 공유하는 교육의 내용이 거의 없다는 구체적인 예가 될 것이다.

　이는 고등중학교의 교육 내용을 검토해 보면 더욱 분명해진다. 말하기와 읽기 교육의 내용이 인민 학교와 동일한 관점에서 선정되었으며, 쓰기 교육의 내용으로 문학 창작과 관련된 것이 선정되어 북한만의 문종인 가사, 벽소설, 영화 문학 등을 쓰도록 하고 있다. 언어 지식 교육의 내용이 문화어에 대한 지식과 혁명적인 언어 생활 기풍을 확립하는 것과 관련된 지식을 중심으로 선정되어 있고, 문학 교육의 내용이 김일성과 김정일의 문학 예술에 관한 이론 및 당 정책 등 북한이 추구하고 있는 혁명적 문학과 관련된 내용을 중심으로 선정되어 있다. 이러한 점들이 북한이 학생들에게 혁명적 세계관을 형성시키기 위하여 베풀고 있는 국어과 교육의 실상이자, 문화 차단 이후 남북한간의 언어와 언어 문화의 차이를 가져 온 직접적인 이유이다.

지금까지 논의한 내용을 바탕으로, 북한의 국어과 교육 현상에 대해 다음과 같은 결론을 얻을 수 있다. 첫째, 분단 이후 현재까지 북한의 국어과 교육은 정치 사상 교육으로 실천되고 있다. 둘째, 북한의 국어과 교육은 비판적 언어 이해 교육보다 모방적 언어 표현 교육을 강조하고 있다. 셋째, 국어과 교육의 계획 및 실천에서 가장 중요하게 고려하는 것은 당성, 노동 계급성, 인민성의 원칙이다. 넷째, 남북의 국어과 교육은 추구하는 목표가 다를 뿐 아니라, 공유하는 교육 내용이 거의 없을 정도로 이질화되어 있다. 다섯째, 북한의 국어과 교육은 지식 교육을 강조하고 있고, 국어과 교육과 관련하여 가르쳐야 할 지식의 내용을 교과서에 직접 드러내어 지도하고 있다.

3) 핵심 어구

북한의 국어과 교육, 주체의 언어 이론, 주체의 문예 이론, 북한 인민학교의 국어과 교육, 북한 고등 중학교의 국어과 교육

3. 논의점

1) 연구 자료의 적절성

이 연구는 북한의 교육과정과 교과서에 대한 분석을 통해 북한의 국어과 교육의 방향을 탐색하고 있다. 그런데 교육과정 및 교과서에 대한 분석만으로는 북한의 국어과 교육의 실상을 파악하기 어렵다. 일반적으로 교육과정이 실제 교육 현장에서 실행될 때 작용하는 요인으로는 교육과정, 교재, 교사, 학생 등을 든다. 교육과정과 교과서에 대한 분석만으로 북한의 국어과 교육의 방향을 탐색하기는 어렵다. 물론 북한의 교사와 학생

을 연구하는 것이 현실적으로 불가능하기는 하지만 그렇다고 하더라도 이 점은 여전히 이 논문의 한계로 남을 것이다. 더구나 북한 국어과 교육과정의 특징은 교육과정 및 교과서를 직접 분석하지 않는다고 하더라도 김일성의 주체 사상 중심으로 구성되어 있음이 널리 알려져 있는 상황이라는 점에서 더욱 그렇다.

2) 구체적인 대안 마련의 필요성

이 연구는 분단 현실의 극복과 함께 언어와 언어 문화의 통합과 민족 화합을 도모하기 위해 수행되었다. 현재 북한과 남한의 언어는 매우 이질화되어 있다. 이 점은 남북 통일을 위한 장해 요소임에 틀림없다. 따라서 실상을 정확하게 파악하고 대책을 마련하는 일은 매우 소중하다고 할 수 있다. 이런 점에서 이 연구는 분명 의의가 있다.

그런데 남북 언어의 이질화를 해결하기 위해 우리가 해야 할 가장 시급한 일은 무엇일까. 음운·어휘·통사 등 보다 구체적인 차원에서 남북 언어가 어떻게 다른지를 점검하는 일이 아닐까? 사실 북한이 도구적 언어관을 바탕으로 혁명적 세계관을 학생들에게 심어주려 노력하는 근본적인 까닭은 분단의 현실 때문이다. 남북 통일이 이루어진 이후에 사상적 측면의 괴리가 매우 중요한 사회적 문제로 대두되겠지만 이는 언어의 문제라기보다는 사회, 정치, 철학의 문제이다. 북한의 국어과 교육이 도구적 언어관을 바탕으로 혁명적 세계관을 심어주려 노력하고 있다는 막연한 상식을 교육과정이나 교과서에 대한 면밀한 분석을 통해 밝혀주는 것은 분명 의미가 있지만 우리에게 더 시급한 과제는 구체적으로 남북 언어가 어떻게 다른지를 음운, 어휘, 통사 등의 차원에서 밝혀 통일 한국의 언어 정책에 참조하게 하는 일일 것이다. 더 나아가 이 문제를 우리가 어떻게 해결해야 할 것인지에 대한 구체적인 대안 마련에 대한 논의가 필요하다.

3. 의의와 발전 방향

이 논문은 먼저 방대한 자료를 대상으로 하여 북한의 국어과 교육의 전개 양상을 살피고, 이에 대한 객관적이고 자명한 해석을 시도하였다는 점에서 그 의의가 크다. 그리고 이러한 자료와 해석을 바탕으로 하여, 민족 화합을 지향하는 통일 한국의 바람직한 국어과 교육의 대안을 탐색하여 제안하고 있다는 점 역시 매우 긍정적이다.

그러나 1996년까지의 자료에 근거한 북한의 국어과 교육에 대한 본 연구는 그 시의성(時宜性)에 있어 한계를 가질 수밖에 없다. 다시 말해, 북한의 국어과 교육이 전체적으로 북한의 정치 사상과 뗄 수 없는 관계에 있다는 가정을 받아들인다면, 1990년대 후반 들어 급격하게 변화하고 있는 국제 정세와 남북 관계가 북한의 국어과 교육에 큰 영향을 끼치고 있음이 분명하다. 그렇다면, 비교적 북한의 대외, 대남 정책이 일관적이었던 지난 50여 년 간의 국어과 교육과 현재의 국어과 교육의 양상은 사뭇 다를 것으로 예측할 수 있다. 따라서 앞으로 이에 대한 연구가 더 필요할 것으로 보인다.

한국 근대시 정서 체험의 텍스트 조건 연구

■ 최지현, 서울대 박사학위논문, 1997 ■

1. 논문 목차

2. 내용

1) 연구 문제

근대시의 정서체험의 문제, 특히 恨의 정서가 독자의 독서체험에 중요한 영향을 미치게 되기까지 어떻게 형성되고 변화되었으며, 작품 속에 안정된 거처를 만들게 되었는가, 그리고 독자들이 이 정서에 공감하게 되기까지 어떠한 정서체험의 변화 과정이 있었는가를 계보학적으로 검토하였다. 이를 통해서 문학적 정서 체험이 근본적으로 문화적 합의에 의해 형성되고 분포된다는 점을 입증하였다.

2) 주요 내용

정서체험은 문학교육의 근본적인 질문이다. 이 연구가 가지고 있는 기본적인 관점은 정서는 개념적으로 이해되는 것을 넘어서 체험되어야 하며 개인의 정서가 사회적 관계에 의해 결정되어 있고 사회적 상호작용을 통해 표출된다고 보는 상호작용론의 관점이다.

문학의 정서는 텍스트에서 형상적 언어로 형상화된다. 이 연구는 담론 분석의 방법을 이용하여 텍스트의 언어적 표현으로부터 특정한 정서를 환기하려는 담론적 실현의 특수한 국면을 드러내 보였다. 텍스트의 의미 실현은 텍스트 자체의 언어적 자질로부터 필연적으로 야기된다기보다는 텍스트를 둘러싼 문화적 환경과 비문자적 자질이 함께 이루어 내는 것이다. 특히 정전간에 경쟁이 일어나는 사회적, 문화적 전환기에는 모든 작품이 잠정적으로 텍스트로 남겨지거나 실현될 조건을 갖게 되며 1920년대의 시 텍스트들이 그러하다.

정서체험의 세 가지 조건은 언어 맥락, 문화적 합의, 그리고 비문자적 자질이 있는데 이 셋을 정서체험의 텍스트 조건이라고 명명하였다. 우선

언어맥락의 층위에서 논의한 것이 은유 도식이다. 은유 도식이란 경험을 의미 있게 조직하는 사고의 언어적 모형으로서 텍스트의 문법적 표지들을 통해 주어, 목적어 등의 성분을 특정한 행위 주체와 행위, 또는 속성으로 전환시키면서 세계 지식과 일치시키는 기능을 한다. 예를 들어 「접동새」에서 '죽음이란 떠남이다 / 잊는 것은 멀어지는 것이다'라는 은유 도식을 추출할 수 있다. 은유 도식은 의미 세계의 세밀한 지형도를 제공한다기보다는 그 윤곽을 제공한다. 이런 특성 때문에 텍스트는 비교적 안정되고 실체로 인식될 수 있으면서도 동시에 다양한 의미의 실현이 가능하게 된다. 이런 은유 도식의 공유는 안정적이어야 하는데, 만약 새로운 사고의 도식에 의해 기존의 언어 맥락이 전환된다거나 언어 맥락의 새로운 관습화로 인해 사고의 도식이 전환되기에 이르면, 의사소통적 장애가 발생할 것이며, 다음으로 새로운 의미 실현의 조건이 마련될 것이다. 텍스트의 은유 도식과 독자가 가진 사고의 도식이 일치할 때 원활한 텍스트 해석과 정서적 공감이 가능해진다. 이는 실제로 텍스트의 언어 맥락이 만들어지는 공간이 텍스트가 아닌 담론(작품)임을 시사한다.

텍스트를 구성하는 기표들의 배치와 그 연쇄에는 언어 맥락과는 다른 층위에서 이에 보조를 맞추거나 별개의 심리적 효과를 야기하는 자질들이 존재한다. 이렇게 정의적 측면에서 독자의 내면에 특별한 심리적 효과를 창출하는 텍스트의 자질들이 비문자적 자질이다. 비문자적 자질이란 텍스트가 담론으로 실현되는 과정에서 언어 맥락을 보충하거나 혹은 그것과는 독자적으로 기호적, 의미론적 효과를 발생시키는 음소적, 선율적 성분들의 속성 또는 작용을 말하며 이 자질들은 텍스트에 실재하기보다는 문화적으로 공인된 것이다.

이 연구에서 문화적 합의의 차원에서 논의한 것이 정전이다. 정전이란 텍스트 분석 과정에서 심미적, 윤리적 판단의 구체적인 맥락을 제공하여 텍스트를 의사소통적 맥락에 놓이게 하는 규범의 일체를 말한다. 그런데 이 정전 또한 문화적 합의에 의해 가능하다. 문화적 합의는 텍스트의 맥락에 직접 윤리적, 심미적 상황 맥락을 직접 부여하기도 하고 텍스트의 비문자적 자질들을 언어 맥락을 해석하는 상황적 맥락으로 위치 지우기도 한다.

이 연구는 위와 같은 이론적 논의를 바탕으로 1910~20년대의 시 텍스트를 중심으로 정서체험의 변모 양상에 대해 실증적으로 분석하였다. 우선 근대 초기 시가라고 할 수 있는 1910년 전후의 시가 텍스트들의 경우에는 '민중 계몽'이라는 일상적인 도식이 보편적으로 적용되었고, 이에 걸맞게 장단, 어조 등의 특질이 변하기도 하였다. 자유시형의 모색과 개성적 정서체험이 발현된 1910년대 중반의 시 텍스트에서부터 1922년『백조』의 시 텍스트들까지의 경우에는 '정체성 확인' 도식이 적용되어서 세계 속에서 자신의 존재성을 묻고 또 답하게 되는 질문과 답변의 절차를 가지게 되었다. 형식적인 면에서는 산문시가 등장하고 구두점의 사용에 따른 어조의 변화가 일어나기도 하였다. 이 시기의 텍스트들은 정(情)의 해방을 주창하였고 그 결과 윤리적 평가 대상을 벗어난 퇴폐적 정서가 표방되었다. 또한 1920년대를 전후해서 번역시들이 등장하게 되는데 이 과정에서 '마음은 물이다'라는 도식이 등장하고 개성적 호흡률을 모색하는 한편 음(音) · 색(色) · 향(香) · 형(形) 등의 감수성을 자극하는 것들에 대해 주목하게 되었다.

연구자는 이러한 흐름을 살펴본 이후에 이 흐름이 내포하는 문화적 의미에 대해 논의하였다. 1920년대 슬픔의 정서는 일상 정서, 즉 불쾌하고 주관적인 정서로서의 슬픔과는 구별되는, 문학적으로 형상화된 정서이다. '슬픔'이 텍스트를 통해 표현된다는 것은 독자에 의해 언제든지 환기되고 지속될 수 있는 독립된 정서의 영역이 형성되었고, 다른 한편으로는 시적 정서로서 '슬픔'의 일상화가 이루어졌다고 할 수 있다. 이는 심미적 체험이 윤리적 척도 등 현실의 연관에서 벗어난 자족적인 체험으로 구축됐음을 의미한다.

그리고 이러한 흐름 속에서 나타난 것이 민요조 서정시이다. 민요조 서정시는 주체와 독립한 세계의 일상화된 슬픔을 표상하고 있는 시들을 포함하고 있었는데, 이 시들에서 전통적 정서라 불리는 '한(恨)'을 발견할 수 있다. 초기 번역시 텍스트는 은유 도식의 연장과 정서적 연관성의 측면에서 민요조 서정시와 연결되어 있다.

연구자는 이러한 논의의 결과를 교육적으로 맥락화시키는 것과 관련하여 시의 정서체험과 일상의 정서 체험은 동일한 것이 아니라는 관점을 제시하였다. '한(恨)'의 정서의 경우도 피억압자의 정서체험이 시에서 일종의 카타르시스 작용을 한다는 점에서 교육적 의미를 갖는다. 또한 문학적 정서는 언제나 언어로 형상화되어 있으므로 형상화된 언어 형식을 통해 정서 체험의 성격과 의미, 그 한계나 가치 등을 탐구함으로써 독자인 학생들의 문학 능력을 향상시킬 수 있는 교육적 설계를 할 수 있다고 제안하였다.

3. 논의점

1) '정서'의 개념

가. 일상의 정서와 시의 정서

이 연구에서는 일상에서의 정서체험과 시(문학)의 정서체험은 동일한 것이 아니며 '한(恨)'의 정서 체험 역시 일상의 그것과는 다를 수밖에 없다는 관점을 제시하였다. 특히 '한(恨)'의 정서인 경우 일상에서의 '한(恨)'은 '답답함', '무기력함', '자기 비하' 등이 동반되는 불쾌 체험의 한 단면이자 윤리적, 정치적 억압에 의한 피억압자의 제도화된 정서로 볼 수 있다고 하였다. 이에 반해 시(문학)에서의 '한(恨)'의 체험은 일종의 카타르시스 작용을 하여 긍정적이며 윤리적으로 용인될 수 있는 정서체험이라고 하였다. 그런데 '한(恨)'의 정서가 1920년대 들어서 문학의 주요 정서로 부각된 것은 식민지 지배의 우울한 체험이 중요한 원인이었다고 기술하였다. 그렇다면 '한(恨)'이라는 정서는 일상에서의 삶의 경험에서 나온 것이면서도 문학 안으로 들어가면 일상의 한의 체험과는 다른 성격을 띠고 있다는 설명이 된다. 일상의 체험으로서의 '한(恨)'의 정서가 시의 정서로 바뀌어가는 과정은 어떤 것이며 또 그 차이는 어떤 것인가에 대한 설명이 더 보완될 필요가 있다. 이것은 곧 일상의 정서와 시(문학)의 정서의 개념과 작용 차이에 대한 설명이기도 하다. 이런 설명이 필요한 것은 시에서의 '한(恨)'의 체험이 교육적으로 가치 있는 것인가에 대한 설명과 직결되기 때문이다. '한(恨)'의 체험 교육과 관련하여 '한(恨)'이라는 정서가 우리의 전통적인 정서이기 때문에 단지 계승의 차원에서 교육되어야 한다는 논리는 미약하며 이 논문에서도 이런 관점을 반대하는 것으로 보인다.

나. 시대에 따른 정서의 차이

시(문학)에서의 정서가 일상에서의 정서와 동일한 것이 아니면서도 특정한 정서가 시(문학)에서 주류로 채택되는 과정에서 일상의 체험이 중요한 역할을 한다는 것이 이 논문의 관점이다. 1920년을 전후해서 김소월에 의해 이끌어진 민요조 서정시에서 '한(恨)'의 정서를 채택했던 것은 당시의 삶의 조건을 반영한 것이다. 이런 점에서 필자는 이 시기의 '한(恨)'의 정서가 '사실은 전통 사회의 정서체험과는 유사하되 구별되는, 본질적으로는 성격이 다른 근대적인 성격을 지니는 것'(논문 153쪽)이라고 설명하였다. 이러한 관점에 의하면 1960~70년대의 급격한 산업화 과정을 거쳐온 현재와 일제 식민지 시대와는 정서체험의 성격이 동일하지는 않을 것이며 따라서 시(문학)에 들어 있는 정서도 역시 동일하지 않을 것이다. 이러한 차이에 대한 설명이 이 논문의 연구 범위를 넘어선 것이기는 하지만 이른바 정전 교육을 둘러싼 논쟁과 관련하여 한 번쯤은 짚고 넘어가야 할 문제이다.

2) 정서 교육의 지향과 방법

가. 정서 교육의 지향

정서의 개념과 관련해서 앞에서 말한 두 가지 문제는 정서 교육의 지향과 밀접한 관련이 있다. 시(문학)에서의 정서체험이 일상의 정서 체험과 다른 것이라면 그것은 어떠한 것인가? 시(문학)에서의 정서체험이 어떤 작용을 하며 (학습) 독자들의 일상의 경험과 어떻게 결합할 것인가에 대한 이론적, 실천적 탐색이 있어야만 문학교육에서의 정서 교육이 차지하는 위상이 결정될 것이다. 물론 시(문학)의 체험이 (학습) 독자의 일상에 직접적으로 연결된다는 생각은 위험하다. 그렇지만 시(문학)의 체험이 일상과 관련이 없이 교육 상황에서만 다루어지는 것이라는 생각 또한 위험하다. 문학교육의 중요한 목적이 (학습) 독자들로 하여금 삶에 대한 깊고 넓은 이해를 가능하게 하는 것이라는 점, 그리고 문학교육의 결과로서 중요한 것은 지식의 확대가 아니라 풍부한 정서적 울림이라는 점을 떠올려 본다면 시(문학)에서의 정서 체험이 일상으로 환원되는 과정과 작용에 대한 연구가 필요하다. 이 문제가 해결되더라도 남는 문제는 시대가 달라짐에 따라 정서 체험의 조건도 달라진다는 점이다. 현재의 (학습) 독자들의 삶의 조건과는 다른, 식민지 시대의 정서를 담고 있는 시(문학)를 교육한다는 것은 어떤 의미인가? 특히 '한(恨)'의 정서와 관련해서 고려해 볼 수 있는 것은 계승과 극복이라는 관점이다. '한(恨)'의 정서는 전통적인 정서이면서도 시대에 따라 성격이 달라진다는 이 연구의 관점을 지지한다면 전통의 무조건적인 계승이라는 관점도, 과거의 정서를 무조건 넘어서서 현재의 정서에 관심을 갖자는 관점도 둘 다 편협한 관점이 된다. 이 점과 관련하여 한 가지 더 생각해 보아야 할 문제는 '恨'이라는 정서가 삶의 경험을 축적시키는 가운데 연륜이 쌓여야 이해하고 공감하는 것이 가능한 정서라는 점이다. 중등 교육의 단계에서 '恨'의 정서를 교육한다는 것은 자칫 잘못하면 개념적 이해에만 머무르고 공감의 상태에까지는 가지 못할 수도 있다. 이 점에 대한 고찰도 아울러 이루어져야 한다.

나. 정서 교육의 방법

문학교육에서 정서를 포함한 정의적 영역의 교수-학습에 관한 많은 의

견들이 있어 왔다. 한쪽에서는 정의적 영역은 평가할 수도 없고 따라서 교육은 불가능하다는 주장을 펼친 바 있고, 다른 한쪽에서는 정의적 영역은 곧 인지적 영역과 밀접한 상관 관계를 가지고 있으므로 인지적 영역에 대한 교수-학습과 평가로서 정의적 영역의 교육이 가능하다고 하였다. 정서 교육이 필요하기는 하나 그 방법을 아직 찾아내지 못한 것이 현재의 문학 교육이 처한 상황이라고 볼 수 있다. 정서와 관련된 지식을 가르쳐 줌으로써 정서 교육이 이루어진다고도 할 수 없고, '이 시 어때? 좋지?' 하는 식으로 교사가 (학습) 독자들에게 자신의 정서 체험을 전달하는 '이심전심'의 방법도 방법상으로 곤란하다. 또한 정서가 변화하는 시기에 수많은 텍스트들이 경쟁하고 이 과정에서 새로운 정전이 형성되는 모습을 기술하고 이를 보여 주는 방법도 있다. 이런 방식도 교육적으로는 의미가 있지만 본격적인 의미에서의 정서 교육이라고 할 수는 없다. 정서 교육을 가능하게 하는 구체적인 교수-학습 방법의 개발은 문학교육 학자들이 끊임없이 관심을 가지고 연구해 나가야 할 영역이다. 정서가 단지 선험적인 것이 아니라 문화적으로 합의의 과정을 거쳐서 채택되는, 변동 가능한 것이라는 이 논문의 연구 성과는 문학교육의 교수-학습 방법을 수립하는 출발점이 될 수 있을 것이다.

3) 텍스트 조건의 세 가지 층위의 관계

이 논문에서 텍스트 조건으로 제시한 세 가지 층위는 '언어 맥락(Literary context)', '비문자적 자질(non-literal feature of text)', '문화적 합의(cultural consensus)'이다. 이 세 가지 층위는 논리적으로는 분리해서 설명하는 것이 가능하나 해석의 단계에서는 상호작용하는 것이다. 그런데 텍스트의 언어 맥락은 외부의 상황적 맥락, 즉 문화적 상황과 연결되는 것이다. 이 논문의 표현을 빌린다면 텍스트의 은유 도식과 독자가 세계 지식으로서 지니고 있는 사고 도식이 일치할 때 해석과 공감이 가능하다. 이 점에서 텍스트의 언어

도식은 문화적 맥락에서 생산되고 수용된다는 특징을 지니고 있다. 또한 비문자적 자질의 경우에도 문화적으로 공준된 성격을 지닌다. 4·4조니 4음보니 하는 것들이 모두 문화적 합의에 의해 규범화된 양식으로 인정받은 경우이다. 더 나아가서 문화적 합의에 의해서 비문자적 자질들은 언어 맥락을 해석하는 데 기여하게 된다. 그러므로 텍스트의 세 가지 조건 중 언어 맥락과 비문자적 자질은 문화적 맥락 속에서 형성되고 받아들여진다고 할 수 있다. 그러므로 언어 맥락과 비문자적 자질이라는 두 가지 조건과 문화적 합의라는 조건은 범주가 다르다고 할 수 있다. 이런 점에서 세 가지 층위를 동등한 수준에서 설명한 것이 논리적으로 적절한지 의문이 든다. 문화적 합의가 이데올로기 작용의 측면에서 텍스트의 언어 맥락에 윤리적, 심미적 상황 맥락을 직접 부여하기도 하고 장르 규범 작용의 측면에서 텍스트의 비문자적 자질들을 언어 맥락을 해석하는 상황적 맥락으로 위치 지우기도 한다는 이 논문의 설명에서도 알 수 있듯이, 언어 맥락과 비문자적 자질이라는 두 가지 텍스트 조건이 작용하는 상황적 측면이 문화적 합의라고 할 수 있다.

4) 정전간의 경쟁 과정에서의 선택과 배제의 기제

이 연구에서 초점을 두고 있는 점은 우리가 현재 알고 있는 문학에 대한 고정관념이 잘못된 것일 수도 있다는 점이다. 예컨대 '한(恨)'이라는 정서가 우리 민족이 지녀온 항구적이고 생리적인 정서라고 교육되는 상황에서 우리가 알고 있는 '한(恨)'의 정서는 사실은 근대 사회로 접어들면서 수많은 정전간의 경쟁에서 살아남은 것에 해당한다. 필자는 우리가 영구불변한 것으로 알고 있는 정전이라는 것이 사실은 특정한 문화적 상황 속에서 경쟁의 과정을 거쳐 채택된 것이라는 점을 강조하고 있기에 이 연구는 문학교육의 장에서 아무 의심 없이 이루어지고 있는 정전 교육에 대한 근본적인 의문을 제기한 셈이다. 이러한 주장을 뒷받침하기 위해서 1910년을 전후한 시기의 시가 텍스트들, 1910년대 중반에 출현한 초기 창작시 텍스트들, 1920년을 전후해서 출현한 서구의 근대시들을 번역한 시텍스들이 서로 경쟁하면서 나타나고 사라지는 과정을 기술·분석하였다. 그런데 '민중계몽' 도식의 시가 텍스트들이 '정체성 확인' 도식으로, 다시 '인생을 강물이다'라는 도식으로 전환되는 계기들에 대한 명쾌한 분석이 부족한 것으로 보인다. 물론 한일합방이나 3·1 운동 등의 역사적 계기들이 언급되기는 하나 충분한 설명이 되지는 않는다. 사회·정치적 변화가 주로 작용했는지, 문인 집단의 취향이 작용했는지, 아니면 또 다른 요인들이 있는지, 그리고 이 요인들의 상호작용은 어떤 식으로 이루어졌는지에 대해 추가 설명이 필요하다. 이런 설명은 곧 정전간의 경쟁 과정에서 특정한 정전이 선택되고 고착화되는 기제를 밝혀내는 것에 해당한다. 이 연구에서 밝혀낸 것처럼 정전은 항상 고정되어 있는 것이 아니기 때문에 이 기제가 이론적 모델의 형태로 제시된다면 앞으로 일어날 수 있는 정전의 변화에 대한 분석과 대응이 가능할 것이다.

4. 의의 및 발전 방향

이 논문은 문학교육에서 자명한 것으로 받아들여지는 부분에 대한 의심을 제기한 논문이다. 해방 이후 한국의 문학교육에서 암묵적으로 동의되었고 실천되었던, 정전 중심의 교육에 대한 의문을 제기한 셈이다. 특히 문학교육의 핵심이라고 할 수 있는 '정서' 그 중에서도 우리의 대표적인 전통 정서로 믿어져왔던 '한(恨)'의 정서를 대상으로 해서 이 정서가 사실은 특정한 시기에 특정한 문화적 상황에서, 여러 정서 가운데 문학 참여자들에 의해 선택된 정서임을 밝혀냈다. 이런 점에서 이 논문은 문학교육의 오랜 관습인 '정답을 추구하는 교육'에서 벗어나려고 하는 문학교육의 새로운 연구 흐름을 대표적으로 보여주고 있다. 또한 장르적 관점에서 문학 텍스트에 접근하거나 작가적 관심에서 문학 텍스트에 접근하는 방식을 벗어나서 문학 공동체 내에서 벌어지는 현상과 그 현상을 가능케 하는 원인들을 밝혀냄으로써 문학교육에 대한 문화론적 접근을 시도한 논문이라는 점에서 문학교육의 새로운 연구 경향을 이끌어냈다고 할 수 있다.

이 논문이 제기한 중요한 문제 의식을 이어서 후속 연구들이 나올 필요가 있다. 후속 연구의 핵심은 문학교육에서 정서 교육의 가치를 밝혀내고 구체적인 방법을 모색해보는 작업이라고 할 수 있다. 학습 독자들이 정서적 울림을 경험하지 못하고 지식의 대상으로서만 문학 텍스트를 접하는 분위기가 만연해 있는 것이 문학교육의 현재 모습이기 때문이다. 물론 문학교육의 외적 요인들이 이러한 분위기에 일조하기도 하지만 문학교육 연구에서 정서교육의 구체적인 방안들을 내놓지 못하고 있는 것이 가장 중요한 원인이다. 구체적으로는 인지적 요소와 정의적 요소가 결합된 교육 방안, 일상의 경험과 문학적 경험의 상호작용을 고려한 교육 방안, (학습) 독자들의 체험 수준을 고려하여 기존 체험을 강화하기도 하면서 동시에 선체험을 가능하게 해주는 방안 등을 탐색하는 것이 이 논문의 연구 성과를 발전시킬 수 있는 후속 연구라고 할 수 있다.

한국어의 호응 관계에 대한 국어교육적 연구

■ 송현정, 서울대 박사학위논문, 1998 ■

1. 논문 목차

2. 내용

1) 연구 문제

이 논문은 언어 지식 영역의 일부 내용인 호응 관계를 국어교육적으로 활용할 수 있도록 하기 위해 그 개념, 구조적 특성, 유형 및 작용 원리를 규명하여 이론적으로 체계화하고, 이를 실제 교육적으로 적용하는 방안을 모색하고자 하였다.

2) 주요 내용

이 연구는 언어 지식 영역이 지식 자체로서 갖는 학문적 성격과 언어 사용의 기반으로서 갖는 실용적 성격 둘 다를 고려해야 한다는 것을 기본 관점으로 택하여, 호응 관계를 연구하고 있다. 그러므로 이 논문은 크게 호응 관계의 개념 및 구조적 특성, 유형, 작용 원리 등을 이론적으로 규명하는 단계와 이를 토대로 호응 관계를 교육적으로 적용하기 위한 교수·학습을 모색하는 단계로 나뉠 수 있다.

그 첫 번째 단계로 호응 관계의 개념, 구조, 유형, 작용 원리를 살펴보고 있다. 먼저 '호응 관계'란 언어 구조체 내에서 언어 형식 A와 다른 언어 형식 B가 함께 짝을 맺어 고정적인 동반 관계로 실현되는 언어 양상을 일컫는다. 호응 관계를 이루는 이 두 언어 형식 간에는 언어 요소들의 일반적인 통합 관계보다 더 긴밀한 동반성이 작용한다. 이러한 호응 관계는 두 언어 형식들이 고정적으로 함께 실현되는 '동반 고정성', 두 언어 형식들이 형태적으로 거리를 두고 떨어져서 등장하는 '형태 분리성', 두 언어 형식들이 유사한 의미 자질을 지니고 동반함으로써 서로의 의미를 더해 주는 '의미 부가성'을 그 특성으로 한다.

이러한 호응 관계의 구조는 언어 형식들이 이루는 통사적인 관계와 의미적인 관계로 다시 나누어볼 수 있다. 호응 관계의 통사 구조는 언어 형식 A와 B가 문장 내에서 기능하는 통사적 역할에 따라 자립소와 의존소의 관계들로 분석되며, 이것은 다시 품사별로 세분화된다. 호응 관계의 의미 구조는 구성 요소가 되는 언어 형식들이 의미적으로 이루게 되는 관계에 따라 수식 구조, 첨가 구조, 병렬 구조로 나뉜다. 수식 구조는 호응 관계를 이루는 하나의 구성 요소가 다른 요소를 의미적으로 한정하거나 수식해 주는 관계로 이루어지는 의미 구조이고, 첨가 구조는 호응 관계의 두 구성 요소들이 서로 동일하거나 유사한 의미로 부가되는 관계로 이루어지는 의미 구조이며, 병렬 구조는 호응 관계의 두 구성 요소들이 대등적으로 나열되는 관계로 이루어지는 의미 구조이다.

호응 관계는 두 구성 요소들이 고정적으로 동반되는 정도 차이에 따라, 한 언어 형식과 다른 요소가 필수적으로 동반되어야 할 형태와 의미를 지니고 이루어지는 강한 고정성을 지닌 '동반 필수 호응 관계'와, 동반이 가능한 정도의 약한 고정성을 지닌 '동반 가능 호응 관계'로 나눌 수 있다. 또한 구성 요소들이 지시하는 의미의 범위가 문장 내에 한정되는지 문장 밖까지 확장되는지에 따라, 문장 안의 호응 관계인 '기본 범위의 호응 관계'와 문장 밖의 호응 관계인 '확장 범위의 호응 관계'로 나눌 수 있다.

그런데 호응 관계를 이루는 구성 요소가 되는 언어 형식들은 문장을 구성하는 언어 형식들이기 때문에, 이로 인하여 통사적 제약을 갖게 되는 경우가 많다. 이것은 주로 구성 요소의 통사적인 의미·형태 제약에 따라 명령형과 청유형 등의 서법 제약으로 나타난다. 그리고 호응 관계의 구성 요소들은 특정한 의미 제한 자질을 가진 어휘들이므로, 일반 어휘들과는 변별되는 어휘의 제약상을 보인다. 호응 관계는 언어 형식들이 함께 등장하는 '동반성'을 작용 원리로 하여 이루어지며, 동일한 의미 자질을 가진 언어 형식들의 호응 관계는 구성 요소들 간의 형태적·의미적인 '정교화'를 지향하게 된다.

이상과 같은 호응 관계의 이론적 내용 체계들은 언어 지식 영역의 지도 내용 체계를 위한 전제 내용들이 될 수 있으며, 이는 다시 이론성과 실용성을 고려하여 교수·학습적으로 변환되어야 할 필요가 있다. 그리하여 이 논문에서는 이러한 내용 체계를 바탕으로 교수·학습 방법과 교재 모형을 구안하고 있다. 먼저 호응 관계의 교수·학습은 다음과 같은 절차를 거쳐야 할 것이라 제안하고 있다. 준비 단계·활동 단계·정리 단계에 맞추어, 준비 단계에서는 개념을 인식하고, 활동 단계에서는 발견 전략과 해결 전략을 사용하며, 정리 단계에서는 교정·일반화 등의 과정을 거친다. 이 중 활동 단계를 다시 화제 대면 단계, 문제 직시 단계, 문제 발견 단계, 문제 해결 단계로 세분화하여 구체적으로 다루었다. 그리고 교재는 준비 학습, 내용 제공, 학습 활동의 과정으로 구성되는데, 특히 내용 제공의 과정은 개념적 지식 제시, 과정적 지식 제시, 사용 활동, 적용 심화 등으로 하위 단계화하고 있다. 이 중 사용 활동 단계에서 이루어질 수 있는 구성의 방식으로, 구성 요소들의 관계를 호응의 관계로 인식하는 '구성 요소 맺기 방식'과, 호응 관계를 이루는 구성 요소들의 결합을 직접적으로 채우고 재구성하는 '구성 요소 채우기 방식'을 제안하고 있다.

정리하면, 본 연구는 호응 관계 현상에 대해 체계적으로 분석하고 그 내용적인 확장 가능성을 모색하였으며, 교육적인 활용 방안을 제시한 연구라고 말할 수 있다.

3) 핵심 어구

국어교육, 언어 지식 교육, 호응 관계, 동반 고정성, 형태 분리성, 의미 부가성, 동반 필수 호응 관계, 동반 가능 호응 관계, 동반성, 정교화, 구성 요소 맺기, 구성 요소 채우기

3. 논의점

1) 언어 지식 영역의 성격

이 논문은 국어교육의 내용 영역을 언어 사용 기능, 언어 지식, 문학 등의 세 영역으로 나누는 기존의 틀을 수용하고 있으며, 이 내용 영역 중

언어 지식에 관해 집중하는 논의를 펼치고 있다. 언어 지식에 대해서는 주로 김광해의 논의('문법과 탐구학습', 선청어문 제20집, 서울대학교 사범대학 국어교육과, 1992 ; '언어 지식 영역의 교수 학습 방법', 국어교육연구 제2집, 서울대학교 사범대학 국어교육연구소, 1995 ; '국어지식 교육의 위상', 국어교육연구 제3집, 서울대학교 사범대학 국어교육연구소, 1996 ; 국어지식 교육론, 국어교육연구소 연구 총서 6, 서울대학교 출판부, 1997)를 바탕으로 하고 있음을 알 수 있다.

이 논문에서는 학문 중심 관점과 기능 중심 관점 모두를 인정하여 이 둘을 통합한 시각에서 언어 지식 영역의 성격을 파악하였다. 이 관점은 국어 교육에서 언어에 대한 지식 자체도 중요하며, 그 지식의 내용이 기능과 관련되는 사용 현실적인 용법도 중요하다는 관점을 모두 인정하는 것이다. 언어 지식 영역은 지식 자체의 내용뿐만 아니라, 언어 사용의 기반적 내용을 포괄해야 한다. 이러한 측면에서의 지식은 과정적 지식이며 발견적 지식이어야 한다. 이러한 관점은 교육이 이루어지는 실제 수업 현장에서 교수자와 학습자가 가져야 할 지식에 대한 태도를 말해 주는 것으로, 언어 지식 교육이 반성적으로 취하고 있는 현재의 언어 지식의 개념과도 통한다. 바로 이러한 언어 지식관은 언어가 하나의 현상이며, 언어 규칙이 규범적인 규칙이 아니라 유동적이면서도 조정이 가능한 조직 체계의 틀이기 때문에, 언어 현상은 해결되어야 할 대상이며 발견되어야 할 문제가 된다는 김광해의 시각과도 일치한다고 할 수 있다.

2) 연구 방법론

언어 현실에서 언어 사용자들이 발견하지 못하는 이면의 규칙을 발견해 주는 것이 문법 연구가들이 나아가야 할 방향이라고 볼 때, 이 논문은 이러한 문법 연구의 방향을 따르고 있다고 볼 수 있다. 즉 현실 언어의 기술보다는 규범 언어의 체계화에 더 무게 중심이 놓여 있다. 이런 의미에서 이 논문이 취한 방법론은 기술 언어학이라기보다는 구조주의 언어학에 더 가까운 것 같다. 그러므로 앞서 말한 김광해(1995, 1996, 1997)의 방법론과도 거리가 있어 보인다.

또한 이 논문은 하나의 국어 지식 요소를 선정하여 그 체계를 기술하고 그 국어교육적 적용을 논하고 있다는 점에서, 서덕현(학교문법의 경어법 기술에 관한 연구, 서울대학교 박사학위논문, 1992), 최영환(합성 명사의 지도에 대한 연구, 서울대학교 박사학위논문, 1993) 등의 연구들과 유사한 점이 있다. 그런데 여기서 그 '방식'을 재고해 보아야 할 필요가 있다. 위와 같은 연구들이 택한 방식은 ① '이론'이나 '지식'에서 '교육'을 도출하려는 방식으로, ② 기본적으로 '규범적' 접근을 취한 방식이라고 할 수 있다. 즉 여러 연구들이 이론적인 접근을 통해 문학 지식, 언어 지식을 체계화한 후, 이를 교육적으로 재구성하고자 하지만, 이러한 과정에서 이론적 연구가 온전히 교육적 적용의 틀 안에 녹아들지 못하는 경우가 많다. 교육적 관심을 통해 이론적 관심에 접근하는 방법은 없을지 끊임없이 그 가능성을 모색하는 것이 중요하다.

국어교육이라는 학문 분야를 연구하는 데 있어 타당하고 신뢰할 만한 '연구 방법론'을 모색하고 발굴해 내는 시도는 꾸준히 지속되어야 할 것이다. 물론 이러한 시도는 각종 방법론을 병렬적으로 일별하고 소개하는 것에 그치는 것이 아니라, 어느 방법론이 어느 분야의 연구에 가장 타당하고 적절한지를 밝혀 주는 수준까지 나아가야 할 것이다.

이 논문의 경우에도 학습자들의 오용 사례를 조사하고, 그것이 내용적인 위계를 보이는지, 학습자의 연령별 차이를 보이는지 등을 면밀히 분석하여, 가르칠 내용과 그 교수·학습 방법을 검증하는 방식을 택하였더라면 좀더 국어교육의 본령에 다다르는 연구가 될 수 있었을 것으로 보인다. 즉 이론적이고 규범적인 접근보다는 실질적인 언어 사용 양상을 먼저 기술하고 이에 대해 교육적으로 접근하는 방법이 좀더 유의미할 것이다.

3) 지식관(知識觀)과 교육관(敎育觀)

학습자들이 각기 자신의 삶에 의거하여 서로 다른 언어 현실 속에서 살고 있다고 할 때, 학교에서 제시하는 '지식'이라는 것은 그들의 실생활과는 동떨어진 매우 아카데미즘적인 것임에 분명하다. 학교에서 가르치는 언어 지식과 실생활에서 실제로 언어가 사용될 때 동원되는 지식은 상당히 다르다. 이러한 현실적인 괴리를 국어교육 안에서 어떻게 수용할 것인가에 대한 지식관이나 교육관을 정립해 둘 필요가 있다. 우리는 어떤 시각에서 지식을 바라보아야 할까.

포스트구조주의 이후, 칸트의 '순수 이성'처럼 이론적 지식을 중시하는 지식관에서 지혜, 정의(情意) 등 실천적 지식을 중시하는 지식관으로 지식관이 바뀜에 따라, 지식의 개념이 폭넓어지고 있다. 이러한 상황 속에서 현재는 이론적 지식과 실용적 지식이 딜레마처럼 공존하는 상태이다.

이러한 상황에서 국어교육학계 및 현장에서는 아직도 지식을 '실체'나 '원리'로서 고정되어 있는 것으로 보는 학문중심주의적인 잔재가 남아 있다. 물론 교육이란 것 자체가 그러한 실체나 원리로서의 지식을 가르치는 것이라고 본다면 어쩔 수 없지만, 지식을 다르게 바라보면 교육관 자체도 변할 수 있다.

중요한 것은 학문중심 교육과정에서 말하는 '지식'과 현재 우리가 다루어야 할 교육 내용으로서의 '지식'은 그 성격이 다르다는 점이다. 학문중심 교육과정의 '지식'은 그야말로 학자 수준의 지식을 학생 수준의 지식으로 고쳐놓은 것인데, 지금 국어교육에서 다루어야 할 지식은 이와는 현저히 다르다. 국어교육을 통해 학생들이 습득해야 할 지식은 반드시 존재하는데, 이러한 지식을 구성하는 것, 즉 가르칠 내용으로서의 지식을 마련하는 것은 국어교육 연구자가 담당해야 할 중요한 몫이다. 또한 이렇게 구성된 지식을 학습자가 효과적으로 습득할 수 있도록 이끄는 방법을 모색하는 것 역시 중요한 문제이다. 결국 국어교육 연구자라면 이처럼 교육 내용을 마련하는 차원과 그 교수·학습을 모색하는 차원을 모두 염두에 두고 중요하게 고려해야 할 것이다.

4) 지식의 교수 · 학습

학교 현장에서 학습자 중심 교육이 활발히 이루어지고 있긴 하지만, 여전히 '지식의 생산자는 교사이며, 중요한 것은 그 지식을 '학습자 중심적'으로 전달하는 것'이라는 인식이 지배적이다. 학문중심 교육과정에 대한 견고한 신뢰가 깨지지 않는 한, 이러한 구분은 오래 지속될 것이다. 이처럼 지식과 그 전달을 둘로 나누어 놓고, 다시 그 둘을 결합시키려는 방식으로는 지식의 교수 · 학습과 관련한 딜레마로부터 결코 벗어날 수 없다. 과연 지식을 어떻게 가르쳐야 할 것인가.

이와 관련하여 원리적 지식은 제공하되, 그 이외의 세부 상황이나 양상은 교수법 차원에서 다루어야 한다는 제안이 설득력 있게 받아들여지고 있다. 지식의 교수 · 학습을 논의할 때 차용할 수 있는 이론들에는 다음과 같은 것이 있다.

1) 폴라니(Polany)의 '당사자적 지식(personal knowledge)' 혹은 '묵지(默知)'
2) 키에르케고르(Kierkegaard)의 '간접 전달': 충분한 설득을 통해 해당 지식의 타당성을 인정하게끔 하는 것.
3) 소크라테스(Socrates)의 '산파술': 끊임없는 대화로 자기 안에 있는 앎을 일깨워 주는 것. '질문하기' 방식에 활용 가능함.
4) 프레이리(Freire)의 '교사론': '일깨워 줌'으로서의 지식
5) 들뢰즈(Deleuze)의 '철학': "지적 발달은 점진적인 것이 아니라 급작스러운 매개(媒介)를 통해 이루어지는데, 그러한 매개가 되는 것이 바로 철학이다." 예) 선문답
6) 불교의 '방편(方便)': '돌려말하기' 그리고 거기서 오는 '깨달음'을 논함.

4. 의의와 발전 방향

이 논문은 이론적으로는 언어 형식들의 고정적인 동반 관계인 호응 관계의 구조 및 작용 원리를 체계적으로 규명한 연구로 언어 지식 교육의 내용 체계화에 기여하였으며, 교육적으로는 언어 지식을 국어교육적으로 적용하는 구체적인 교수·학습 방법을 제안하였다는 데 의의가 있다. 특히 호응 관계는 언어 형식들 간의 기본적인 구성 관계를 보여 주는 국어 문법의 내용으로서, 한국어 초기 학습자에게는 실용적인 측면에서 필요한 문법적 지식인 동시에 언어 사용자들이 현실적으로 사용하고 있는 언어 내용으로서 언어 교육 활동의 좋은 자료가 된다. 따라서 연구의 대상으로서 호응 관계를 택한 것은 이론적이면서 실용적인 언어 지식관으로 설명하기에 타당하며, 이론적, 교육적 의의를 충분히 인정받을 수 있다.

이 논문과 관련하여 다음과 같은 연구들이 더 보완되거나 수행될 필요가 있다. 먼저 호응 관계에 관한 이 연구의 이론적 체계화 작업이 매우 정교하고 논리적임에도 불구하고, 그 양상이 매우 복잡하여 교육적으로 활용되기에 무리가 있다. 예를 들어 호응 관계의 지도 내용 자료로 앞 장의 체계화 연구의 성과 중 '동반 필수 호응 관계'와 '동반 가능 호응 관계'만이 추출되어 교육적으로 제시되고 있다. 이는 이 논문이 표방하고 있는 언어 지식에 대한 관점, 즉 언어 지식에 대한 학문적, 실제적 관심을 포괄하고자 하는 관점이 논문 전체를 관통하지 못하고, 그 결과 2, 3, 4장들과 5장의 성격이 다른 데서 연유하는 한계로 보인다.

그러나 이 논문에서 논의된 '학문적, 실제적 관심을 포괄하는 국어 지식에 대한 연구'라는 기치는 소중하다. 국어 지식에 대한 역동적이고 교육적인 관점에 터한 연구가 지속적으로 이루어질 필요가 있다. 그리고 이러한 연구는 실제 사용되고 있는 언어 자료를 근간으로 할 때 좀더 현실적이고 교육적인 의미를 확보할 수 있을 것이다.

■ 연구 내용의 논의점에 대한 토의

(1) 언어 지식 영역의 성격 논의에 대하여

본 연구는 국어교육에서 언어 지식이 갖는 위상에 대하여, '학문 중심 관점'과 '기능 중심 관점' 모두를 인정하여 이 둘을 통합한 시각에서 언어 지식 영역의 성격을 파악하고 있다. 국어교육이 목표로 하는 '언어 사용 능력의 신장'에 언어 지식이 해 줄 수 있는 역할은 결국, 지식 그 자체가 갖는 성격을 인정하여야 한다는 전제와 그 지식이 언어 사용이 되는 지식 이어야 한다는 인식이다. 이러한 관점은 집필할 당시나 지금 현재나 언어 지식에 대한 변함 없는 본 연구자의 시각이기도 하다.

(2) 연구 방법론과 (3) 지식관·교육관 논의에 대하여

본 연구의 성격상, '현실 언어의 기술'과 '규범 언어의 체계화'라는 두 가지 기술 방식이 존재할 수 있다. 논의자들의 견해처럼 본 연구가 현실 언어의 기술보다는 규범 언어의 체계화에 초점이 더 놓여졌다는 점에 공 감한다. 연구자 또한 국어교육에서 언어 지식이 지식 자체로서가 아닌 현 실 사용의 언어로서의 지식에 대한 규명을 해야 한다는 의지가 강하였다. 그 의도는, 본 연구의 교육적 적용에서 고등학생과 대학생들의 실제 사용 호응 관계의 예들과 오용 실태의 예들을 중심으로 자료를 선정하고 학습 자료의 예를 보여 주고 있는 부분에서 미약하나마 확인할 수 있다. 그러나 연구 내용을 진행하는 과정에서 현실 언어에 대한 연구가 계획한 만큼 심 도 깊게 논의되지 못하였다. 언어 지식, 구체적으로 말해서 국어교육에서 의 국어 지식에 대한 연구는 학습자 발달 수준에 따라 위계적인 내용 선 정이 근본적으로 선행되어야 한다. 이것은 국어 지식을 연구하는 국어교육

학자 모두의 바람이기도 하다.

(3) 지식의 교수·학습의 논의에 대하여

본 연구에서 제안하는 교수·학습의 방식에 대해서는 논문의 Ⅴ장에 상세히 드러나 있다. 호응 관계의 지도 내용 체계를 선정하고 교수 학습 방법을 단계별로 제시하였으며, 그에 따른 구체적인 교재 구안 모형을 실례로 보여 주고 있다. 일반적인 교수 학습의 절차를 기반으로 하여, 호응 관계가 가지고 있는 성격을 고려하여 단계별로 제안하였다.

국어 지식의 이론적 체계화와 실제적 적용이 독립적인 관계가 아님을 연구자도 인식하는 바이지만, 이론과 실제의 조화가 만족할 만큼 이루어지지 않았다는 점이 연구자에게도 아쉬움으로 남는다. 그러나 논의자들이 제안한 지식의 교수·학습 이론인 키에르케고르나 소크라테스 등의 교수 방법론은 일반적인 지식의 원리를 설명하는 이론에는 참고할 수 있으나, 본 연구에서 다루는 호응 관계와 같은 구체적인 언어 현상을 설명하는 데에는 무리가 따를 것으로 판단된다.

■ 연구자의 제언

이 연구의 시작은, '지식 자체의 지식이 아니라 언어 사용으로서의 지식이 무엇인가'라는 물음에서부터였다. 본 연구의 주제인 호응 관계는 언어 형식들의 기초적인 구성 관계라는 지식적 가치와, 관계의 규칙화가 가능한 일군의 독특한 언어 현상이라는 활용적 가치를 지니고 있다. 본 연구자는 이 주제에 관심을 가지고 이를 국어교육적 관점에서 다루고자 하였다.

논의자들이 본 논문을 꼼꼼히 검토하고 연구의 한계점을 정확하게 지적하고 발전 방향성을 제시하여 준 것에 감사를 드린다. 거의 모든 연구가 그러하겠지만, 연구의 한계가 무엇인지는 연구자 본인이 가장 뼈저리게 인식하고 있을 것이다. 본 연구자 또한 연구의 미진한 부분과 한계점에 대하여 많은 부분을 인식하고 있다. 이에 대하여 차후 깊이 있는 연구를 지속하여 논문의 한계점을 보완할 수 있게 되기를 바란다.

언어 사용 영역의 내용 체계에 대한 연구

■ 이도영, 서울대 박사학위논문, 1998 ■

1. 논문 목차

6. 6차 교육과정기

Ⅲ. 내용 체계화를 위한 기본 전제

  1. 언어 사용에 대한 이해

    (1) 언어 사용의 양상으로 본 언어 사용의 두 측면

    (2) 언어 사용의 성격으로 본 언어 사용의 두 측면

  2. 언어 사용 영역의 위상 정립

  3. 언어 사용 영역의 통합 필요성

    (1) 언어 사용의 실제

    (2) 언어 사용의 심리적 과정

    (3) 교수·학습의 효율성

    (4) 언어 사용의 이상

Ⅳ. 언어 사용 영역의 내용 체계

  1. 내용 체계의 준거

    (1) 언어의 기능(機能)

    (2) 텍스트 유형

    (3) 언어 사용 과정

    (4) 사고력

  2. 내용 체계화의 기본 틀

  3. 언어 사용 영역의 내용관

    (1) 기능론(技能論)

    (2) 전략론(戰略論)

    (3) 지식론(知識論)

    (4) 기능, 전략, 지식의 관계

  4. 언어 사용 영역의 내용 체계화 방안

Ⅴ. 결론

  1. 요약

  2. 시사점 및 제언

2. 내용

1) 연구 문제

그 동안 국어교육은 국어 사용 능력 신장을 주요한 목표로 내세우고 있었음에도 불구하고 국어 사용 영역의 내용을 체계화하지 못한 상태에 있었다. 가르쳐야 할 내용의 성격이 불분명하고 내용 제시 또한 체계적이지 못하였기 때문에 국어과 교육은 난항을 겪을 수밖에 없었다. 이와 같은 점에 주목하여 이 논문에서는 언어 사용 영역의 내용을 체계화하고자 하였다.

2) 주요 내용

이 논문은 1차부터 6차까지의 국어과 교육과정에 대한 반성적 고찰을 통해 언어 사용 영역이 왜 제대로 이루어지지 못했는지를 찾고 있다. 이를 통해 그 동안 언어 사용 영역에서 '사고 작용과 문화로서의 언어 사용의 관점'이 소홀히 다루어져 왔음을 지적하였다. 이 논문은 '언어 사용 영역'이 체계화되기 위해서는 의사 소통 도구로서의 언어 사용뿐만 아니라 사고 작용과 문화로서의 언어 사용 관점이 추가되어야 함을 강조하고, 언어 사용 영역은 언어 영역, 문학 영역과 함께 '민족의 바람직한 언어 문화의 계승과 발전'이라는 새로 설정된 국어과 목표 속에 상호보완 관계로 존재해야 한다고 보았다. 이와 같은 통합은 '언어사용의 실제, 언어사용의 심리적 측면, 교수·학습의 효율성, 언어 사용의 이상' 측면에서 필요하다.

이상의 내용을 전제로 하여, 이 논문은 언어 사용 영역의 내용 체계화를 위한 준거로 '언어의 기능, 텍스트 유형, 언어 사용 과정, 사고력'을 들고, 이들을 중심으로 언어 사용 영역의 내용 체계화의 기본 틀을 제시하였다.

제5차 국어과 교육과정 이후 언어 사용 내용 체계에 있어서는 줄곧 '기능(技能)'만이 강조되어 왔다. 이 논문에서는 기능만으로는 언어 사용 영역의 교육이 체계적으로 이루어질 수 없음을 지적하며 기능의 한계를 효과적으로 지적하고 있다. 그리고 Jones, B. F. et al(*Strategic Teaching and Learning*, ASCD, 1987)의 '선언적 지식', '절차적 지식', '조건적 지식'에 대한 면밀한 검토를 통해 그 동안 상대적으로 소홀히 다루어지던 '지식'의 중요성을 강조하였다. 이러한 논의를 바탕으로 언어 사용 능력 신장을 위해서는 '기능, 전략, 지식'을 연관시켜 지도해야 함을 주장하였다.

언어 사용 영역의 내용 체계의 구체적인 틀의 구안에 있어서는 McCarthy, M & Carter, R.(*Language as Discourse: Perspective for Language Teaching*, Longman Publishing, 1994)나 Swales, J. M.(*Genre Analysis*, Cambridge University Press, 1990), 뉴욕이나 호주의 교육과정을 근거로 '텍스트'나 '장르'를 중심으로 해야 한다고 주장하였다. 학생들에게 언어 사용의 여러 국면을 경험할 수 있게 해 주는 가장 적합한 장치가 바로 '텍스트'임을 강조하고 있다. 그래서 언어 사용 영역에서 가르쳐야 할 내용으로 ① 텍스트의 핵심 기능(機能), ② 텍스트 기능(機能)의 결합 방식, ③ 텍스트의 사회·문화적 맥락, ④ 텍스트의 주제화 과정, ⑤ 텍스트의 주제 전개 과정, ⑥ 텍스트의 표현 및 전달 과정을 제시하였다.

요약하면 이 논문에서는 사고 작용으로서의 언어 사용과 문화로서의 언어 사용을 면밀히 검토한 후 이 두 요소도 언어 사용 영역의 주요한 내용으로 간주되어야 함을 새롭게 주창하고 있다. 그리고 언어 사용 영역에서 가르쳐야 할 내용으로 '구체적인 텍스트의 생산과 이해를 돕기 위한 지식, 기능, 전략'을 제시하고 '텍스트를 중심으로' 이들을 유기적으로 결합한 내용 체계를 구안하였다.

3) 핵심 어구

내용 체계, 기능(技能), 전략, 지식, 언어 사용, 언어의 기능(機能), 텍스트 유형, 언어 사용 과정, 사고력

3. 논의점

1) 국어교육의 영역 구분

현행 국어과 교육과정에서는 '말하기, 듣기, 읽기, 쓰기'를 명시적으로 구분하고 있다. 그런데 이러한 구분이 교육 내용을 왜곡시키지는 않는지 잘 따져 보아야 할 것이다. 국어교육의 내용을 '국어 사용 기능, 국어지식, 문학'으로 나누는 방식도 마찬가지이다. 최근 교육과정에 대해 제기되는 비판 중의 상당수는 바로 이러한 영역 구분에 대한 것이다. 사실 '국어 사용 기능', '국어 지식', '문학'을 동일한 위계나 차원으로 다루는 것은 논리적으로 맞지 않는다. 또한 이러한 영역 구분은 실제 의도와는 무관하게 각 영역을 고립화시키는 역기능을 수행하고 있다.

물론 이것은 교육과정상에서의 분리이고, 실제 교수·학습 과정에서는 충분히 통합적으로 다루어질 수도 있다. 이들 세 영역은 평면적인 삼각 구도가 아닌 삼차원적인 관계로 파악해야 할 것이다.

2) 국어교육의 목표에 대한 관점

가. 이 논문에서 설정하고 있는 목표가 너무 추상적인 것이 아닌지 의심스럽다.

이 논문에서는 '민족의 바람직한 언어 문화의 계승과 발전'을 국어과 교육의 목표로 정하고 있으며, 이렇게 하는 것이 언어 자료 선정에 도움을 줄 수 있다고 하였다. 그런데 이러한 포괄적인 목표가 과연 언어 자료 선정에 얼마나 도움이 될지 의문이다. '민족의 바람직한 언어 문화 계승과 발전에 도움을 줄 수 있는 것'이라는 기준은 너무 포괄적이어서 언어 자료 선정에 별다른 도움이 되지 않을 수도 있다. 오히려 '도덕, 환경, 경제, 근로 정신 함양, 보건·안전, 진로, 통일 교육' 등과 같이 교육과정에서 제시하고 있는 기준이 그 시기에 요구되는 적절한 언어 자료를 포함하는데는 도움이 될 수도 있다.

나. 언어 사용 영역이 전체 목표에 어떤 방식으로 기여하는지 궁금하다. 이 글은 '민족의 바람직한 언어 문화의 계승과 발전'을 국어과 교육의 목표로 삼고 있는데, 언어 사용 영역이 이에 어떻게 기여할 수 있는지 그 구체적인 모습이 제시되어 있지 않아 아쉽다. 나아가 언어 사용 영역의 목표가 달라지면 국어교육의 구체적인 내용이 달라져야 하는지, 달라진다면 어떻게 달라져야 하는지 등도 좀더 섬세하게 고찰되었으면 하는 아쉬움이 남는다.

3) '텍스트'의 개념

이 논문의 주요 핵심어는 '텍스트'이다. 그런데 곳곳에서 사용되고 있는 텍스트의 개념이 일정해 보이지 않는다. 가령 때에 따라서는 '거대 장르'의 개념으로 사용되기도 하고, 또 어떤 때는 구체적인 개별 텍스트를 가리키는 것으로 보이기도 하며, 또 어떤 경우에는 그 중간쯤의 텍스트 유형을 가리키기도 한다. 그뿐 아니라 '텍스트'라는 용어 속에 너무 많은 것을 포괄하고 있는 듯도 하다. 텍스트의 기능이나 생산 과정의 결과물, 목적, 매체, 양상, 맥락 등을 모두 함의하고 있는 듯하다. 텍스트의 개념이 이처럼 유동적이면서도 광범위하게 되면, 텍스트의 개념은 더 불분명해질 수밖에 없다.

4) '텍스트'를 중심으로 한 내용 체계화 방안

가. 텍스트를 내용 체계화의 축으로 삼는 데는 여러 가지 난점이 있다. 만일 이 논문에서 말하는 '텍스트'가 거대 장르를 말하는 것이라면 장

르 중심의 교육과정 체계를 지향하였던 4차 교육과정과의 차이가 밝혀져야 할 것이다. 또 '개별 텍스트' 혹은 '유형화된 텍스트'를 의미하는 경우라면, 교육과정 속에 포함되어야 하는 텍스트의 종류가 너무 많아질 수 있다. 이 논문에서 '모든 텍스트를 포함할 필요도 없고 그럴 수도 없다'고 했으나, 기본적인 국어 생활과 관련된 텍스트의 종류도 상당히 많을 것이고, 교육과정 내용이 반복·심화되어야 한다면 너무 많은 텍스트로 인해 교육과정이 복잡하고 비대해질 가능성이 있다. 그렇다고 텍스트의 종류를 줄인다면 텍스트 중심으로 내용 체계를 설정하는 의의를 살리기 어렵다.

텍스트를 중심으로 언어 사용 영역의 내용을 체계화하는 방안이 갖는 또 하나의 난점은 아직까지 텍스트의 기능, 전략, 지식에 대한 연구가 충분히 이루어지지 못했다는 점이다. 현 상태에서는 오히려 언어의 기능을 중심축으로 하고 교재 구성에서 다양한 텍스트를 수용하는 편이 실현가능성이 높다. 그리고 사실상 텍스트의 유형을 분류하는 것이 쉽지 않다는 점도 텍스트를 체계화의 축으로 삼는 데 장애로 작용할 수 있다.

나. '텍스트 중심'이란 내용 체계의 차원이 아니라 교수·학습 운용의 차원인 듯하다.

국어 교육의 실제 모습은 당연히 텍스트 중심이 되어야 한다. 그리고 지금까지의 국어교육 역시 늘 그래 왔다. 그런데 국어교육의 실제 모습이 아닌, 내용 체계화의 기준이 텍스트가 되어야 한다는 것이 정확히 무엇을 의미하는지 구체화되어야 한다. 언어 사용 영역의 내용(content)은 기능, 전략, 지식이고, 텍스트는 이러한 내용을 추출하기 위한 자료로 보아야 하는 것이 아닌지 의심스럽다.

다. 텍스트에 밀착된 기능과 전략은 어떤 것인지 궁금하다.

이 논문에서 최종적으로 제시한 기능과 전략(pp.153~154)은 흔히 이야기되고 있는 극히 추상화된 기능과 전략이다. 내용 체계의 축이 텍스트이므로 기능과 전략 또한 텍스트에 밀착된 기능과 전략으로 제시되었으면 하는 아쉬움이 남는다.

5) 교육 내용 체계화의 수직적 체계화 방안

교육 내용의 체계화는 수평적 측면과 수직적 측면이 있다. 그런데 이 논문에서는 수평적 측면만을 다루고 있다. 내용 체계화가 실천력을 지니기 위해서는 수직적 체계화, 곧 학년별 위계화 방안도 마련되어야 할 것이다.

5. 의의와 발전 방향

이 논문은 '민족의 바람직한 언어 문화의 계승과 발전'이라는 새로운 국어과 교육의 목표를 설정하고 언어 사용 영역과 언어 영역 및 문학 영역의 위상을 이 목표에 따라 새롭게 정비하였다는 점, 언어 사용 영역의 내용 체계를 '말하기, 듣기, 읽기, 쓰기'에서 '텍스트'를 중심으로 새롭게 체계화했다는 점, 언어 사용 영역에서 강조해 온 '기능' 이외에 '지식'과 '전략'의 교육적 가치에도 주목하였다는 점 등에서 의의가 있다.

그러나 국어과 교육의 목표로 논의된 '언어 문화'라고 하는 것의 범위가 매우 포괄적이어서 다른 교과와 차별성을 찾는 데 어려움이 있다. 이 논문에서는 '기능' 외에 '지식'의 중요성도 강조하고 있는데, 만일 역사, 지리 등의 타교과의 내용을 다룬 텍스트를 가르칠 때 해당 교과의 지식도 가르쳐야 한다면 국어과의 정체성을 주장하기는 힘들다. 만일 국어과의 정체성을 살리기 위해 국어의 언어 사용 영역을 상대적으로 강조하게 되면 다시 예전처럼 기능 중심의 교육으로 되돌아갈 수도 있다. 따라서 언어 문화의 범위나 영역을 구체화하는 논의가 필요하다.

텍스트 중심의 내용 체계화가 갖는 단점에 대해서도 따져 보는 것이 필요할 것 같다. 어떤 것을 '중심'으로 한다는 것은 다른 것을 아예 배제한다는 것을 의미하지는 않는다. 기능 중심의 내용 체계화에서도 기능을 중심으로 하되, 텍스트도 어느 정도 포괄한다. 그렇다면 텍스트 중심 체계화에서도 당연히 기능에 대한 고려가 포함되어야 할 것이다. 따라서 기능을 중심으로 하고 텍스트를 고려하는 체계와 텍스트를 중심으로 하고 기능을 고려하는 체세가 어떤 차이가 있는지, 각각의 장단점은 무엇인지에 대해서 면밀하게 따져볼 필요가 있을 것이다.

말하기 · 듣기의 본질적 개념과 교육과정 구성 방안 연구*

■ 전은주, 고려대 박사학위논문, 1998 ■

1. 논문 목차

---

* 이 논문은 『말하기 · 듣기 교육론』(전은주, 박이정, 1999)으로 출간되었다.

2. 내용

1) 연구 문제

이 연구는 말하기·듣기에 대한 이론적 기초를 다지고 이를 바탕으로 현재의 교육과정을 비판적으로 검토하고 학생들의 말하기·듣기 능력을 신장시킬 수 있는 말하기·듣기 교수·학습 내용과 방법을 모색할 뿐 아니라, 이러한 능력을 합리적이고 객관적으로 평가할 수 있는 평가 방안을 제시하고자 하였다.

2) 주요 내용

이 논문은 말하기·듣기에 대한 이론적 논의와 기존 교육 과정의 내용을 비판적으로 검토한 후에, 말하기·듣기 교육의 목표, 내용, 방법, 평가 방안을 설계하고, 마지막으로 실험을 통해 앞서 설계한 평가 및 지도 방안의 타당성을 검증하는 절차를 밟고 있다.

이에 말하기·듣기에 대한 이론적인 검토를 하고 있는데, 이를 통해 말하기·듣기 활동은 효과적인 담화 텍스트의 생산과 전달 및 수용, 이해를 위한 '언행적 목적'과 효과적인 인간 관계의 형성과 유지라는 '관계적 목적'을 추구하는 것이므로, 효과적인 말하기와 듣기 활동 역시 이러한 말하기·듣기의 본질적 개념에 대한 이해해서 출발해야 한다고 밝히고 있다. 또한 말하기·듣기는 참여자 요인의 특성에 기인한 다층적 구조를 가지며, 그 구조 내에서 일정한 원리의 적용을 받는 것으로 상정하고 있다. 이에 따라 내용 표현의 층위에서는 효율성, 적절성, 공손성의 원리가 적용되며, 화행 수행의 층위에서는 순환성, 공손성의 원리가, 내용 이해의 층위에서는 관련성, 공손성의 원리가 적용되어야 효과적인 의사소통이 이루어질 수 있다고 했다. 이 세 층위 모두에서 공손성의 원리가 적용되는 것은 말하기·듣기 활동이 곧 인간 관계를 전제로 하기 때문이다.

그러나 현행 중학교 국어과 교육과정과 교과서를 분석한 결과, 말하기 중심으로 구성되어 있어서 말하기·듣기의 상호교섭적 특성이 부각되지 못하고 있으며, 효과적인 말하기·듣기에 필요한 지식도 충분하지 않아서 학생들의 실제적인 말하기·듣기 능력 신장에 제대로 기여하지 못하는 면이 있음을 지적하고 있다.

이러한 문제점을 해결하기 위해 이 논문에서는 말하기·듣기 교육의 교육 내용으로 담화 표현과 이해의 원리와 방법, 효과적으로 인간 관계를 형성하고 유지하는 데 필요한 말하기·듣기의 원리와 방법, 담화 상황별 말하기·듣기의 원리와 방법 등을 제시하고 있다.

이상과 같은 논의를 토대로 하여 '상호 관계적 말하기·듣기 교수·학습'의 원리와 모형을 구축하여 제시하였다. 여기서 '상호 관계적 말하기·듣기 교수·학습'이란, 교실 수업 환경에서 이루어지는 말하기·듣기 학습이 모든 학습에게 유의미한 적용 과정이 될 수 있고, 말하기와 듣기가 상호 관계되어 함께 학습이 이루어지며, 교사와 학습자, 학습자와 학습자의 상호 작용을 극대화한 교수·학습 방법을 이른다. 그리고 이를 실험을 통해 검증한 결과 통계적으로 유의미한 정도로 능력 성취를 보였다고 보고하고 있다.

마지막으로 말하기·듣기 영역의 평가를 다루고 있는데, 먼저 기존의 평가 방식의 문제점을 지적한 후 그 대안으로 실제적 평가(Authentic assessment) 방법을 제안하고 이에 따른 평가 방안을 제시하고 있다. '실제적 평가'란 수행 평가의 한 유형으로서, 실제 생활 과제에서 학생의 수행을 직접적으로 평가하는 방법이다. 이는 평가란 실제 삶에 적용할 수 있는 능력에 기초를 두어야 한다는 입장을 취한다. 그리고 이러한 원리를 상호 관계적 말하기·듣기 교수·학습 과정에서 적용할 수 있게 모형화하여 제시하였다.

3) 핵심 어구

말하기·듣기, 말하기·듣기 교육 목표, 말하기·듣기 교수·학습 내용, 말하기·듣기 교수·학습 방법, 상호 관계적 말하기·듣기, 상호 관계적 말하기·듣기 교수·학습 방법, 실제적 평가(Authentic Assessment), 언행적 목적, 관계적 목적, 담화 텍스트, 말하기·듣기 평가

3. 논의점

1) '계층'과 '층위'의 개념

이 논문에서는 '2.3.2 말하기·듣기 작용의 계층'이란 항목이 있는데, 이때 사용되고 있는 '계층'이란 말이 적절한지, 그리고 '층위'라는 말과 '계층'이란 말에 어떤 차이가 있는지 궁금하다. '계층(階層)'은 '지위나 속성, 기능 등이 비슷한 층'을 의미한다. '층위(層位)'는 '어떤 유(類)의 요소가 전체 구조에서 차지하는 위치로 하위의 요소가 상위의 요소에 포함되는 밀접한 계층적 관계에 의하여 이루어지는 것'을 의미한다. 예를 들어 음소보다 높은 층위의 기술로서 형태소를 설정하거나, 형태소의 구조를 음소라는 낮은 층위의 단위를 바탕으로 기술하는 것이다. '말하기·듣기 작용'이 일어나는 상황을 분석해 보면 구분되는 부분이 있다. 연구자는 그것을 '말하기·듣기 작용의 계층'으로 표현하였다. 각 계층 간의 분명한 상하 관계를 파악할 수 없는 상황이므로 '층위'라는 표현보다는 '계층'이라는 표현을 선택했다.

그러나 오히려 이 논문의 설명으로 보면 '층위'라는 말이 더 적절한 것이 아닌가 싶다. 그리고 이 항목의 제목도 '말하기·듣기 작용의 계층'보다는 그 소항목으로 들어 있는 '말하기·듣기 원리의 작용 층위'가 더 적

절할 것 같다. 실제 이 부분의 내용은 말하기와 듣기에 적용되는 원리들이 다양한 상황(또는 층위)에 따라 차이가 있음을 밝히고 있다.

2) '언어체'의 개념과 교육의 방향

이 논문에서는 제6차 중학교 말하기 교육 내용을 비판적으로 검토하면서, '언어체(言語體, oral language style)'에 대한 교육이 필요함을 지적하고 있다. 말하기에서 '언어체'는 담화 상황과 유형에 따라 선택되며 이것이 잘못 선택되었을 때는 담화가 자연스럽지 못하다. 실제로 7차 국어과 교육과정 9학년 쓰기 영역의 내용에 '문체의 효과를 고려하여 글을 쓴다'는 항목이 들어 있다. 글에 있어서 문체(literary style)가 중요한 것처럼 말하기에서의 언어체(oral language style) 역시 중요하고 마땅히 교육되어야 한다. 교육 내용으로 언급되지 않아도 실제 수업에서 다루어질 수 있는 내용'이 있다면 그것은 교육과정이 잘못 되었거나 교사가 수업을 잘못한 것이다. 따라서 연구자는 교육이란 교육과정에 의거하여 목표 중심으로 수행되어야 한다고 보고 있다.

그러나 '언어체'에 대한 지적은 사실상 교육과정에서 언급하기에는 상당히 지엽적인 문제가 아닌가 생각한다. 실제 교육 내용으로 언급되지는 않았어도 실제 수업에서는 다루어질 수 있는 내용들이 많다. 실상 '문체'에 대한 내용의 언급이 없다고 해서 '문체'에 대해 전혀 교육하지 않는 것이 아닌 것과 마찬가지이다.

3) 효율성과 효과성

말하기와 듣기의 원리에서 내용 표현의 층위에서 다루는 '적절성'은 결국 텍스트성이라는 말과 같은 말처럼 설명되고 있다. 그리고 내용 이해의 층위에서 '관련성'의 원리는 텍스트성의 '의도성, 용인성' 등과 상당히 관련이 있는 것으로 보인다. 또 논문에서 언급된 것처럼 '효율성'이 '효과성'의 하위 원리라면 내용 이해의 층위에서 언급될 여지도 있을 것 같다. 이럴 경우 내용 표현의 층위와 내용 이해의 층위, 즉 말하기와 듣기에 적용되는 원리가 이 논문에서처럼 '효율성, 적절성'과 '관련성'이라는 독립적인 원리에 의해 지배된다고 보기 어렵지 않을까 생각된다.

4. 의의와 발전 방향

이 논문은 현행의 말하기·듣기 교육의 문제점을 진단하고 이를 개선하기 위하여 말하기·듣기의 본질적 개념을 의사소통적 관점, 인지심리학적 관점, 화용론적 관점, 언어학적 관점들을 통합적으로 수용하여 접근하였다. 그리고 이를 바탕으로 학습자들의 실제적 말하기·듣기 능력을 효과적으로 신장시킬 수 있는 교육 내용의 선정, 말하기·듣기 교수·학습의 개념, 모형 전략에 대해 자세하게 서술하고 있다. 또한 학습자의 수행 과정을 평가할 수 있는 말하기·듣기에 관한 구체적 평가의 개념, 방법, 모형을 제시했다는 데 그 의의가 있다.

말하기·듣기 교육 내용의 문제점을 지적하는 데에도 상당히 중요한 문제를 다루고 있다. 실제적인 측면을 강조하면서 '자신 있게 표현하기', '상대의 감정이 상하지 않게 표현하기' 등을 정의적인 사항들은 중요한 교육 내용으로 다루어야 함을 강조하고 있는데, 이는 말하기·듣기 교육을 실제 언어 생활과 연계하는 데 있어 매우 중요한 부분을 차지한다. 특히 '말하기 불안에 대한 해소 방안'과 '공감적 듣기' 등에 대한 지적은 상당히 중요한 언급이라고 생각한다.

또한 상호 관계적 말하기·듣기 교수·학습 원리에서 제시된 내용인 "원리 5. 말하기·듣기 과정에 대한 지도가 되어야 한다."라는 원리는 말하기·듣기의 교수·학습 모형이나 전략에서 매우 중요한 부분이라고 생각한다. 그러나 실제 이러한 원리를 적용해야 하는 이 논문의 교수·학습 모형이나 전략에서(특히 듣기의 경우) 이 원리가 명확하게 적용된 부분은 매우 미약하다고 할 수 있다. 이는 원리 자체의 문제이기보다는 말하기와 듣기의 과정에 대한 치밀한 연구가 아직 성숙되어 있지 않은 때문이라고 생각한다.

말하기·듣기의 평가와 관련하여 제시한 평가 원리는 상당히 유용한 시사점을 주고 있다. 그러나 그 중에서 평가 원리 3의 '평가의 지속성', 원리 4의 '다양한 상황의 평가', 원리 5의 '평가 주체의 다양화', 그리고 원리 6의 '과정 평가' 문제는 현재 현장 학교로부터 많은 문제점이 제기되고 있는 수행 평가가 맞고 있는 난점과 상당히 동일하다. 이러한 원리가 실제 학교에서 적용될 수 있는 구체적인 해결책에 대해서는 후속 연구가 따라야 할 것으로 보인다.

마지막으로 '평가 기준과 지도 방안의 타당성 검증'은 이 논문에서 전술한 내용의 타당성을 검증하는 적절한 실험 연구로 연구자의 의견을 뒷받침하는 좋은 예가 되었다고 할 수 있다. 다만 실험 대상이 사전 조사에서 동질 집단이라는 평가를 받기는 했지만 일반 초·중·고교 학생들이 아니며, 실험 중에 서로 다른 과정을 이수하는 문과와 이과의 대학생들이었다는 점, 그리고 실제 학교 현장에서 특히 중요한 평가 방법(포트폴리오법, 일화기록법, 질문지법 등)에 대한 타당성의 검증 부분이 빠져 있다는 것은 아쉬운 점이라고 생각한다.

그 동안 '말하기·듣기'가 실제 언어 생활을 영위하고 인간 관계를 형성하는 데에 매우 중요한 부분을 차지함에도 불구하고 그간 교육 과정에서 읽기, 쓰기 영역에 비해 소홀히 다루어져 온 것이 사실이다. 이 논문에서는 이러한 현황을 정확히 지적하고, 상호관계적 말하기·듣기 교수·학습 모형을 통해 그 교육 목표, 교육 내용, 교수·학습 방법, 평가 방안을 체계적으로 다루었다는 점에서, 말하기·듣기 교육의 체계화에 기여하였다고 할 수 있다. 이 연구를 선두로 하여, 말하기·듣기 영역의 각 부분들 -교육 내용, 교육 방법, 평가 방법-에 대한 경험적인 연구와 이론적인 연구가 지속적으로 이루어져야 할 필요가 있다.

필자의 변

1) '계층'과 '층위'는 어떠한 차이가 있으며 이 논문에서는 어떠한 표현이 적절한가?

'계층(階層)'은 '지위나 속성, 기능 등이 비슷한 층'을 의미한다. '층위(層位)'는 '어떤 유(類)의 요소가 전체 구조에서 차지하는 위치로 하위의 요소가 상위의 요소에 포함되는 밀접한 계층적 관계에 의하여 이루어지는 것'을 의미한다. 예를 들어 음소보다 높은 층위의 기술로서 형태소를 설정하거나, 형태소의 구조를 음소라는 낮은 층위의 단위를 바탕으로 기술하는 것이다. '말하기·듣기 작용'이 일어나는 상황을 분석해 보면 구분되어지는 부분이 있다. 필자는 그것을 '말하기·듣기 작용의 계층'으로 표현하였다. 각 계층 간의 분명한 상하 관계를 파악할 수 없는 상황이므로 '층위'라는 표현보다는 '계층'이라는 표현을 선택했다.

2) 효율성이 '효과성'의 하위 원리라면 '내용 이해의 층위'에서도 적용되어야 하시 않은가?

졸고(1998:72~89)에서 말하기·듣기의 원리는 궁극적으로 효과적인 의사소통을 지향하며 이를 위하여 5가지 원리가 적용되는 것으로 보고 있다. 이 중 '효율성'은 '의사소통에 있어 사용자들이 최소의 노력으로 텍스트를 사용하는 것'으로 '화자가 의사소통의 효과성을 위하여 선택적으로 취할 수 있는 하위 원리'라고 설정하고 있다. 따라서 '메시지의 의미를 재구성하기 위하여 청자 내적으로 인지적 작용이 일어나는 층위'인 '내용 이해의 층위'에서는 텍스트 생성과 관련된 '효율성'의 원리가 적용되지 않는 것으로 보는 것이 합당하다. 화자는 '내용 생성의 층위'에서 자신의 입장에서 텍스트 생성에 필요한 '비용 절감'과 청자의 입장에서 이해 과정에 필요한 '노력의 절감'을 모두 고려한다.

3) '언어체'에 대한 지적은 교육과정에서 언급하기에는 상당히 지엽적인 문제이며, 이는 교육 내용으로 언급하지 않아도 실제 수업에서 다루어질 수 있는 내용이다.

졸고(1998:99)에서는 6차 중학교 말하기 교육 내용을 비판적으로 검토하면서 '언어체'에 대한 교육이 필요함을 지적하고 있다. 말하기에서 '언어체'는 담화 상황과 유형에 따라 선택되며 이것이 잘못 선택되었을 때는 담화가 자연스럽지 못하다. 실제로 7차 국어과 교육과정 9학년 쓰기 영역의 내용에 '문체의 효과를 고려하여 글을 쓴다'는 항목이 들어 있다. 글에 있어서 문체(literary style)가 중요한 것처럼 말하기에서의 언어체(oral language style) 역시 중요하고 마땅히 교육되어야 한다. '교육 내용으로 언급되지 않아도 실제 수업에서 다루어질 수 있는 내용'이 있다면 그것은 교육과정이 잘못 되거나 교사가 수업을 잘못한 것이다. 교육은 교육과정에 의거하여 목표 중심으로 수행되어야 한다.

4) '말하기·듣기 과정에 대한 지도가 되어야 한다'는 원리 5가 이 논문의 교수 - 학습 모형이나 전략에서 명확하게 적용되었는가?

'상호관계적 활동 단계 모형'은 말하기·듣기 영역의 특수성을 반영하여 학습자가 말하기와 듣기를 수행하기 전, 과정, 후에 무엇을 어떻게 하는 것이 학습에 효과적인 것인가를 고려하여 구안한 교수·학습 모형이다. 이 모형의 세부 단계를 다시 확인해 보기 바란다. 또한 졸고(1998)에서 제시하고 있는 교수 전략 중 '활동 과제 구성 과정'의 4번은 교사가 말하기·듣기 과정에 대하여 지도하기 위하여 고려할 것을 제시한 것이다.

5) '실제적 평가'는 '수행 평가'의 하위 방법인가? 논문에서 제기한 평가의 원리를 실제 학교 현장에서 적용할 수 있는 구체적 해결책이 있는가? 논문에서 제시한 평가 원리를 실험 연구에서 고려하였는가?

'실제적 평가'와 '수행 평가'의 관계에서는 논리적으로 '상위'와 '하위'의 개념이 성립되지 않는다. '실제적 평가'가 '수행 평가'의 하위 방법이 되려면 '실제적 평가'와 서로 포함하지도 않고 포함되지도 않는 동위의 방법이 있어야 하고 이들의 상위에 '수행 평가'가 있어야 한다. 본문에서 밝히고 있듯이 '수행 평가'와 '실제적 평가'는 평가에서 중점을 두고 있는 바가 다르며, '실제적 평가'는 '수행 평가'의 의미를 내포하고 있지만 모든 '수행 평가'를 '실제적 평가'라고 할 수는 없다.

졸고(1998)에서 제시한 평가의 원리를 준수하면서 기존의 평가에 대한 대안적 평가가 될 수 있는 것이 '실제적 평가'이다. 말하기·듣기 영역에서는 교수·학습 방법과 평가가 분리될 수 없다. 말하기·듣기 수행의 과정이 학습의 과정이며 이 과정은 평가의 과정이기도 하다. 졸고에서 제시한 '상호관계적 활동 단계 모형'에서 평가의 부분을 어떻게 고려하고 있는지 살펴보기 바란다.

그리고 논평에 '말하기와 듣기의 과정에 대한 치밀한 연구가 아직 성숙되어 있지 않다.'라는 부분이 있는데 이 표현의 근거와 정확한 의미를 되묻고 싶다.

6) '평가 기준과 지도 방안의 타당성 검증'을 위한 실험 대상이 적절하게 선정되었는가? 이들은 초·중·고등학생이 아니며, 서로 다른 과정을 이수하는 문과와 이과의 대학생들이었다.

본문에서도 밝히고 있듯이 대학 신입생으로 구성된 실험 집단과 비교 집단의 토론 능력은 초·중·고등학교 12년 간에 걸쳐 이루어진 말하기·듣기 교육의 현황을 진단할 수 있게 해 준다는 측면에서 의미 있다. 국어과의 말하기·듣기 영역은 계열에 따라 선택적으로 지도되는 것이 아니므로 실험대상이 다른 계열이라는 것은 별 문제점이 되지 못한다. 실험의 과정에서 수행된 두 집단의 동질성 검증 역시 이를 뒷받침해 주고 있다.

　논문이 '논의의 초점이 없고, 연구자 개인의 주장이 없으며, 논의의 상당 부분이 일반적인 수준'이라면 그것은 논문이 아니다. 이것은 필자가 개인적으로 학회에 투고한 논문도 아니고 엄정한 절차를 거쳐 인정된 학위 논문이다. 이 논문을 분석적으로 다시 읽고 필자가 무엇을 주장하고자 했는지, 그리고 이를 주장하기 위하여 어떠한 방법을 취했지는 거시적인 관점에서 정리해 보기 바란다. 그리고 논문이 '학문적 논쟁을 불러일으킬 만한 거리를 던지지 못하고 있다'는 표현은 '논문의 기능'에 대한 견해의 차를 확인할 수 있는 부분이다. 모든 논문이 학문적 논쟁거리를 던지고, 모든 연구자들이 학문적 논쟁을 불러일으킬 만한 주제에만 관심을 갖는 상황은 있을 수도 없고 있어서도 안 된다.

판소리 구연성의 매체언어적 의의*

■ 류수열, 서울대 박사학위논문, 2001 ■

1. 논문 목차

---

* 이 논문은 『판소리와 매체언어의 국어교과학』(류수열, 역락, 2001)으로 발간되었다.

2. 내용

1) 연구 문제

판소리를 연행문학으로 보아 그 구연적 성격을 밝히고, 이를 준거로 삼아 현대의 매체언어가 지니는 구연성을 검증함으로써 매체언어의 국어교육적 위상을 규정하고 그 방향성을 설정하였다.

2) 주요 내용

이 논문에서는 구연성의 여러 특질 중 서사적 형식과 구연성의 매체적 질료에 주목하여 판소리의 구연적 특질을 분석하였다. 그리고 판소리의 구연성을 바탕으로 매체언어를 국어교육의 영역에 수용하고 용해해야 한다고 주장하였는데, 그 주장의 근거는 둘 다 문화라는 데 있다.

구연성의 서사적 형식에서 발견되는 판소리의 특성으로서 공시점적(共視點的) 서술과, 대화의 경합적 형식을 들었다. 공시점은 창자와 청관중의 공모 의식에 의해 성립된 것으로서 화자(서술자, 창자)와 청자(내포 독자, 청관중)가 미리 공모한 어떤 인물과 사건을 '확인'하고자 하는 의도로 발화되는 서사적 전달의 구조를 의미한다. 공시점적 서술은 서술자가 자기 위치를 넘어서거나 서술자가 기대표상적 인물의 목소리에 흡수되는 두 가지 방향으로 나타난다. 판소리 서사체는 세계에 대한 일방적인 전달이 아니라 공동체의 역사 속에서 형성된 경험과 거기에서 도출되어 보편성이 증명된 가치를 확인하는 커뮤니케이션이기 때문에 이러한 공시점적 서술 형식이 나타난다고 보았다.

그리고 대화의 경합적 형식의 경우, 인물들간의 대화가 승패 혹은 우열을 가리기 위한 경쟁과 긴장의 이완을 위한 놀이의 형식으로 나누어 볼 수 있다. 경쟁은 발화의 주체들이 지니는 관점이 상이한 데서 출발하거나 그들이 바라보는 사상이 다의적이기 때문에 성립하며, 놀이는 판의 구성에 따른 놀이 형식, 수수께끼의 형식, 재담의 형식 등으로 구체화된다. 판소리에서 경쟁과 유희라는 경합의 형식은 전체적으로 비장과 해학이 교체되면서 생겨나는 긴장과 이완의 반복에 조응하면서, 관중들의 지속적인 관심과 흥미를 유발하는 기능을 맡고 있다. 이는 구술 문화 전반의 '논쟁적인 어조'와 직결된다.

구연성의 매체적 질료에 해당하는 것으로서 사설 엮음의 공식성과 음성적 자질을 들고 있다. 사설 엮음의 공식성의 경우, 판소리 창자가 서사의 전체 줄거리뿐만 아니라 세부적인 디테일을 암기하고 유창하게 엮어내기 위해서 활용되는 것이 각종 도식과 공식적 표현들이다. 단위 사설을 구성하는 도식으로서 '근접성의 원리', '유사성의 원리', '연속성의 원리'를 들 수 있다. 공식적 표현들에 포함할 수 있는 것으로서 전형적 수식구, 삽입가요 등이 있다. 이들 공식적 표현들은 참신하진 않지만 청중들과의 정서적 공감대를 형성하는 데는 용이하다.

음성적 자질의 경우, 언어 유희나 음성 상징어가 판소리 사설에 두루 나타난다. 이는 기의에 대한 기표의 우위라고 할 수 있는데, 이러한 음성적 자질들은 오락성 강화, 인물의 심리 표현 등에 효과적이다.

이렇게 분석된 판소리의 구연적 자질들을 매체언어를 분석하는 준거로 활용한 것이 5장이다. 5장에서는 텔레비전의 언어를 주 분석 대상으로 하여, 판소리에서 도출된, 공시점과 경합적 형식, 도식적이고 전형적 표현, 음성적 자질들이 뉴스나 토론, 강연, 다큐멘터리, 코미디 등에서 두루 나타난다고 하였다. 이러한 논의 과정 후에 매체언어 교육은 국어교육의 내용 범주인 '지식', '수행', '경험', '태도' 중에서 '경험' 범주에서 집중적으로 다루어질 수 있다고 마무리하였다.

이 논문은 국어 활동 중에서도 말하기 영역에 대한 연구라고 할 수 있으며, 동시에 가르칠 만한 내용을 제안한 교육 내용 연구라고 할 수 있다. 옹(Walter J. Ong)의 『구술문화와 문자문화』(이기우·임명진 역, 문예출판사, 1995.)에서 언급된 구술 문화의 여러 중요한 자질들이 우리의 언어 문화 속에도 풍부하게 담겨 있음을 확인한 것도 이 논문의 또 다른 성과라고 할 수 있다.

3) 핵심 어구

구연성, 매체 언어, 공시점, 경합, 경쟁, 놀이, 공시적 표현, 공식적 표현, 경험

3. 논의점

1) 연구의 초점화

이 논문의 제목을 보면 매우 포괄적인 개념들이 일시에 나열되어 있어서 논의의 초점이 애매하다. '판소리', '매체언어' '구연성' 개념이 그것이다. 하지만 이것이 어떤 구체적 중심으로 모아지지 않기 때문에 논의의 초점이 무엇인지 분명하지 않다. 만약, '매체언어'가 중심이라면 그것이 왜 하필 판소리로 다루어져야 하는가가 밝혀져야 하고, '구연성'이라면 이 역시 판소리의 구연적 자질은 무엇인가가 논의의 핵심이 되어야 할 것이다. 판소리는 구연적 매체에 속하고, 이것은 다시 넓은 범주에서 매체언어에 속하기 때문에, 결국 이 논문에서 '매체언어'란 개념은 불필요한 것이 아닌가하는 생각을 할 수 있다. 차라리 대중매체 교육을 선두에 내세우는

것이 나왔을 것이다. 판소리 구연성의 특징으로 든 공시점이나 놀이성은 사실, 꼭 '판소리'가 아니더라도 이야기할 수 있는 것이기 때문이다.

한편으로는 '매체언어'라는 문제틀을 국어교육에 적극적으로 제시하려고 한 연구자의 의도는 의의가 있다. 특히, 판소리의 구연적 특징이 현대 텔레비전의 뉴스, 광고, 토크쇼 등에도 그대로 반복적으로 활용되고 있다는 연구틀은, '구비문학' 연구와 현대 문화 연구를 결합시키려 했던 고전문학 연구의 한 흐름을 잇고 있는 것이라 할 수 있다. 이처럼 어느 정도 인정된 텍스트를 사용하여, 대중매체 교육의 일반 원리를 추출하는 것도 논의 방법상 의미가 있다.

2) 용어의 개념

이 논문에서 사용된 여러 핵심어들의 개념 정의가 불충분하다.

가. '매체 언어'의 개념이 약간 모호하다.

매체 속에 담긴 언어만을 이야기하는 것인지, 매체 자체를 또 하나의 언어로 이야기하자는 것인지가 불명확하다. 매체 언어란 매체 교육에서 공식적으로 쓰이고 있는 용어이며, 일반적으로 매체에는 세계를 재현하기 위한 나름의 특수한 코드나 특수한 언어가 있다는 의미에서 사용하고 있다. 이 논문에서는 이와는 조금 거리가 있는 듯하지만, 매체 속의 언어만을 의미하는 것 같지는 않다. 그렇다면, 이 논문은 기존의 문학이나 언어의 범주를 확대하는 차원에서 논의하는 것인데, 보다 자세한 논의가 필요하다.

나. '공시점(共視點)'의 개념이 모호하다.

논문에서 설명하는 내용에 의하면 동시대, 혹은 특정 집단의 공동 가치를 드러내는 발언이 나타나면 모두 공시점이 들어 있다고 할 수 있다. 아마도 이 논문에서 '공시점'은 인물과 화자의 경계를 자유롭게 넘나들 수 있고, 또 화자가 무엇인가를 설득한다는 것이라기보다는 청자와 공유하려는 시점적 지향을 논의하는 것 같다. 만약, 이런 이해가 맞다면 왜 굳이 이런 개념을 어렵게 쓰는지 의문이다. 전자라면 전지적 시점의 기능 중의 하나이고, 후자라면 일반적인 대중매체가 지향하는 공공성의 원리 속에 포함될 수 있을 것이다.

3) 연행 조건의 차이에 대한 고려

판소리의 연행 조건과 현대 매체언어가 이루어지는 조건의 차이점에 대한 고려가 부족하다. 이 논문에서는 판소리의 구연적 특질들을 분석하고 이러한 특질들이 현재의 매체언어에도 두루 나타나고 있음을 밝혔다. 그런데 논문에서도 언급되었던 바와 같이 현재의 매체언어에 나타나는 구연성은 발신자와 수신자간에 매체가 개입되어 있기 때문에 이차적 구연성이라고 할 수 있다. 이와 달리 판소리의 구연성은 일차적 구연성이라고 할 수 있다. 창자와 관중이 동일한 시간과 동일한 공간에서 함께 하는 연행적 상황에서 나타나는 일차적 구연성의 특질들이 각종 매체를 통해 형성되는 이차적 구연성에 고스란히 적용된다는 설명은 설득력이 떨어진다고 할 수밖에 없다. 이는 연행 개념의 변화와도 관련이 있다고 생각되며, 연행자와 청중이 동일한 시공간에 위치해 있는 연행상황과 매체에 의해 시공간이 분리되어 있는 연행상황의 차이점에 대한 고려가 있어야만 해결할 수 있는 문제이다.

4. 의의와 발전 방향

이 논문은 판소리 사설의 구연적 자질들을 분석함으로써 구연성의 여러 특질들을 밝혀냈다. 이를 통해서 문자언어가 음성언어보다 우위에 서 있는 상황에서 음성언어의 중요성을 부각시켰다는 의의를 가지고 있다. 특히 판소리의 언어적 자질들에 대한 분석을 통해서 판소리 연행의 문화적 조건들에 대해 심도 있게 논의한 점은 단순한 표현 연구를 넘어서는 의의 있는 작업이다. 또한 현재 청소년들을 중심으로 광범위하게 퍼져 나가고 있는 매체언어에 대한 본격적인 접근을 시도하였다는 점은 교육적 측면에서 평가받을 만하다.

그런데, 필자가 문자언어의 여러 특질들이 사실상 음성언어적 자질들을 차용하고 있다는 가정을 서론에서 밝힌 바 있는데, 문자언어의 자질 중에서 음성언어의 자질의 어떤 부분을 차용하고 있는지에 대한 논의가 더 필요하리라 보인다. 현재 매체언어를 중심으로 음성 언어적 자질들이 많이 차용되고 있는 상황이어서 이러한 현상에 대한 분석과 그 원인에 대한 논의가 아울러 이루어져야 한다. 그리고 시대적 변천에 따른 연행 상황의 변화에 대한 좀더 치밀한 연구가 뒷받침이 되어야만 이 논문에서 제기한 주요 내용들이 설득력을 얻을 수 있을 것이다. 전통적인 연행의 조건들 해당하는 계획성, 의도성, 신체성, 변형 가능성, 쌍방향성 등이 기술의 발달에 의한 다양한 매체가 개입하는 현대의 연행에 그대로 적용된다고 보기 어렵기 때문이다.

필자의 변

1.

필자는 대체로 하나의 논문은 하나의 문제에 초점을 두는 것이 바람직하다고 여기고 있다. 그래서 본 논문에서 해결하고자 했던 핵심적인 과제가 두 가지였던 것은 '유감'으로 생각하고 있다. 과제 중의 하나는 매체 교육 혹은 매체언어 교육에 대한 관심을 국어교육의 전체적인 패러다임 속에서 용해해 보는 것이었다. 여기에는 매체(언어)에 대한 관심이 확대되고 심화되고있는 현상은 바람직하지만, 그러한 관심이 국어교육의 전체적인 패러다임을 고려하지 못한 채, 다소 산발적이고 지엽적인 주제로 흘러가고 있다는 판단이 전제되어 있었다. 두 번째 과제는 대중문화의 원류라 할 수 있는 판소리의 연행적 자질이 무엇인가 하는 것이었다. 이 두 과제가 하나의 논문 속에서 제대로 결합되어 있는지의 여부는 아직 판단할 수 없다. 그러나 이들 두 과제가, 한계는 있다고 하더라도, 최소한 각각으로는 어느 정도 해결되었다고 믿고 있다.

2.

이 논문을 접해본 동학들로부터 종종 이 논문이 문학 논문도, 문학교육 논문도 아니고, 판소리 논문도, 매체언어 논문도 아니어서 다소 생소하다는 의견을 전해듣는다. 그러면 나는 이렇게 대답한다. 그냥 '국어교육 논문'이라고. 논문이 생소하다는 것은 기존 연구의 방법적 틀에서 제법 벗어나 있다는 의미일 것이다. 실제로 이 연구를 위해 순수 문학론, 구비문학론, 교육학 연구, 연행론, 문화론, 서사론, 음운론 및 품사론, 국어교육론, 커뮤니케이션 연구 등등에 걸쳐 매우 잡다한 학문적 배경을 두루 섭렵하지 않을 수 없었다. 그러다 보니 연구 방법이나 연구 절차가 한 문제를 깊이 있게 천착한 기존 연구와는 달라질 수밖에 없었고, 이것이 생소함의 한 원인이었을 듯하다. 그러나 국어교육 연구는 그 배경학문이 잡다해질수록 좋다고 믿고 있다. 잡다하다는 것은 다양하다는 것이고, 국어 혹은 언어에 대한 관점이 다양할수록 국어교육의 목표와 내용, 방법도 풍성해질 것이기 때문이다. 이제 앞으로 남은 과제가 있다면 판소리 문학을 문학답게 가르치는 '문학교육 논문'을 써 보는 일이다.

3.

방법적 배경이 되는 학문이 다양하다보니 새로운 개념어를 만들어 쓸 수밖에 없었다. 기존에 형성된 어느 하나의 개념으로 설명되지 않는 현상의 다면성을 포괄하기 위해서 필수불가결했다. '공시점(共視點)'이 여기에 해당된다. 이 용어는 전지적 시점의 기능 중의 일부에 해당되는 것이 아니라, 오히려 그 반대이다. 전지적 시점이 '공시점'의 기능 중의 하나이다. 그리고 서사의 범위를 확장하여 사회적 커뮤니케이션에 나타나는 공공성의 원리까지도 포괄할 수 있는 이점이 있었다. 무릇 새로운 개념어가 탄생할 때는 그 용어가 지칭하는 대상의 폭과 그것을 바라보는 관점의 변화를 동반하게 된다. 모든 학문적 연구란 재분류와 재명명의 과정을 거치게 되지 않는가. 필자는 이 개념을 통해 서사론과 사회적 커뮤이케이션의 접점을 발견해 냈다고 자평하고 있다.

상황맥락을 반영한 말하기·듣기 교육의 내용 구성에 관한 연구

■ 이주섭, 한국교원대 박사학위논문, 2001 ■

1. 논문 목차

2. 내용

1) 연구 문제

이 논문은 말하기·듣기교육이 교육과정상에서 통합되어야 함을 기본 전제로 하고 있다. 이에 두 영역을 통합하는 연결 고리로 상황맥락의 구성 과정에 주목하여 그 구성 원리를 밝히고, 이를 통해 상황맥락을 반영한 말하기·듣기 교육의 내용 체계를 마련하고자 하였다.

2) 주요 내용

이 논문에서는 통합적인 말하기·듣기 교육을 위한 교육 내용을 마련하고자 상황맥락에 주목하고, 음성언어 의사소통에서 상황맥락이 갖는 특성과 그 구성 과정을 면밀히 논의한 후에, 이를 토대로 상황맥락을 반영한 말하기·듣기 교육의 내용 체계를 제안하고 있다.

이를 위해 먼저 말하기·듣기 교육에 대한 관점을 선조적 관점, 상호반응적 관점, 상호교섭적 관점으로 나누어 살펴보고, 이 중 상호교섭적 관점을 기반으로 말하기·듣기 영역이 통합되어야 한다고 주장하고 있다. 상호교섭적 관점을 택할 때, 의사소통은 일방적인 말하기와 듣기의 과정이 아니라 양방향의, 순환직, 역동적 과정으로 설명될 수 있기 때문이다. 즉 의사소통 과정은 한 사람이 '다른 사람에게' 말을 하고 '다른 사람의' 말을 듣는 것이 아니라 두 사람 이상이 '함께' 의미를 '나누는' 과정으로 파악될 수 있다. 그렇다면 말하기와 듣기 영역간의 통합이 중요한 문제로 떠오르게 된다.

말하기·듣기 영역의 통합을 위해서 상호교섭적 관점에서 가장 중시하는 것은 바로 상황맥락이다. 음성언어 의사소통 과정이 상호교섭의 과정이라면, 이는 곧 의사소통 참여자들이 언어맥락과 상황맥락을 적절히 조율하면서 의미를 구성해 나가는 과정으로 볼 수 있기 때문이다. 여기서 상황맥락이란, 음성언어의 의사소통을 둘러싼 환경의 총체를 의미하는 것으로, 참여자 변인, 환경 변인, 내용 변인, 유형 변인에 따라 구분될 수 있다.

그런데 이러한 상황맥락은 고정된 것이 아니라 의사소통 과정에서 참여자의 상호교섭 양상에 따라 역동적으로 구성되는 것으로, 다음과 같은 세 가지 단계로 나눌 수 있다. 첫째, 상황맥락 이해 및 선정의 단계로서, 참여자들이 앞으로 진행될 의사소통의 상황맥락 변인들을 확인하고, 이를 바탕으로 말하기·듣기 활동을 계획하는 단계이다. 둘째, 상황맥락 중재의 단계로서, 의사소통을 시작해서 마무리할 때까지 목표를 향해 참여자들이 상황 맥락을 구성해 나가는 단계이다. 셋째, 상황맥락 평가의 단계로서, 그 동안 진행되어 온 상황맥락의 구성 과정을 되돌아보고 평가하는 단계이다.

이상과 같은 논의를 토대로, 마지막 절에서는 통합적 말하기·듣기 교육의 내용 체계를 구안하고 있다. 이때에는 말하기 영역과 듣기 영역의 고유한 내용을 살리되 이 두 영역이 겹쳐지는 부분의 내용이 보완되는 형태가 바람직하다고 보고, 그 방안으로 상황맥락을 반영한 말하기·듣기 내용 체계를 마련하여 제시하고 있다.

3) 핵심 어구

상황맥락, 언어맥락, 사회문화적 맥락, 상황맥락 이해 및 선정의 단계, 상황맥락 중재의 단계, 상황맥락 평가의 단계, 상황맥락을 반영한 말하기·듣기 교육 내용 체계

3. 논의점

1) 상황맥락의 개념 및 실체

이 논문에서는 상황맥락의 구성이 말하기와 듣기 영역을 아우를 수 있는 핵심이라고 보고, 이를 말하기·듣기의 통합적 교육을 위한 근간으로 삼고 있다. 이를 위해 상황 맥락을 '어떤 상황이 고립된 채로 존재하는 것이 아니라 의사소통에 직접적으로 관련되면서 의사소통의 방향이나 과정에까지 영향을 미치게 될 때의 맥락'(p.45)으로 규정하고, 이를 언어맥락, 사회문화적 맥락과 구분하여 논하고 있다.

그리고 상황맥락의 주요한 특징으로 '객관적으로 주어질 뿐만 아니라 참여자들에 의해 정신적으로 표상되는 것(p.46)'임을 지적하고 있다. 즉 상황맥락은 주어진 텍스트를 접한 개인이 그 텍스트와 상호작용하기 위해 사용할 수 있는 정보와 지식, 즉 화자와 청자에 의해 공유된 지식·신념·가정들의 총체인 것이다.

상황맥락의 개념을 이처럼 객관적으로 주어지는 실체('의사소통 기본 조건으로서의 상황맥락')와 참여자들에 의해 정신적으로 표상되는 것('의사소통 과정에서의 상황맥락')을 다 포괄하는 것으로 다룰 경우, 상황맥락의 역동적 실체를 잘 포착할 수 있는 반면 이를 논리적이고 분석적으로 다루어 교육 내용을 마련하기는 매우 어려워진다.

또한 객관적으로 주어지는 상황맥락이 이론적인 논의와 검토를 통해 그 실체가 드러날 수 있는 반면, 참여자들이 정신적으로 이해하고 구성하고 점검해 나가는 상황맥락은 경험적인 관찰과 기술(記述)을 통해서만 다루어질 수 있다. 그러나 본 연구에서는 후자의 경우도 이론적인 논의만으로 참여자의 상황맥락 구성 과정을 이끌어내고 있다. 그 결과 논의가 추상적인 분석과 제안으로 흐르고 있다는 인상을 준다. 참여자들이 실제로 의사소통 과정에서 어떠한 방식으로 상황맥락을 인식하고 이해하고 조정하는가에 대한 경험적인 관찰과 기술이 덧붙여진다면 논의가 더 설득력을 갖지 않을까 생각된다.

2) 교육과정의 내용 체계 구안: '본질'과 '원리'

이 논문에서는 통합적 말하기·듣기 영역의 내용 체계를 제안하면서 음성언어 의사소통의 본질, 원리, 태도 등을 기존의 내용 체계에 추가하고 있다. 이 내용 체계에 따르면 상황맥락 이해 및 선정의 원리, 상황맥락 중재의 원리, 상황맥락 구성에 대한 평가의 원리 등에 대한 내용을 '음성언어 의사소통의 원리'로 묶고 있다. 상황맥락 구성 과정의 각 단계에서 필요한 원리가 과연 '음성언어 의사소통의 원리'로 대변될 수 있는지에 대해서는 재고가 필요하리라 본다.

또한 이 연구에서는 본질, 원리, 태도, 실제의 기존 내용 체계 중 '원리'를 중심으로 하여 말하기·듣기 통합 교육의 내용 체계를 구안하고 있다. 그러나 이 '원리'는 참여자가 의사소통에서 어떻게 상황맥락을 이해하고 조정하고 점검해 나가는가에 대한 논의를 통해 도출된 것이다. 그러나 실제적으로 이 논문에서 이론적 분석을 통해 정밀하게 논의되고 있는 것은 참여자 변인, 환경 변인, 내용 변인, 유형 변인을 중심으로 제시된 외적인 실체로서의 상황맥락의 특징이다. 따라서 이들 상황맥락의 특징은 말하기·듣기 통합 교육의 '본질'을 구성하는 내용으로 선정되고 조직될 수 있다. 또한 최근 지식에 대한 명시적이고 반성적인 인식이 곧 태도의 체득으로 이어질 수 있다는 인지적인 관점이 지식의 교수·학습과 관련하여 제기되고 있는 것으로 보면, '원리' 못지 않게 '본질'에 대한 강조가 이루어져야 할 필요가 있다. 그러므로 2, 3장의 논의를 바탕으로 말하기·듣기 통합 교육을 위한 내용 체계 중 '본질'에 해당하는 영역을 충실히 채워 넣을 필요가 있을 것으로 보인다.

4. 의의와 발전 방향

이 연구는 말하기·듣기 영역의 교육 내용으로 '상황맥락의 이해, 선정, 중재, 평가' 등에 대한 내용을 포함하여야 함을 지적하고 그 구체적인 내용을 제시함으로써 말하기·듣기 영역의 교육 내용을 다양화하였다는 데 그 의의가 있다. 또한 상황맥락의 구성 과정을 중심으로 말하기·듣기 영역의 교육적 통합을 시도한 것 역시 말하기·듣기 교육이 나아가야 할 바를 분명히 하였다는 점에서 의의가 있다. 즉 음성언어 의사소통 과정은 본질적으로 대면(對面) 상황에서의 상호교섭 과정이라는 점을 포착하고, 말하기·듣기 교육을 위해서 말하기와 듣기가 일어나는 상황맥락에 대한 면밀한 고찰이 필요함을 인식함으로써, 그 동안 표현과 이해라는 별개의 언어 활동으로 분리, 교수·학습되어 온 말하기·듣기 교육의 문제점을 정확히 짚어내고 있다. 그리고 이를 위해 화용론(話用論)과 의사소통학(communication theory)에 근거하여 말하기와 듣기에 작용하는 상황맥락의 개념과 특성, 위상 등을 깊이 있게 살피고, 다시 인지심리학에 근거하여 상황맥락의 구성 과정을 단계화하고 있다. 결과적으로 이 논문은 말하기·듣기 장면에서 작용하는 '상황맥락'에 대해 매우 체계적이고 논리적인 분석을 제공하고 있다고 할 수 있다.

그러나 이러한 논의를 토대로 설계된 말하기·듣기 영역의 교육 내용은 상대적으로 빈약한 편이다. 교육 내용은 교육 목표와 방법, 평가와 유기적 관련을 맺어야 한다는 점을 고려할 때, 이 논문에서 제시하고 있는 '상황맥락을 반영한 말하기·듣기 교육 내용'을 실제 교육 현장에서 학습자에게 어떻게 지도하고 평가하여야 하는가에 대한 논의가 구체적으로 제시되어야 할 것이다. 또한 내용 체계를 설계할 때 교육 과정상의 내용 체계에서 방법적 지식 혹은 전략에 해당하는 '원리'만을 주목한 점 역시 문제가 될 수 있다. 즉 한 영역의 내용 체계는 '본질, 원리, 태도, 실제'의 범주들이 통합적으로 구성되어야 할 필요가 있으나, 이 논문에서는 현행 교육 과정에 대한 검토나 새로운 통합적 교육 과정의 설계에 있어, '원리' 범주만을 다루고 있다. 이에 대한 논리적인 설명이나 보완이 필요할 것으로 보인다.

강호시가의 문학교육적 가치에 관한 연구*

■ 한창훈, 고려대 박사학위논문, 2001 ■

1. 논문 목차

---

* 이 논문은 『시가교육의 가치론』(한창훈, 월인, 2001)으로 발간되었다.

2. 현행 교과서 수록 작품군과의 비교

   1) 현 국정 중·고교 국어 교과서 수록 양상과의 대비

   2) 현 검인정 문학교과서(18종) 수록 양상과의 대비

   3) 문학 연구의 대상과 문학교육의 제재 사이의 관계

3. 교육적 관점으로 본 강호시가의 변천

   1) 14~15세기, 사대부 강호시가의 형성

   2) 16세기 在地 사림파의 처사적 삶과 강호시가

   3) 16~17세기, 관료 지향 사림파의 강호시가

Ⅳ. 고전 '시가'의 교육적 가치

  1. 강호시가에 나타난 언어의 교육적 가치

  2. 예술작품으로서의 강호시가와 교육적 가치

   1) 강호시가 이해의 교육적 접근

   2) 강호시가 표현법의 교육적 가치

  3. 강호시가의 역사적 층위와 교육적 가치

Ⅴ. 고전시가를 '통한' 교육

  1. 사대부들에 대한 작가론적 이해

  2. 강호시가 교육과 문학사의 구성 능력

  3. 강호시가의 주제 이해를 통한 문화적 가치

Ⅵ. 결론

2. 내용

1) 연구 문제

이 연구는 조선조 사대부들의 강호시가를 왜 가르쳐야 하는지에 대한 의문으로부터 출발하여 실증적인 분석을 바탕으로 강호시가가 지니고 있는 교육적 자질들을 밝혀냈고 더 나아가서 고전시가 교육이 왜 이루어져야 하는지, 그리고 무엇을 가르쳐야 하는지에 대한 가치론적 접근을 시도하였다.

2) 주요 내용

이 논문은 두 가지 전제에서 출발하고 있다. 하나의 전제는 '모든 문학의 내용이 곧 교육의 내용이 되지는 않는다'라는 전제이며 다른 하나의 전제는 '고전시가를 포함한 문학의 본질적이고 내재적인 가치와 함께 도구적이고 외재적인 가치에 대한 고려도 함께 필요하다'라는 전제이다. 앞의 전제와 관련하여 연구자는 교육은 의도적인 것이며 따라서 교육 내용의 선택과 배제는 물론, 교육과정, 교육 방법 등은 모두 교육적 가치를 고려하여 사회적으로 구성하는 것이라고 하였다. 또한 후자의 전제와 관련하여 내재적 가치와 외재적 가치는 동전의 양면과 같은 것이며 이 둘을 종합적으로 고려할 때만이 학습자의 유의미한 성장을 이룰 수 있다고 하였다.

고전문학에는 두 가지 교육적 속성이 있는데, 그 하나는 오랜 시간을 걸쳐 전승해 오는 동안 끊임없이 향유되고 재해석되어 현재에도 일정한 정서적 영향력을 갖는 속성이고 다른 하나는 당대의 삶의 모습을 담지하는 자료로서 문화의 원형을 보여주는 속성이다. 전자가 '문학에 관한 교육'과 관련된 속성이라면, 후자는 '문학을 통한 교육'과 밀접한 속성이다.

우선 '문학에 관한 교육'을 중요시하는 관점에서는 1) 언어 사용의 원리에 대한 교육 2) 예술작품으로서의 고전문학에 내재되어 있는 심미적 경험의 교육 3) 개별 작품의 이해와 감상의 수준을 넘어서는 유기적인 문학의 흐름, 즉 문학사에 대한 교육이 필요하다고 하였다. 문학이 지닌 예술성은 일상의 언어와 동떨어져 있는 것이 아니라 일상어가 지닌 다양한 요소들이 예술적으로 결정된 것이다. 이런 점에서 고전문학은 언어의 문화 원리뿐만이 아니라 사용 원리까지도 보여주는 귀중한 자료가 된다. 예컨대 지금은 사용되지 않는 고어(古語)를 학습자들이 익혀서 내면의 성장의 자양분으로 삼을 수 있다. 예술작품으로서 고전문학을 감상하는 측면에서 중요한 것은 형식과 표현 방법, 즉 갈래적 관습·장치·특성을 이해하는 일이다. 작품의 미의식이나 정서를 느끼는 이해의 측면과 다양한 표현법을 아는 표현의 측면이 모두 여기에 해당한다. 고전문학 작품이 창작되고 수용된 사회 문화적 배경과 작자에 대한 이해는 작품의 올바른 이해를 위해 필요할 뿐만 아니라, 작품이 가지는 예술성이 어떤 구조적 기반을 가지고 있는가를 이해하는 데에도 유용하다. 이런 문학사 교육은 현대문학에 비해 특히 고전문학의 경우 더욱 중요하다. 그리고 학습자 스스로가 문학사를 능동적으로 구성하는 것이 필요하다.

또한 '문학을 통한 교육'을 중요시하는 관점에서는 1) 작가층에 대한 이해를 통한 인간에 대한 이해, 2) 문학사 구성을 통한 역사와 사회에 대한 총체적 이해, 3) 주제의 이해를 통한 문화적 가치의 이해가 필요함을 설명하였다. 강호시가의 작자층인 사대부의 모습은 현대의 학습자들이 쉽게 이해하거나 받아들이기 어렵겠지만 유학(儒學)의 이상적 인간상으로의 사대부를 이해하고, 이를 현대의 바람직한 인간상 성립의 자료로 삼는 것은 교육적 의미를 지닌다. 또한 학습자들이 문학사에 관한 파편적 지식의 습득을 넘어서서 문학 작품에 대한 통시적 성찰로 나아갈 수 있다면 좀더 폭넓고 깊이 있는 고전문학 감상이 가능할 것이다. 그리고 강호시가에 담겨 있는 '생태적 사유'를 학습하는 것은 삶과 인간, 자연에 대한 성찰을 가능하게 하는 고전문학 작품을 '통한' 교육이 된다.

연구자는 이 논문에서 직접적으로 강호시가의 교수·학습 방법에 관해서 논의하지는 않았다. 그렇지만 강호시가, 더 나아가서 고전시가를 '왜, 무엇을 가르칠 것인가'에 대한 이 연구의 성과가 '어떻게' 가르칠 것인가에 대한 연구들이 이루어질 수 있는 바탕이 될 수 있다고 하였다.

이 논문은 문학교육의 가치 문제와 관련하여 내재적 가치와 외재적 가치를 나누어 생각하고 이 두 가치를 동시에 고려해야 한다는 피터스의 논의(『윤리학과 교육』(이홍우 역))와 고전문학의 역사적 거리를 먼저 인정하는 것이 고전문학교육의 출발점이라는 김흥규의 논의(「고전문학 교육과 역사적 이해의 원근법」)에 주로 기대고 있다.

3) 핵심어구

고전시가교육, 고전시가교육의 가치, 문학에 관한 교육, 문학을 통한 교육

3. 논의점

1) 연구의 주안점

논문의 제목과 내용이 불일치를 보이고 있다. 이 논문의 제목 「강호시가의 문학교육적 가치에 관한 연구」만 보자면 '강호시가'에 방점이 있는 것으로 보이는데 사실상 주 내용은 강호시가에 대한 분석을 예로 들면서 고전시가교육의 가치론에 대해 논의한 것이므로 제목과 내용이 부합하지 않는다. 강호시가교육에 대한 각론적 접근과 고전시가교육의 가치에 대한 총론적 접근이 뒤엉켜 있다는 문제가 제목에서 드러난 것으로 보인다.

2) 연구 문제 해결

이 연구에서 제시된 연구 문제가 충분할 정도로 해결되지 못하였다. 연구의 출발점이었던 문제 의식은 '현대와는 거리가 있을 수밖에 없는 고전시가 작품을 왜, 그리고 고전시가의 무엇을 가르쳐야 하는가'이다. 이 문제와 관련하여 이 연구에서 제시한 고전시가교육의 내재적 요소 세 가지와 외재적 요소 세 가지는 이미 선행 연구들에 의해 대체적으로 제기되었던 것이다. 따라서 이 연구에서는 지금까지 제기되어 왔던 고전시가교육에 대한 여러 접근들 이외에 연구자만의 고유한 생각이 잘 드러나지 않는 것으로 보인다. 문학 연구의 모든 성과가 곧바로 교육 내용으로 전환하지

않고 교육적 기준에 의해 교육 내용이 구성되어야 한다는 것이 연구의 관점인데, 이와 관련하여 교육 내용을 추출하고 구성하는 기준이 어떠한 것인가에 대한 좀더 심도 있는 논의가 있어야만 할 것이다. 이는 고전시가의 교육적 대상화의 기준이라고 할 수 있는 것이다. 아울러 논문에서 언급된 내재적 요소와 외재적 요소들에는 정의적 요소들과 인지적 요소들이 뒤섞여 있는데 이 요소들간의 위계화 설정이나 관계에 대한 논의 없이 요소들의 나열로 끝난 것도 아쉽다.

3) 고전문학교육의 위상 확립

고전 문학의 내재적 가치와 외재적 가치에 대한 논의를 통해서 고전문학교육론의 위상 확립 문제에 대한 더 심도 있는 연구가 필요하다. 내재적 가치는 고전 문학에 내재한 각종 언어문화적, 표현론적 '속성'과 관련된다. 그러나 이러한 '속성'은 현대 문학에서도 들어 있다. 물론 고전문학에서 더 잘 드러나는 속성이 있기는 하겠지만 이는 '고전 문학이기 때문에 가르쳐야 하는가'에 대한 답이 될 수 없다.

외재적 가치는 인간 삶에 대한 이해에 도달하기 위한 파편이나 유형으로서의 고전 문학, 즉 '실체'로서의 고전 문학과 관련된다. 그러나 이러한 실체로서의 고전 문학이 '교육적으로 어떻게 효용 있으며, 또 왜 필요한가'를 설명할 수 있어야 '고전문학교육론'이 성립할 수 있다.

요컨대 고전문학교육과 관련해서는 외재적 가치가 더 강한 것으로 보인다. 그러나 여전히 그 내재적 가치를 찾는 일이 중요하다. 이 연구에서는 고전 문학의 외재적·내재적 가치를 모두 논하면서 구조화된 시각을 가지는 것이 중요하다고 주장하지만, 실제로는 실체 중심의 접근법을 취함으로써, '고전문학교육론'이라기보다는 '고전문학론'과 유사한 논의를 펼치고 있다. 결국 고전문학교육론에 접근하기 위해서는 그 교육적 당위성이나 필요성을 논파하는 것과 함께 '방법론' 쪽에서 접근하는 것이 타당할 것이다. 어느 학문(연구) 분야의 당위성이나 필요성은 논리적 설득의 문제가 아니라 '합의'의 문제이다.

아울러 문학 작품을 중심으로 말하기/읽기/듣기/쓰기 교육을 모두 아우르는 영국과 호주의 자국어 교육에서 시사점을 받을 수 있을 것이다. 현재 우리나라의 국어교육은 미국의 기능 중심주의를 수용한 것이라고 할 수 있다. 굳이 참조할 만한 외국의 모델을 찾는다면, 미국보다는 영국이나 유럽의 자국어 교육을 살펴보는 것이 필요할 것이다. 결국 고전문학교육이나 국어지식교육, 특히 국어사, 옛말의 문법 등의 교육적 당위성은 '국어 문화'의 차원에서 포괄적으로 논의될 수 있는 문제라고 생각된다.

4. 의의와 발전 방향

고전문학교육의 내용적 측면에 대해 각론적으로 접근한 연구는 지금까지 많이 있어 왔지만 고전문학교육의 필요성에 대해 총론적으로 접근한 연구는 없었다는 점에서 이 연구는 학문적 전환점이 되었다. 정확히 말하면 이 연구는 강호시가의 교육 내용 선정이라는 각론적 접근과 이런 각론적 접근이 가능할 수 있는 원론적인 접근을 동시에 진행했다. 또한 문학교육 혹은 고전문학교육의 가치를 내재적 가치와 외재적 가치로 구분하고 이 두 가치를 모두 아우르려는 시도는 타당하다. 연구자는 현재 고전문학교육에서 필요한 것은 작품 자체의 자질에 대한 치밀한 분석이라는 관점을 지니고 있다. 가르칠만한 구체적인 내용 없이 고전문학 교육에 대한 원론적인 논의는 공허할 뿐이라는 지적은 타당하다. 그래서 이 연구에서 강호시가를 대상으로 교육적으로 가치 있는 내용을 추출해 낸 것은 고전문학 교육 연구사에서 소중한 자산이 될 것이다.

그러나 이 연구에서는 내재적 가치와 외재적 가치의 필요성과 관련성에 대한 밀도 있는 연구가 부족했다. 이 문제는 실체 중심 접근법 · 속성 중심 접근법·활동 중심 접근법의 유기적 연관성을 해명하는 것과 밀접한 관련이 있다. 또한 이 문제는 고전문학 연구와 고전문학교육 연구의 구분과도 관련이 있다. 이러한 문제들에 대한 지속적인 탐색이 이루어질 필요가 있다. 그리고 더 근원적으로 교육적으로 가치 있는 내용을 선정하는 기준의 불투명성은 앞으로 고전문학 교육 연구자들이 해결해야 할 과제로 남았다. 교육 내용을 선정하기 위해 텍스트만 고려하는 것은 자칫 교육의 주체인 학습자들은 교육의 대상, 혹은 수동적인 존재로 전락시킬 위험이 있기 때문이다.

필자의 변

최근 들어 문학교육을 크게 실체 중심, 속성 중심, 활동 중심으로 나누고 후자 쪽으로 그 비중을 옮겨가는 시도들이 주목을 받고 있는 것으로 보인다. 필자도 이런 추세가 바람직하다고 생각하고 있지만, 그 대상이 고전시가를 포함한 고전문학교육이 되면 약간의 시각 교정이 필요하다고 본다. 즉 고전문학교육론은 그 강조점이 전자 쪽으로 흘러가야 한다는 생각이다.

고전시가교육도 국어교육의 하나이므로, 국어교육의 목적에 맞게 이루어져야 하는 것은 당연하다. 그러나 현재 학습자와는 너무도 이질적인 시공간적 거리를 가진 것이 고전시가문학이라면, 다른 국어교육 부문들과 동질적으로 다루어지는 것은 진정한 국어교육을 위해 그리 바람직한 일이 아니다.

따라서 필자는 고전시가교육을 다루는 박사논문을 구상하는데 있어, 우선 실체 중심적 접근과 속성 중심적 접근을 나누어 전개하였다. 이 점이 우선 전제되어야 이후 활동 중심의 연구도 가능하다고 보았기 때문이다. 필자의 경우 활동 중심의 연구는 결국 교육과정 연구라고 생각하고 있으며, 현재 이에 대한 후속 연구를 진행하고 있기도 하다.

이런 연유로 하여, 학위논문에서 '내재적 가치', '외재적 가치' 혹은 '고전시가의 교육적 가치', '고전시가를 통한 교육' 등의 항목이 선정되었던 것이다. 때문에 내용이 포괄적인 양상을 보여주는 문제점을 가지게 되었다고 본다. 이에 대한 문제제기는 타당한 것이라 생각한다. 그러나 이로 인해 논지의 일관성이 흔들린다고는 생각하지 않는다. 그 자체가 고전시가교육론의 내용이 된다고 생각하기 때문이다.

필자는 결국 문학박사 학위를 받았지만, 항상 교육 문제를 다룬다는 생각을 버리지 않았고 앞으로도 그럴 생각이다. 그러나 동시에 문학교육 연구와 문학 연구가 먼 거리에 있다는 생각을 가지지도 않는다. 물론 논문에서도 여러 차례 전제하였듯이, 문학교육 연구와 문학 연구는 다른 것이라 생각한다. 서로 그 성격이 다르지만 그 거리는 멀지도 않고 멀어서도 안 되는 관계, 그 사이에 필자와 같은 고전시가교육 연구자는 서 있다.

학위논문을 제출하고, 이를 책으로 만들면서, 필자는 나름의 자부심과 부끄러움을 동시에 느끼곤 했었다. 그러나 어찌하겠는가? 부족한 점이 많지만, 나름의 최선을 다한 것이고, 학위논문이 필자의 연구자 인생을 정리하는 작업이 아니라 시작하는 것일진대. 여러 진지한 비판과 격려를 받아들이고 최선을 다해 앞으로 나가는 길 이외에 다른 방법을 필자는 알지 못한다.

2. 방법 영역

■ **국어 교육 방법 연구의 경향과 과제**
  1. 머리말
  2. 국어과 교수·학습 방법의 시기별 개관과 특징
  3. 국어과 교수·학습 방법의 영역별 경향과 특징
  4. 문제점과 개선 방향
  5. 맺음말

■ **방법 영역 관련 논문**
  ● 국어 어휘 지도 방법의 비교 연구
    【손영애, 서울대 박사학위논문, 1992】
  ● 반응중심 문학교육의 방법 연구
    【경규진, 서울대 박사학위논문, 1993】
  ● 읽기 전략 지도 교재 구성에 관한 연구
    【박수자, 서울대 박사학위논문, 1993】
  ● 합성 명사의 지도에 대한 연구
    【최영환, 서울대 박사학위논문, 1993】
  ● 읽기 교재의 수정 방안에 관한 연구
    【천경록, 한국교원대 박사학위논문, 1997】
  ● 학습자 중심 문학교육 방안 연구
    【이상구, 한국교원대 박사학위논문, 1998】

● 과정 중심의 쓰기 교재 구성에 관한 연구
【이재승, 한국교원대 박사학위논문, 1999】
● 지봉 이수광 시론의 특성과 시교육적 적용 연구
【허왕욱, 한국교원대 박사학위논문, 2000】
● 하이퍼텍스트 기반의 작문 교수·학습 모형에 관한 연구
【임천택, 한국교원대 박사학위논문, 2002】

국어 교육 방법 연구의 경향과 과제*

서　혁

1. 머리말

국어과 교육과 관련하여 현장 교사들이 가장 큰 어려움을 호소하는 부분 중 하나가 바로 '어떻게' 가르칠 것인가 하는 문제이다. 이는 곧 구체적인 교수 · 학습 방법의 어려움을 호소하고 있는 것이다.

최근 10여 년 간에 걸쳐서 국어과 교육을 본격적으로 다룬 박사학위 논문도 양적, 질적인 측면에서 커다란 발전을 이루어 왔다. 교수 · 학습 방법 논의를 위해 본고에서 대략적으로 살펴본 박사논문만도 약 50여 편에 이른다. 본고에서는 국어과 교수 · 학습 방법에 대한 연구와 관련하여 최근 약 10년 간의 박사학위 논문을 중심으로 제한하여 살펴보고자 한다.

'교수 · 학습 방법'이라는 용어는 대단히 다의적으로 사용되고 있다. 아울러 이와 비슷한 용어로 '교수법(teaching method), 지도법, 수업 모형, 교수 · 학습 모형' 등을 자주 볼 수 있다. 전통적인 용어인 '지도법' 혹은 '교수법'은 대체로 교사 주도적인 수업 활동의 개념을 지니고 있다.[1]

---

* 이 부분의 내용은 『국어 교육학 연구 13』(국어교육학회, 2002)에도 실려 있다.
1) 이응백 외(1977:158)의 『국어과교육』(한국능력개발사)에서는 '敎授'의 개념이 전통적인 교사 중심 교육의 용어였는데, 20세기 초기에 진보주의 교육이 대두되면서 아동 중심 교육의 관점에서 '指導'로 바뀌게 되었다고 기술하고 있다. 교사의 기능이 '敎授者'에서 '學習指導者'로 바뀌게 되었다는 것이다. 그러나 '지도'의 개념 역시 수업 장면에서의 교사와 학생의 상호작용적 개념을 담고 있지 못하다는 점에서 '교수 · 학습(teaching-learning)'이라는 용어가 최근에 널리 사용되고 있다. 또한 최근 들어 '읽기 교육, 쓰기 교

최근에는 학생 활동 중심의 수업이 더욱 강조되면서 '지도법', '교수법', '수업 모형'과 같은 용어 대신에 '교수·학습 방법'이나 '교수·학습 모형'이라는 용어가 선호되고 있다. 그러나 교육학 일반에서는 여전히 수업 모형이란 용어가 널리 사용되고 있는 편이다. 우리나라에서 '수업 모형'이란 용어는 대체로 1960년대부터 사용되기 시작한 것으로 알려져 있다. '수업 모형이란 복잡한 수업 현상을 기술, 설명, 예언할 수 있도록 수업의 주요 특징들을 간추려 체계화시켜 놓은 형태 또는 전략'이다.[2]

'교수·학습 모형'은 교과의 내용을 계열화하는 특정한 방식으로서, 예견된 교수·학습 조건에서 기대한 교수 결과를 최대로 성취해 낼 수 있도록 수업의 수많은 변인들을 조직하는 방법을 가리킨다. 곧 교수·학습 모형이란 일련의 전략적 요소들의 구조이며, 모든 부분들이 상세히 기술되어 있는 완전한 방법인 것이다(최현섭 외, 1996:121). 교수·학습 모형은 대체로 전체적인 교수 학습의 계획과 진행을 보여주는 도식화된 어떤 틀의 형태로 제시된다. 본고에서는 수업 모형이나 수업 전략, 교수·학습 모형, 교수·학습 전략 등을 포괄하는 넓은 의미에서 '교수·학습 방법'이라는 용어를 잠정적으로 사용하고자 한다.

국어과 교수·학습 방법과 관련하여서 가장 큰 논란거리 중 하나는 소위 국어교육 연구를 '내용'과 '방법'으로 분리해서 생각하는 문제점으로 지적된다. 특히 '방법'의 독립적 성격에 대한 논의는 신중을 기할 필요가 있다. 아울러 '내용'과 '방법'의 이분법적 시각을 상호 배타적이거나 우월의 관점에서 바라보는 것도 경계할 필요가 있다고 본다. 솔직히 말해 '방법'에 대한 교육 현장의 강한 요구와는 달리 국어교육학을 바라보는 일부 시각에는 '방법'을 폄하(貶下)하거나 가볍게 여기는 태도가 없지 않다. 이

육'과 같이 '지도' 대신에 '교육'이라는 용어가 여러 논문에서 선호되고 있는데, 이는 국어교육의 하위 연구 영역들에서도 종전의 '지도론'의 차원을 넘어서 '교육학'의 체계를 지향하는 연구자들의 노력과 의도를 반영한 결과라 할 수 있다.

2) 권낙원(1998), 「수업모형」, 『교육학 대백과사전』, 서울대학교 교육연구소 편, 하우동설.

러한 태도는 명확한 내용성을 담지 못한 연구 경향과도 관련되지만, 다른 한편으로는 전통적이고 고답적인 학문관의 영향에서 자유롭지 못한 부분이 잔존하고 있다는 점도 부인할 수 없다.

그러나 구체적인 국어교육 내용 연구들이 방법을 도외시하는 것은 바람직하지 않다. 교육 현장의 적용이나 교수·학습 방향이라도 제시해 주는 것이 바람직하다고 본다. 그럴 때에 연구 내용들이 더욱 구체화될 수 있는 부분이 많기 때문이다. 예컨대 변형생성 문법이 그 나름대로 크나큰 영향을 미치고도 교육 현장에서 적용이나 관심이 부족한 것은 이론의 복잡 다양성 때문만은 아니라고 본다. 애초부터 교육적 측면에 대한 관심이 부족했던 것도 주요 원인의 하나라고 생각된다.

모든 '내용'은 교육의 상황으로 전환될 때 기본적으로 '방법'이 고려되어야 할 것이다. 그러나 '무엇을'에 대한 탐색이 만족할 만한 수준까지 축적되지 못한 상태에서 '어떻게'에 대해 기대하기도 어려운 실정이다. 국어교육학 관련 박사 논문들이 축적되기 시작한 것이 이제 불과 10여 년에 불과하다는 점을 고려할 때 이러한 경향은 당분간 계속될 수밖에 없을 것으로 보인다. 그러나 유의할 것은 '무엇을'에 대한 탐색이 우선적으로 중요한 비중을 차지할 수밖에 없다보니 그에 대한 '방법'의 측면은 '(국어)교육적 적용'의 수준에 머물고 만다는 점이다. 실제로 지금까지의 국어교육 연구들의 대부분은 교수·학습 방법 측면에서 볼 때 이러한 틀을 크게 벗어나지 못하고 있는 실정이다. 비교적 초기에 그리고 지금까지도 상당수의 국어교육학 박사논문들이 '교재화 방안, 교육적 함의, 교육적 적용'으로 논문을 마무리하고 있는 것도 이와 무관하지 않다고 생각된다.

앞으로는 좀더 구체적인 '방법'의 문제들을 고려하면서 '무엇을 어떻게'로 통합될 수 있는 연구들이 활성화될 필요가 있다.

2. 국어과 교수 · 학습 방법의 시기별 개관과 특징

1) 일반 교수 · 학습 모형

1960년대에는 교수 설계(Instruction Design)의 개념이 대두되고, 1970년대에는 관련 연구 활동이 활발하게 전개되었으며, 1980년대 이후 들어 특히 각종 기업교육훈련 등에서 새로운 접근들이 시도되고 있다. 특히 교육공학적 접근을 통한 각종 프로그램의 개발이 두드러지고 있다. 1980년대 이후 교수 설계 분야의 두드러진 특징은 정보통신기술(ICT)의 활용, 구성주의 이론의 적용, 교수공학의 개념을 확장한 수행공학(performance technology)의 대두로 요약된다. 수행공학이란 기존의 교수체제와 수행은 물론 비교수적인 방안에 대한 설계까지를 통합하는 것을 특징으로 한다. 이러한 패러다임의 변화는 국어과 교육에도 영향을 미쳐 최근에는 웹(web)을 활용한 국어과 수업(WBI)도 관심을 끌고 있다.

교수 · 학습 방법과 관련하여 전통적으로 수업 모형이라는 용어가 사용되고, 현재에도 교육학 일반에서는 여전히 강세를 떨치고 있다. 수업 모형은 크게 수업 일반 모형과 학습 조건 모형으로 나누어 살펴볼 수 있다. 수업 일반 모형이란 여러 교과, 여러 목표에 두루 사용되는 수업의 운영이라는 측면에서 수업의 특징을 체계화해 놓은 수업 모형을 가리킨다. 일반 수업 모형의 대표적인 예로는 글레이저(Glaser)의 수업 모형, 한국교육개발원의 수업 모형을 들 수 있다.

글레이저의 수업 모형은 일반적인 수업 상황에서의 수업 과정을 비교적 간단명료하게 설명해 주고 있다. 글레이저는 수업의 과정을 '수업 목표, 투입 행동 진단(과 결손 해결), 학습지도(도입, 전개, 정착, 형성 평가, 심화 · 보충 학습), 학습 성과 평가(총괄평가)'의 4단계로 구분하고 있다. 한국교육개발원의 수업 모형은 글레이저의 변형이라고 볼 수 있는데 '계획, 진단, 지도, 발전, 평가'의 5단계로서 발전 단계가 더 들어가 있다.

학습 조건 모형은 교과 내용에 관련된 학습 지도나 특정 목표나 행동 양식에 관련된 학습의 조건을 밝히려는 교수·학습 모형이다. 현장에서 비교적 자주 활용되고 있는 학습 조건 모형으로는 개념 획득 수업 모형, 선행조직자 수업 모형, 탐구훈련 수업 모형, 창의적 문제해결 수업 모형, 역할놀이 수업 모형, 집단탐구 수업 모형, 법률적 탐구 수업 모형, 학습회의 수업 모형, 창의적 비유 수업 모형 등이 있다.[3] 이들 모형은 대체로 1960년대 이후에 집중적으로 제시된 것들이다.

국어교육에서는 4차 시기까지는 대체로 교과서 내용과 교사의 지식과 경험 중심의 수업이 이루어져 오다가, 5차 시기에 들어서부터 학습자 활동 중심 수업의 개념이 도입되고, 6차 이후 시기부터 구체적인 방법에 대한 고민과 적용이 이루어지기 시작한다. 물론 6차 시기 이전에도 '국어과 교육론'이나 '국어교수법' 등의 이름을 단 각종 문헌들을 통해 여러 유형의 교수·학습 방법들이 소개되고 있는 것은 사실이지만, 이들은 거의가 범교과적인 모형에 해당하는 것들이다. 예컨대 이응백 외(1977)에서는 가장 많이 활용되는 기본적인 지도법으로 '강의법, 문답법, 토의법, 시청각법, 문제해결 학습법, 구안법(project method), 계통학습, 발견학습, 프로그램 학습법, 완전학습'을 제시하고 있다. 이들 중 대부분은 그 기본틀을 유지하면서 변형된 형태로 현재에도 학교 현장에서 널리 사용되고 있다. 그러나 정작 이응백 외(1977)에서 제시하고 있는 각 영역별 지도에서는 '도입 - 전개 - 정리'와 같은 단순한 형태를 따르고 있다.

정동화(1984)의 『국어과교육론』(선일문화사)에서는 교수·학습 형태의 유형으로 '강술법, 문답법, 토의법, 문제해결법, 발견학습법, 연습법, 프로그램 교수·학습법, 독서법, 극화법, 창작법' 등을 제시하고 그 장단법과 국어과교육에서의 활용 방법에 대해 비교적 구체적으로 설명하고 있다.

기존에 각종 국어교육 관련 단행본 등을 통해 소개된 읽기 수업 모형의 예는 다음과 같다.

---

3) 이들 수업 모형에 구체적인 내용과 설명은 『교육학 대백과 사전』(서울대학교 교육연구소 편, 하우동설, 1998)을 참고할 수 있다.

① 한국교육개발원의 수업 모형

　　계획 → 진단 → 지도 → 발전 → 평가

② 정동화 외의 교수 모형

　　목표 → 진단 → 교수·학습(도입, 전개, 정착) → 평가

　①, ②는 모두 글레이저의 4단계 유형의 변형으로 판단된다. 이러한 4단계 모형은 수업의 흐름을 교사 활동 중심의 시각에서 접근하고 있음을 보여 준다. 따라서 교수·학습 과정에서 교사와 학생의 상호 작용에 대한 특징도 드러나지 않고, 읽기가 학습자가 의미를 재구성하는 사고 과정이라는 점을 드러내주지 못하고 있다. 특히 ②에서 홍미로운 것은 목표에서 평가에 이르는 전 과정을 '교수 모형'이라 부르고, 본시 학습의 진행과 관련된 부분을 '교수·학습'으로 구분하고 있다는 점이다. 여기에서 교수·학습 단계는 '도입, 전개, 정리'의 전통적인 3단계 모형을 따르고 있는데, 이는 그 간명함 때문에 아직도 현장에서 널리 적용되고 있는 실정이다.[4] 하지만 교육 현장에서 사용되고 있는 각종 수업 전개안을 조금만 더 자세히 들여다보면, 구체적인 세부 과정들을 다시 한 번 적고 있어 형식적 틀 정도의 역할에 머물고 있는 실정이다.

③ 박봉배의 문종별 읽기 수업 모형

　　접근 도입 단계 → 정사 분석 1단계 → 정사 분석 2단계 → 정리 확인단계 → 검증 평가 단계

④ 최창렬의 주체적, 탐구적 읽기 수업 모형

---

4) 정동화 외(1984)에서는 교수·학습의 단계와 관련하여 5단계, 4단계, 3단계의 유형에 따라 다양한 이론들을 소개하고 있다. 5단계설은 19세기를 전후한 Ziller, Rein의 5단계설, 1970년대에 한국교육개발원에서 제안한 5단계 모형 등을 소개하고 있다. 4단계설은 19세기 초기의 Herbart 모형, 19세기 전기의 Kilpatrick이 제안한 구안법(목적, 계획, 실행, 판단), 글레이저(R. Glaser)의 '목표, 진단, 지도, 평가', 우리나라에서 전통적으로 많이 활용된 '도입, 전개, 정리, 평가' 등을 예시하고 있다. 3단계로는 앨버티(H.B. Alberty)의 '도입 및 계획, 발전, 종합 및 평가' 등을 제시하고 있다. 정동화 외(1984)에서는 특수한 경우를 제외하고는 아직도 이 전통적인 삼단계설을 국어과의 교수·학습 활동 과정에서 많이 적용하고 있는 실정임을 밝히고 있다.

예비 이해 단계 → 구성 예견 단계 → 내용 파악 단계 → 확인
감상 단계 → 확산 및 결정화 단계 → 활용 및 정착 단계

③, ④는 읽기의 과정을 좀더 구체적으로 보여 주고 있다는 점에서 진
일보한 것으로 판단된다. 그러나 ③의 겨우 지나치게 텍스트 내용 확인
중심의 독해 전략에 머물고 있는 듯한 인상을 준다. 그에 비해 ④는 읽기
전과 읽기 후의 과정적 접근과 함께, 예측하기나 감상, 확산과 같은 사고
과정을 염두에 두고 있다는 점에서 의의가 있다고 판단된다. 이는 과정
중심 교수·학습의 개념을 많이 담고 있다.

⑤ 광주교대부속초등학교의 읽기 학습 과정안
문제 파악 단계 → 문제 추구 단계 → 문제 해결 단계 → 적용 발
전 단계 → 과제 파악 단계

위의 ⑤는 특히 현장 초등학교에서 많이 적용되고 있는 것을 볼 수 있
는데, 이는 브루너에 의해 제창된 발견학습(문제파악, 가설의 설정, 가설의 검증
확인, 실제 적용)이나, 7차 국어과 교육과정에서 소개하고 있는 문제해결 학
습법(문제확인, 문제 해결 방법 찾기, 일반화하기)과 유사하다. 그런데 광주교대
부속초등학교의 읽기 학습 과정안은 지나치게 문제 해결 중심을 따르고
있어 읽기의 포괄적 특성이나 다양한 목적을 반영하지 못하는 단점을 지
니고 있다고 판단된다.
그 밖에 아래 제시된 SQ3R이나 '안내된 읽기 모형'도 현장에 널리 소개
되어 활용되고 있다.

⑥ Robinson의 SQ3R
훑어보기(Survey) → 질문만들기(Question) → 읽기(Reading) → 자세
히 읽기(Recite) → 재확인하기(Review)
⑦ Betts의 안내된 읽기 활동 모형
동기 유발 및 배경지식, 경험의 개발을 위한 준비 단계 → 사전, 사

후의 질문 활동을 곁들인 읽기 단계 → 주요 독해 기능의 인지 단계
→ 주요 독해 기능의 연습 단계

특히 문학 제재 수업의 일반 절차 모형으로는 '계획 → 진단 → 지도 →
평가 → 내면화'의 5단계가 제시된 바 있다.

그런데 위에 제시된 교수·학습 모형들 중 ①, ②는 범교과적인 교육
학 일반 모형을 거의 그대로 국어과 교육에서 활용하고 있는 것들로 일종
의 최상위 모형에 속한다고 할 수 있다. 반면에 ③, ④, ⑦은 읽기 일반의
상위 모형에 해당한다고 볼 수 있다. ⑥의 경우, ⑦과 같은 읽기 교수·
학습 모형이라기보다는, 정보 획득을 위한 읽기 등에 학습자 스스로 적용
할 수 있는 읽기 모형에 속한다.

지금까지 특히 읽기 교수·학습 모형과 관련된 몇 가지 유형을 살펴보
았다. 이러한 탐색 과정을 통해 국어과 교수·학습 모형이 구체적인 목적
(혹은 텍스트 유형), 목표와 내용, 활동에 따라 좀더 다양한 하위 모형들로
개발될 필요가 있다는 점을 알 수 있다.

2) 교육과정 시기별 국어과 교수·학습 방법

교수요목기에는 '교수의 주의' 항목이 있었으나 이는 '모든 교과에서 말
과 글을 바르게 가르쳐야 한다'는 취지의 내용으로서 특별한 교수 방법이
라고 보기에는 어렵다.

1차(1955년) 시기 국어과 교육과정에서는 '국어과 지도 방법' 항목을 설
정하고 있으나, 기술 내용의 초점이 '언어 활동 중심 국어교육의 중요성,
단원 학습의 방향과 단원의 예'에 놓여 있다. 다만 단원 학습에 필요한 준
비와 계획으로 '1. 단원의 목표, 2. 단원의 내용, 3. 자료의 수집, 4. 도입,

5. 기본적 지도, 6. 발전적 활동과 평가'를 나열하고 있다.

2차(1963년) 국어과 교육과정에서는 1.5쪽 분량의 간략한 '지도상의 유의점' 항목을 설정하고 '종합적이고 구체적인 언어 활동 중시, 모든 교과 내외 활동에서의 국어 지도, 지역과 학생의 특성을 살린 단원 재구성' 등을 강조하고 있다. 특히 단원 학습 전개를 위한 준비 사항으로 '(1) 단원의 목표, (2) 단원의 내용, (3) 자료의 수집, (4) 도입, (5) 기본적 지도, (6) 발전적 활동, (7) 평가'를 제시하고 있다. 이는 1차 때에 제시한 것과 같은 내용이다.

3차(1973) 국어과 교육과정에서도 2차 때와 마찬가지로 '지도상의 유의점' 항목을 설정하고 있으나, 영역별로 지도의 초점을 추가하고 연간 계획 수립과 계열화를 강조하고 있다. 특히 학년별 목표와 내용을 독립하여 제시한 3차에서는 학년별 '지도 사항'과 '주요 형식'을 구분하고 있는데, '주요 형식'은 대체로 텍스트의 유형이나 장르에 해당한다. 또한 '지도 사항'을 '주요 형식'을 통하여 지도하게 함으로써, 교수·학습 방법으로의 발전 가능성을 함의하고 있다고 볼 수 있다. 그러나 엄밀히 말하자면 이 역시 교수·학습 방법의 제시라기보다는 제재 선정이나 교육 내용에 가깝다.

4차(1981) 국어과 교육과정에서는 '지도 및 평가상의 유의점' 항목을 설정하여, 영역별 지도와 평가의 초점을 간략히 제시하고 있다.

5차(1987) 시기에도 '지도 및 평가상의 유의점'을 설정하고, '사고(내용)와 언어(매체)'를 연결할 수 있는 언어 사용 능력 신장을 강조하고 있다. 특히 5차에서는 평가 항목에서 영역별 초점을 4차에 비해 구체적으로 제시하고 있다.

6차(1992) 시기에는 기존의 '지도 및 평가상의 유의점'을 '방법' 항과 '평가' 항으로 분리하여 각각 상세화하고 있다. '방법'과 관련하여 6차 시기에 무엇보다도 큰 변화의 하나는 구체적인 교수·학습 방법을 제시하고 있다는 점이다. 즉, 다양한 교수·학습의 원리를 활용하되 표현 및 이해 기능의 세부 과정을 분명하게 드러내어 지도할 수 있도록 '설명하기, 시범보이기, 질문하기, 활동하기'의 교수·학습 원리 적용을 권장하고 있다.

이는 소위 직접교수법(Direct Instruction)을 적용 제시한 것으로 볼 수 있는데, 후에 직접교수법을 비판, 옹호하는 논쟁을 거치기도 한다.[5] 6차 국어과 교육과정에서 권장된 직접교수법은 국어과 교육과정사에서 처음으로 소개된 구체적인 교수·학습 모형이라는 점에서 큰 의의를 갖는 것이 사실이다. 그러나 다른 한편으로는 직접교수법만이 유일하게 소개됨으로써 마치 최선의 교수·학습 방법인 것처럼 오해를 불러일으킬 소지를 안고 있었다는 문제점도 지적되있다.[6]

7차(1997) 국어과 교육과정은 구체적인 교수·학습 방법 제시와 관련하여 커다란 전환점을 제기해 주었다. 7차 국어과 교육과정에서는 6차 때에 직접교수법이 유일하게 소개되고 이에 따라 모든 경우에 직접교수법을 적용하려고 시도한 문제점을 비판하고 다양한 교수·학습 방법의 활용을 권장하고 있다. 이는 7차 국어과 교육과정 해설서에서 강조하고 있는 것처럼 '방법에 관한 사항의 상세화', '평가에 관한 사항의 상세화'라고 할 수 있다. 보충·심화 교육과정의 의도를 담고 출발한 7차 국어과 교육과정은 보충학습을 위해 '소집단 학습, 협력 학습(전문가 협력 활동 jigsaw, 조별 학습 team learning, 협동적 과제 완수, 협동적 집단 탐구)'을 제시하고 있다. 또 구체적인 교수·학습 방법으로 직접교수법 이외에도 문제 해결, 강의, 토의, 토론, 현장 학습, 협동 학습 등 다양한 수업 모형 적용을 권장하고 있다.

특히 교사용 지도서에 직접교수(설명하기, 시범보이기, 질문하기, 활동하기), 문제 해결 학습(문제 확인하기, 문제 해결 방법 찾기, 일반화하기), 전문가 협력 학습(모집단의 계획하기, 전문가 집단의 탐구하기, 모집단의 서로 가르치기, 전체 정리하기), 창의성 계발학습(문제 발견하기, 아이디어 생성하기, 아이디어 평가하기, 적용하기), 역할놀이 학습(상황 설정하기, 준비 및 연습하기, 실연하기, 평가하기), 가치 탐구 학습(선택하기, 긍지갖기, 행동하기, 내면화하기), 반응 중심 학습(반응의 형성, 반응의 명료화, 반응의 심화, 반응의 일반화)을 제시하고 있다. 그리고

---

5) 이와 관련된 내용으로 이성영(1999)과 이재승 외(1999)(『읽기 수업 방법』(초등국어교육학회, 1999)의 논문을 비교 대조하여 보는 것은 좋은 참조가 될 것이다.
6) 이성영(1997), 「직접교수법에 대한 비판적 고찰」, 『국어수업방법』, 박이정 참조.

이에 따라 구체적인 교수·학습 과정안을 예시하고 있다.

7차 국어과 교육과정에서 위와 같은 다양한 수업 모형의 소개는 분명 진일보한 것이며 바람직한 것이라 할 수 있다. 그러나 여전히 일반 모형에 의존하는 바가 클 뿐 아니라, 여전히 모형에만 머물고 있다는 점은 반성의 여지가 있다. 국어과 독자적인 교수·학습 모형, 수업 모형의 개발은 물론이거니와 구체적인 내용이나 요소들을 대상으로 한 다양한 활동 방법들이 수집, 정리, 개발, 보급될 필요가 있다.

3. 국어과 교수·학습 방법의 영역별 경향과 특징

1) 박사학위논문의 국어과 교수·학습 방법 연구의 주요 경향

1990년을 전후한 초기의 국어과 박사학위논문들의 공통점은 '어떻게' 보다는 '무엇에' 초점이 놓여져 왔으며, 이는 지금도 크게 다르지 않은 상황이다. 그러나 교과교육에서 '무엇을'에 대한 탐색은 궁극적으로 가르치기 위한 것이고, 가르치기 위해서는 '어떻게'의 문제를 비켜갈 수 없다는 점에 고민이 있다. 수많은 국어과 교육 연구물들이 '교육적 적용 방안'이나 '교재화 방안', '지도 방향', '교수·학습 전략'을 '첨부'하고 있는 것은 이러한 고민의 반영이다. '무엇을'에 해당하는 국어사용의 원리나 내용의 탐색만으로도 힘에 겨운 작업이기 때문에 '어떻게'에 해당하는 것을 동시에 탐색할 것을 요구하는 것은 어쩌면 무리일 수 있다. 그러나 국어교육학의 존재 가치가 궁극적으로 국어교육 현장의 질적 개선과 견인에 있다면, '무엇을'과 '어떻게'의 문제는 동시에건 독립적으로건 중요하게 고려될 수밖에 없다.

지금까지 이루어진 국어교육학 박사논문들 중 순수 국어학적, 국문학적 논의들을 제외하고 구체적인 '방법'의 논의와 관련될 수 있는 연구들의 경향은 대략 네 가지 유형으로 나눌 수 있다.

첫째는, '내용' 탐색에 초점을 두어 '방법'에 대한 논의가 거의 없거나 암시적으로 시사 받을 수 있는 경우이다.(내용 중심)

둘째는, '내용' 탐색을 주로 하되 '교육적 함의, 교재화 방안, 교육적 적용' 등을 추가함으로써 '방법'을 간략히 기술하고 있는 경우이다.(내용+(방법))

셋째는, '내용'과 '방법'을 동시에 다루고 있는 경우이다.(내용+방법)

넷째는, '내용'보다는 선체적이고 일반적인 '방법'에 초점을 두고 논의를 전개한 유형이다.((내용)+방법)

대체로 1990년대 초반의 박사학위 논문들은 국어교육학의 내용 체계 수립을 위한 노력에 주안점을 두고 있어서, 구체적인 교수·학습 방법에 대한 언급이 전혀 없거나 부차적으로 '국어교육적 함의' 수준에 머물고 있는 경향을 띤다. 이러한 경향은 대체로 1990년대 중반까지 이어진다. 그러나 1990년대 후반에 들어와서는 교수·학습에 대한 구체적 관심이 증가하여 '내용'과 '방법'을 거의 동등한 비중으로 다루는 경향이 나타나기 시작한다. 그 중 일부는 '내용'보다는 오히려 '방법'에 더 관심을 둔 경우도 볼 수 있다. 그리고 이러한 경향은, 이 글에서는 다루지 못하고 있지만, 석사학위 논문들에서는 훨씬 더 두드러지게 나타나고 있다. 교과교육학의 연구에서 '방법'에 대해 관심을 가지고 연구하는 것은 현장의 요구를 반영한 결과이기도 하겠지만, 무엇보다도 응용학문으로서의 특성을 갖는 교과교육 연구자들의 책무의 하나라고도 보아야 할 것이다.

전술한 바 있지만 여기에서 주의할 점은 국어과 교육에서는 내용과 방법의 문제를 동시에 염두에 두지 않을 수 없다는 점이다. '어휘 교육'을 예로 들자면 '내용'의 초점은 '무엇을, 어떤 어휘소들을 얼마나 가르칠 것인가'라고 할 수 있으며, '방법'은 '언제, 어떻게 가르칠 것인가'의 문제라고 볼 수 있다. 즉, 내용은 궁극적으로 어휘이며 이는 어느 정도 고정된 상수(常數)에 해당한다. 그런데, '어떤 어휘소를 언제, 얼마나, 어떻게 가르칠 것인가' 하는 것은 어휘 교육의 주요 범주에 해당하며 끊임없이 조정될 필요가 있는 중요한 탐구 대상의 하나이다. 언제 어떻게 가르칠 것인가 하는 문제는 학습자와 시대는 물론 교수·학습 조건에 따라 역동적으로 변할 수밖에 없기 때문이다.

그리고 더욱 중요한 것은 어떤 특정의 일반론적인 논의나 원리 개발 차원이 아니라면 국어교육의 연구는 기본적으로 '무엇을 어떻게'의 질문으로부터 자유로울 수 없다는 점이다. 그리고 이러한 구속이 학문의 질을 떨어뜨린다거나 하는 문제와는 별개이다. 다만 국어교육의 질적 개선을 위해 얼마나 독창적이고 체계적이며, 생산적인 논의를 전개하는가에 초점이 놓이게 될 것이다.

2) 영역별 교수·학습 방법의 연구 경향과 특징

(1) 일반

이종철(1993), 이성영(1994), 이도영(1998) 등은 구체적인 교수·학습에 대한 기술은 없지만 연구 결과를 통해서 많은 시사점을 제공해 준다.

이종철(1993)은 국어 사용자의 의사 소통 능력 신장을 위하여 언어의 기능적 관점에서 화용론적 방법으로 함축의 이론적 국면과 함축적 표현의 양상에 대하여, 그리고 이러한 결과를 바탕으로 함축적 표현들의 교재 구성에 대하여 고찰한 것이다. 이러한 연구 결과를 바탕으로 중·고등학생들의 국어 사용 능력 신장을 위하여 함축적 표현의 교재 구성에 대하여 고찰하고, 관련된 교육과정과 교과서를 검토하고 제언을 하였다.

이성영(1994)은 언어 구조가 아닌 언어 사용의 층위에서 언어의 '효과성'의 문제를 제기하며, 화용론을 빌어 효과적 표현이 이루어지는 핵심 기제와 그 표현 양상을 살피고 있다. 이성영에서는 교수·학습 방법과 관련한 직접적인 논의는 없으나 표현 기제와 양상에 관한 내용 연구는 교수·학습과 관련하여 많은 시사점을 제기해 준다.

이도영(1998)은 국어과 교육의 핵심 영역인 언어 사용 영역의 내용 체계를 탐색하는 것을 목적으로 하였다. 이를 위해 사고 작용으로서의 언어 사용과 문화로서의 언어 사용을 제대로 인식할 필요가 있다는 것을 주장한다. 그리고 언어 사용 영역에서 가르쳐야 할 내용은 '구체적인 텍스트의 생산과 이해를 돕기 위한 지식, 기능, 전략'이 되며, 내용 체계는 이들을 유기적으로 결합한 형태가 되어야 한다고 밝히고 있다.

(2) 말하기 · 듣기 영역

전은주(1998)에서 말하기 · 듣기 교육에 대한 전반적인 사항들이 다루어진 반면에, 노은희(1999), 권순희(2001)에서는 각각 반복 표현과 청자지향적 관점을 바탕으로 구체적으로 대화 지도에 접근하고 있다. 이주섭(2001)에서는 말하기, 듣기 영역의 통합 필요성과 방향을 제시하고 있다.

전은주(1999)에서는 말하기와 듣기는 효과적인 담화 텍스트의 생산과 전달 및 수용, 이해를 위한 '언행적 목적'과 효과적인 인간 관계의 형성과 유지라는 '관계적 목적'을 추구하는 것이므로 효과적인 말하기와 듣기 활동 역시 이러한 말하기 · 듣기의 본질적 개념에 대한 이해에서 출발해야 한다고 밝히고 있다. 또한 말하기 · 듣기의 교수 · 학습 원리로 '상호 관계적 말하기 · 듣기의 교수 · 학습' 원리와 모형을 제시했으며, 이를 실험한 결과 통계적으로 유의한 정도로 능력 성취를 보였다고 보고하고 있다. 이 논문에서 제기하고 있는 상호 관계적 말하기 · 듣기의 교수 · 학습 원리는 중요한 의미를 갖는다고 할 수 있다. 그러나 실제 이러한 원리가 교수 · 학습 모형이나 전략에서(특히 듣기의 경우) 이 원리가 명확히 적용된 부분이 다소 미약한 것이 아쉽다. 이는 국어교육 연구에서 말하기와 듣기의 과정에 대한 치밀한 연구가 아직 성숙되어 있지 않은 데 기인하는 바도 크다고 할 수 있다.

노은희(1999)는 '반복' 표현을 기존 형태론, 통사론, 의미론에서 연구했던

'형식' 중심의 한정적 기술에서 벗어나 '실제 사용 양상'을 중심으로 화용론적, 특히 대화분석 방법을 통해 접근하고, 이를 화법 교육에 적용하고 있다는 점에서 의의를 갖는다. 또한 이 논문은 이러한 대화에 대한 기초 연구를 활용하여 대화지도를 할 수 있는 방안을 모색하기 위해 '직접교수법'과 '문제 해결 학습'의 교수·학습 방법을 이용하고 있다. 그런데 이 논문에서 제시한 교수·학습 방안의 실효성에 대해서는 구체적 검증이 필요할 것으로 판단된다. '화법' 교육의 대상이 되는 실제 학습자의 대화 양상을 분석한 후, 이 과정에서 드러난 문제점을 지적하고 이를 교육적으로 처치할 수 있는 방안을 마련된다면 더 큰 의의를 가질 것이다.

권순희(2001)는 대화에서 청자의 역동적인 역할을 밝혀 이를 의사소통에 최대한 이용함으로써 효과적인 말하기를 할 수 있는 표현 방법을 규명하고 이를 대화 지도에 적용하고자 한 논문이다. 이에 교재를 구성할 때에는 소집단 활동 중심, 화자와 청자의 태도 중심, 말하기 듣기의 통합성 중심, 학습 활동 중심, 학생들의 말하기 능력 개발 및 흥미와 동기 유도 중심으로 구성해야 한다고 주장하고 있다. 또한 교수·학습 전략으로는 소집단 교수 학습 전략을 사용하되 역할극을 활용하는 것이 좋다는 점을 제안하고 있다. 이 때 학습 과제는 대인 관계 및 정의적 영역과 관련이 깊은 것으로 할 때 효과적이라는 점도 덧붙이고 있다. 그런데 청자 지향 표현 방법을 언급하기 위해 대화의 목적이나 화제의 종류, 구체적인 상황 등에 대해 언급하고 있기는 하지만, 그것들과 청자 지향 표현 그 자체가 어떤 관련을 맺고 있는지 좀더 구체적으로 논의할 필요가 있다고 판단된다.

이주섭(2001)은 상황맥락을 반영하는 말하기·듣기교육의 통합과 그 내용을 제시하고 있는 것으로, 구체적인 교수·학습 방법에 대한 언급은 없지만, 말하기·듣기 교육의 통합적 지도 방법에 대한 이론적 기초를 제공하고 있다.

(3) 읽기 영역

박수자(1993)에서는 전략 중심 읽기 교수·학습 방법을 새롭게 제안하고 있다. 이삼형(1994), 서혁(1996), 김봉순(1996)에서는 대체로 텍스트의 구조 분석의 측면에서 읽기, 더 나아가서는 쓰기 교육의 이론적 기반과 교육 방법을 제시하고 있다. 천경록(1998)에서는 읽기 교재 수정 방안을 통해 교재화 전략과 함께 읽기 교수·학습의 핵심들을 시사하고 있다. 이경화(1999)에서는 텍스트의 구조적 측면과 함께 학습자의 스키마를 아우르는 접근법을 시도하고 있다.

박수자(1993)는 개별 기능 중심의 읽기 지도를 비판하고, 그에 대한 대안으로서 전략 중심의 읽기 지도를 제안하고 있다. 이를 위해 읽기 연구 및 지도 방법의 패러다임 변화를 고찰하고, 읽기 지도의 내용을 읽기 이론과 관련지어 살펴보았다. 그리고 읽기 지도의 목표인 학생들의 읽기 능력을 신장시킬 수 있는 전략 중심의 수업 방법을 고찰하고, 교재화 방안까지 다루었다.

이 연구는 읽기 지도의 패러다임이 '기능 중심 읽기 지도'나 '활동 중심 읽기 지도'에서 '전략 중심 읽기 지도'로 변화하고 있다고 지적하면서, '특정 글에 종속된 이해 결과' 자체보다는 학생들이 다양한 글을 접할 때 사용할 수 있는 '글 이해의 방법'에 초점을 두어 논의하고 있다. 이 논문에서 제시하는 읽기 전략의 학습이란, 기능 중심 읽기 지도가 읽기 기능을 탈맥락적 상황에서 개별화하고 위계화하여 직접적으로 지도하던 것과는 달리, 읽기 과제 수행과 읽기 전략의 학습을 결합시킨 형태 속에서 이루어지는 것을 말한다. 박수자(1993)의 전략 중심 읽기 지도 수업 모형에 따른 교재를 구성 방안은 다음과 같다.

I. 읽기 전 단계−사고 활성화
    (1) 대상 글과 관련된 이해 결과(글 통일성/응집성) 확인성 질문 제시
    (2) 글과 관련된 사전 경험 연상, 토의, 발표

(3) 학습 목표의 확인

Ⅱ. 읽는 동안 단계 - 읽기 과정을 통해 읽기 전략의 획득

　　(1) 학습 목표인 대상 전략에 대한 설명: 절차적, 조건적 지식의 제공

　　(2) 읽기 과제 수행: 시범 - 상호작용 - 적용

　　　　　　　　　~ 읽기 과제의 수준별 단계화

Ⅲ. 읽은 후 단계 - 독자적인 학습(학년별/개인별 지도 초점의 적용)

　박수자(1993)에서는 읽기 과정에서 맥락에 따라 기존의 기능들이 포섭되어 활용되어야 하고, 이를 위해서 유목적인 '전략'이 필요하다는 새로운 관점을 담고 있다는 점에서 읽기 교수·학습 방법 연구에서 새롭고도 중요한 의미를 담고 있다. 박수자(1993)에서 제기한 '읽기 전, 중, 후'의 읽기 전략은 현행 읽기 교육이나 독서 교육 그리고 그 교재 구성에서 중요한 고려 사항이 되고 있기도 하다. 나아가서 이러한 소개와 제안은 과정 중심 쓰기 교수·학습 방법에 대한 관심에도 상당 부분 영향을 미친 것으로 판단된다. 그런데 읽기 전략의 획득에만 초점을 두게 될 경우, 전략 개념이 '잘 읽어낸 것과 잘못 읽어낸 것'은 설명 가능하지만 '다르게 읽어낸 것'을 쉽게 설명할 수 없다는 문제점이 제기되기도 한다. 즉, 독자와 텍스트의 사회적, 문화적 배경이나 상황에 따라 텍스트에 대한 관점이나 해석이 달라질 수 있다는 점이 간과될 수 있다는 것이다. 실제로 이는 시나 소설과 같은 문학 텍스트 읽기에서 중요하게 고려되는 사항들이기도 하다. 읽기 전략이 설명적 텍스트 중심에서 벗어나 전반적인 독서 전략의 의미를 갖기 위해서는 독자·텍스트·문화적 상황과 특성에 대한 강조가 좀더 고려될 필요가 있다고 하겠다.

　이삼형(1994)은 기존에 텍스트성의 주요 요소로 제시된 응결성(coherence)과 관련하여, 내용구조적 측면에서 관계 의미, 관계 구조 등을 설정하여 보다 상세화함으로써 텍스트 내용 구조 분석의 방법을 새롭게 제시하고 있다는 점에서 의의가 있다. 또한 이러한 연구 성과들을 바탕으로 국어교육의 중심내용 파악, 읽기 평가, 단락의 구분, 쓰기(작문) 지도와 평가에 적

용하고 있다는 점에서 중요한 의의를 지닌다 하겠다. 그런데 관계 분석의 실질적인 교육적 적용을 위해서는 '공제, 초담화'와 같은 용어들을 학습자에게 좀더 쉬운 용어로 바꿔줄 필요도 있다고 본다. 이런 측면에서의 용어 선택 문제는 여타의 모든 연구들에서 유의할 필요가 있다고 본다.

서혁(1996)은 국어 담화의 구조와 주제 구성에 관한 것으로 주로 담화 텍스트 언어학적 이론을 기반으로 하여 국어교육에서 중요하게 다루어지고 있는 주제 개념의 설정과 주제의 발견과 구성이라는 문제를 다루었다. 그런데 텍스트의 상위구조나 수사적 구조, 화용적 구조의 특성들에 대한 연구 결과에 기반을 두고, 텍스트의 주제 구성에 관한 구체적인 교수 학습 방법을 개발, 적용하는 연구가 보완될 필요가 있다.

김봉순(1996)은 텍스트 언어학적 관점에서 국어 텍스트의 구조 표지와 관련한 언어사용 지식을 교수·학습 내용과 전략적 차원에서 체계화하고자 했다는 점에서 큰 의의를 갖는다. 그런데 용어와 관련하여, 실제 교육 현장에서 텍스트 의미 구조와 그 표지를 교수 학습할 때, '원소-원소, 대응점-대응점'의 용어는 이해에 어려움이 따르지 않을까 생각되기 때문에 '(대상의)나열, (대상의)비교 대조'와 같이 쉬운 용어로 대체하는 방안도 고려할 필요가 있다고 본다. 특히 텍스트 구조 표지 사용과 관련하여 국어 사용자들의 오류 유형을 파악하고, 이를 바탕으로 교육적 내용과 전략을 구체화한다면 훨씬 더 큰 의의를 지닐 것으로 판단된다.

이경화(1999)는 담화의 구조와 독자의 배경 지식이 독해에 미치는 주요 효과와 상호 작용 효과를 파악함으로써, 독자의 수준에 알맞은 읽기 지도 방안을 모색하고 있다. 즉 담화 이론과 스키마 이론을 바탕으로 하여 각각 담화 구조와 독자의 배경 지식에 중점을 두어 읽기 지도와 학습을 설명하는 틀을 마련하고자 하였다. 그러나 이 연구의 실험적 적용과 관련하여 중요한 부분을 차지하는 실험용 텍스트 재구성의 문제에 대해 정밀한 연구가 요구된다고 판단된다. 동일한 내용을 서로 다른 상위 구조로 재구조화된 실험용 텍스트의 제작과 적용 문제는 현실적으로 많은 어려움을 담고 있는 것이 사실이다. 특히 동일한 정보량과 응결성(coherence)을 갖춘 다양한 구조의 텍스트 재구성이라는 어려운 문제를 어떻게 해결해 나갈 것인지, 그리고 어떻게 하면 담화 구조와 독해 연구를 좀더 비옥하게 일구어 나갈 수 있을 것인지에 대한 고민이 필요하다 하겠다.

(4) 쓰기 영역

원진숙(1995)에서는 교육현장에서는 물론 국어교육에서 주요한 내용이 될 수 있는 논술교육과 관련한 전반적인 내용들을 다루고 있다. 이재승(1999)에서는 과정 중심 쓰기 교육이라는 교수·학습 방법을 구체적으로 제기하고 있다. 박태호(2000)에서는 기존의 과정 중심 작문 이론이 텍스트 요인을 소홀히 하고 있음을 비판하고, 사회구성주의 이론을 바탕으로 장르 중심 작문 교수·학습이라는 새로운 접근을 시도하고 있다. 김정자(2001)에서는 필자의 표현 태도라는 심리적 측면을 실제 글쓰기 차원에서 구체적으로 규명하고자 시도했다.

원진숙(1995)은 의사소통적 상호작용 모델의 틀 안에서 논술문을 객관적이고 타당하게 평가할 수 있는 평가 기준을 설정하고 이에 기초하여 논술문을 지도하는 방법론을 모색한 후, 그 기준 및 방법론의 타당성을 검증하고 있다. 이 논문이 쓰여진 시점은 국어교육의 학문적 연구가 본격적으로 시작되던 단계로, 구체적인 언어 사용 영역에 대한 연구는 아직 본격적으로 이루어지지 않던 시기였다. 이러한 학문적 상황에서 논술문이라는 텍스트 유형을 중심으로 교육 내용 및 방법 그리고 평가까지를 아우르면서 진행한 이 연구는 중요한 의미를 지닌다. 특히 이론적 연구와 실제 교육 상황까지를 연계했다는 점에서 매우 특징적이다. 또한 논술문의 구조를 분석하여 논술문 평가 및 지도를 위해 필요한 요인을 밝혀내고, 그 결과를 통계적인 분석을 통해 실증적으로 제시하고 있다는 점에서도 의의를 찾을 수 있다. 그런데 특히 논술지도의 경우 쟁점을 바라보는 안목이나 문제 해결을 위한 대안의 제시 등 비판적 사고력과 관련되는 텍스트의 내용이 중요하게 고려될 수밖에 없다. 이런 점에서 자칫 이 논문이 다소 형식적이고 텍스트 표면적인 맞춤법, 어휘, 텍스트 구조 등에 치중되지는 않았는지 재고할 필요가 있다고 생각된다.

이재승(1999)은 과정 중심 쓰기 교육의 이론적 토대를 마련하고, 교과서 단원에 초점을 두어 단원 구성 원리와 구체적인 단원 설계 방안을 마련하고 있다. 이 논문은 별다른 검토나 정리 없이 수용되고 받아들여지고 있던 '과정 중심 쓰기 교육'에 대하여, 본격적으로 이론적 검토를 시도하고 이를 바탕으로 하여 교재를 구안하기 위한 실질적인 원리를 제안하고 있다는 점에서 긍정적이다. 기존의 과정 중심 쓰기 교육이 쓰기의 과정을 아이디어 생성, 아이디어 조직, 표현, 교정으로 분절하고 각 과정별로 유용한 방법들을 구안하는 데 치중하여 선조적이고 기계적인 경향을 띠었다면, 이 논문은 상위 인지 전략을 제안함으로써 과정 중심 쓰기 교육의 한계를 극복하고자 하였다. 또한 쓰기 능력의 발달 단계를 고려할 때, 비교적 초기 단계인 초등학교의 쓰기 교재를 구안하는 데 있어서 과정 중심 접근법은 비교적 적절한 방식으로 여겨진다. 그러나 '과정'이 독자와 글쓰기의 목표에 따라 융통성을 발휘하지 못하고 고착된 모형의 성격을 띠게 될 우려가 있다는 점도 고려되어야 할 것이다.

김정자(2001)는 표현의 내용과 방식을 선택하는 데 중요한 한 요인으로 작용하는 필자의 표현 태도에 대한 연구이다. 표현 태도는 표현 태도의 이해와 그 실제 적용으로 나누어 교육 내용으로 제시될 수 있다. 표현 원리를 학습함으로써 학생들은 언어 사용의 원리, 자신의 관점이나 입장, 생각 등을 정확하게 표현하는 방법, 필자의 관점이나 시각에 대한 이해, 자신의 태도를 표명하는 사회적 행위로서의 글쓰기가 갖는 의미 등을 배울 수 있으며, 표현 태도의 학습은 비문학적 글쓰기와 문학적 글쓰기를 이어주는 연결고리가 될 수 있다. 이에 대한 양적, 질적 검증이 좀더 탄탄하게 이루어진다면 훨씬 더 큰 의의를 갖게 될 것으로 기대된다.

박태호(2000)는 과정 중심 작문 이론이 '맥락'과 '인지'의 측면만을 고려하고 '텍스트' 요인을 소홀히 하고 있다고 비판하고, 이러한 문제점을 해결할 수 있는 대안으로 장르 중심의 작문 이론을 제시하고 이에 기반하여 작문 교육의 내용 체계와 교수·학습 원리를 구안한 논문이다. 장르 중심 작문 교수 학습적 기반으로는 장르 이론과 사회 구성주의 교수·학습 이론을 제시하고, 사회 구성주의 교수의 원리와 모형을 다루고 있다. 장르 중심 작문 교수·학습의 특징으로는 '사회적 중재의 원리', '책임 이양의 원리'를 들고 있다. 그리고 사회 구성주의 교수·학습의 모형은 '교사 주도의 과제 수행 단계 → 학습자 주도의 과제 수행 단계 → 자동화된 내면화의 단계 → 근접 발달로의 회귀'로 제시하고 있다. 결국 이 논문은 '과정'만을 중시하고 '텍스트' 요인을 소홀히 하고 있는 '과정 중심 작문 이론'의 문제점을 해결할 수 있는 이론적 기반을 마련하고, 이를 바탕으로 장르 중심으로 교육 내용을 구안하고 이를 교육시킬 수 있는 방법을 제안하였다는 데 그 의의가 있다고 할 수 있다. 그런데 논문에서 핵심적 용어인 '장르'와 관련하여 텍스트의 '유형'이나 '담화 사용역'이라는 개념들이 좀더 효과적으로 활용되었다면 좋았을 것으로 판단된다.

(5) 국어지식 영역

국어지식 영역 연구의 특징으로는 각각 어휘, 대명사, 접속어, 호응 관계와 같이 대체로 구체적인 내용들을 국어교육적 시각에서 새롭게 접근하고 다루면서 교육의 방향을 제기하고 있다는 점을 들 수 있다. 여기에는 손영애(1992), 주경희(1992), 최영환(1993), 이은희(1993), 심영택(1995), 송현정(1998) 등이 해당한다.

손영애(1992)는 우리나라 교육 정책에서 해묵은 논쟁거리 중의 하나였던 한자 교육 여부에 대한 객관적인 판단 자료를 얻고자 하는 목적으로 수행되었다. 우리나라 국어교육 박사논문 중 최초의 양적 실험 연구라는 의의를 지닌다. 한자의 뜻을 이용한 어휘 지도 방법, 낱말을 분석적으로 지도

하는 방법 등의 가능성을 제시하였다. 어휘 학습은 국어교육에서 매우 중요하다. 앞으로 구체적인 어휘 지도의 방법을 제공해 줄 수 있는 연구가 축적될 필요가 있다. 낱말을 분석적으로 가르침으로써 어휘의 의미를 파악하고, 어휘량을 늘릴 수 있는 구체적인 방안이 필요하다.

주경희(1992)는 텍스트 언어학·담화 분석적 관점을 택한 초기의 논문으로서, 국어 대명사를 대상으로 해서 국어지식 영역의 새로운 연구 방식을 제시하고 있다. 이 논문에서는 대명사의 사용을 의사 소통과 관련된 언어 기능으로 보면서, 담화 분석의 방법을 통해 그 특성을 분석, 제시하고 있다. 전체적으로 보면, 이 논문은 대명사를 담화 분석하는 데 중점을 두었기 때문에 결과적으로 교재화하는 방안에 대해서는 전체적인 방향만이 제시되고 있다. 맥락을 고려한 새로운 대명사 지도는 이 논문에서 강조하고 있는 관계적 교재에 대한 구체화가 수반되어야만 할 것이다. 관계적 교재가 되기 위해서는 맥락 이외에 어떤 요소가 더 가미되어야 하는지에 대한 논의도 좀더 구체적으로 이루어질 필요가 있다고 생각된다.

최영환(1993)은 합성 명사에 관한 지도가 어휘력 신장에 유용하다는 전제 아래, 합성 명사의 개념과 구조를 재정리하고 그 교육 방법과 교재 구안에 대해 고찰하고 있다. 합성 명사에 대한 검토 결과를 중심으로 합성 명사에 대한 지도를 합성 규칙에 대한 지도와 합성 명사 생성에 대한 지도로 나누어 제안하고 있다. 합성 규칙을 지도할 때에는, 합성 명사 형성 규칙에 대한 분석적 이해가 언어 수행적 지식으로 활용할 수 있도록 지도하여야 함을 강조하고 있다. 합성 명사 생성을 지도할 때에는, 맥락에 적절한 합성 명사를 만들어 효과적으로 사용할 수 있도록 지도하여야 함을 강조하고 있다. 그리고 이러한 목적에 맞게 교재를 구성하기 위해서는, 지도하고자 하는 목적에 따라 여러 가지 교수 모형을 적용·원용하고 교사들이 적절한 교수 모형을 선택하여 활용할 수 있도록 해야 한다고 논하고 있다. 현재적 관점에 설 때, 이 연구는 합성 명사의 개념 규정 부분을 간단히 정리하고, 교육적 부분을 좀더 확장시켰으면 하는 아쉬움이 남는다.

즉, 큰 주제를 '어휘력 신장 지도'라고 설정하고 그 연구의 대상으로 합성 명사를 택하여 접근하였더라면 논문의 활용 가능성이 더 높아지지는 않았을까 하는 아쉬움이 남는 것이다. 교수·학습 방법과 교재 구성에 대한 구체적이고 실질적인 논의가 필요할 것으로 보인다.

이은희(1993)는 국어 접속 관계와 관련하여 텍스트언어학적 관점에서 연구하고, 국어교육적 관점에서 접속 관계의 교재 구안 방식에 대해 연구한 것이다. 연구 결과를 실제 교육 현장에 적용해서 교육 과정상의 교육 목표를 달성하기 위해서는, 교재 구성의 기본 원칙을 결과 중심의 교재화 방식과 과정 중심으로 교재의 제시 방식을 채택해야 한다고 한다. 이러한 교재 구성의 기본 원칙에 따라 접속 관계의 교재를 실라버스 중심으로 구안하고 있는데, 교재의 내용 선정에서는 기능의 발달 과정에 부합하는 방식을 취했으며, 교재의 제시 방식에서는 전략적 측면에 따라서 탈내용적 전략으로는 직접교수법의 방식을, 내용적 전략으로는 관계짓기 방식을 취하고 있다. 이 연구에서 다뤄진 연구 성과들을 바탕으로 좀더 구체적인 교재화 구성 방안과 실례들이 제시되었으면 실제 교육 현장에 직접적인 도움이 될 수 있었을 것으로 보인다.

심영택(1995)은 언어 지식 영역 또는 문법의 국어교육적 무용론에 대한 하나의 비판이자 대안으로서, 조직적인 계획하에 학문적인 문법 지식을 확대 사용하는 전략 중심의 문법 교육을 제시하고 있다. 비규범적 언어 사용 안에는 '전략'이 숨어 있는데, 이 전략도 매우 중요하고 교육적으로 가르칠 필요가 있다는 것이 이 논문의 문제 의식이다. 이 논문에서 제시한 문법 지식의 확대 전략은 '문법 지식의 학습 → 문법 지식의 적용 → 문법 지식의 확대 사용'이라는 세 단계를 거쳐 학습되는데, 이를 통해서 지식에 기반을 두면서도 언어 표현의 창조성을 살릴 수 있는 방식으로 문법 교육이 이루어질 수 있을 것으로 보고 있다. 문법 지식의 확대 사용 전략이 전체 문법 교육의 어느 위치를 차지하고 있는지, 국어교육의 다른 영역과는 어떤 관계로 규정해야 하는지, 그리고 학습자들의 학년별 수준에 따라서 확대 전략을 어떻게 배열할 수 있을 것인지 등에 대한 천착이 필요하다. 또한 '문법의 확대 사용 전략'을 논하는 것이 논문의 주된 부분인데, 그 전략들이 도출된 틀이나 과정, 그리고 그 전략을 가르치는 방법 등에 대한 체계적인 논의가 더 필요할 것이다.

송현정(1998)은 언어 지식 영역의 일부 내용인 호응 관계를 국어교육적으로 활용할 수 있도록 하기 위해 이를 이론적으로 체계화하고 교육적으로 적용하는 방안을 고찰하였다. 학습자들의 오용 사례를 조사하고, 그것에 위계가 있는지, 연령별 차이가 있는지 등을 분석하여, 가르칠 내용과 그 교수 방법을 검증하는 방식을 택하였더라면 좀더 국어교육 본령에 다다르는 연구가 될 수 있었을 것으로 보인다. 즉 이론적이고 규범적인 접근보다는 실질적인 언어 사용 양상을 먼저 기술하고 이에 대해 교육적으로 접근하는 방법이 좀 더 유의미할 것이다.

(6) 문학 영역

문학 영역과 관련하여서는 경규진(1993)과 같이 교수·학습 측면에 초점을 둔 연구는 많지 않은 편이다. 그 대신에 시텍스트 해석 모형을 수립(김창원, 1994)하거나 소설 감상 방법론(김중신, 1994)을 다루거나, 문학교육 현상을 메타적으로 바라보고자 하는 시각(정재찬, 1996), 시창작 교육에 대한 관심(유영희, 1999), 고전 텍스트들을 바탕으로 국어교육 내에서 새롭게 표현과 이해의 문제를 접근하고자 하는 시각(이지호, 1997. 염은열, 1999. 류수열, 2001) 등 다양한 접근이 이루어져 왔다.

이밖에도 김기창(1991), 박인기(1994), 염창권(1994), 최경희(1994), 김상욱(1995), 정재찬(1996), 최지현(1997), 최미숙(1997), 최인자(1997), 권혁준(1997), 이상구(1998), 허왕욱(2000), 김혜영(2000), 한창훈(2001) 등이 있다. 이들 중에서 특히 문학 교수·학습 방법과 관련한 논의들을 중심으로 살펴보면 다음과 같다.

경규진(1993)은 문학교육의 정상적 운용 가능성이 문학에 대한 학습자의 능동적, 자율적 반응에 의지한다는 관점에서, 로젠블레트의 거래이론 (transactional theory)에 기대어 반응 중심의 교수·학습 방법 모형을 설계하였다. 이 논문은 기왕(1990년대 초반 이전)의 문학교육이 신비평적 가정의 틀 내에서 학습자의 능동적 감상 활동을 억누르고 있었다고 진단한다. 그 결과 문학교육이 정상적인 궤도에 놓일 수 없었다고 평가하고 있다. 학습자와 텍스트 간의 균형 있는 상호작용을 강조하고 있기는 하지만, 이 논문에서는 근본적으로 학습자들이 문학을 능동적으로 향유할 수 있는 능력, 혹은 자질을 가지고 있다고 보고 있다. 로젠블레트(1920년대)의 논의를 1990년대에 받아들인 수용 방식에 대한 논란이 제기되기도 했으나, 반응 중심 문학 교육을 연구한 단 하나 논문이라는 점(후속 연구 없음), 학교 현장에서는 이 논문의 모델이 수용되어 사용되고 있다는 점, 현장에 파급 효과가 컸다는 점, 초등 국어교육 관련 각종 연구에서 실질적으로 자주 인용되는 연구라는 점에서 국어교육적 가치를 재고할 필요가 있다고 본다. 이 논문이 씌어진 1990년대 초반이 1987년 개정된 제5차 교육과정의 이른바 '학생 중심 교육과정'이 학문적으로 합리화될 수 있는 이론적 근거를 충분히 갖추지 못하던 시기였다는 점을 고려할 때 더욱 그러하다. 한편 독자 반응 이론과 1960년대의 수용 미학이 학교 현장에서 혼동되어 논의되는 양상을 보이기도 한다는 점에서 문제점이 지적될 수 있다. 로젠블레트의 이론은 애초에 교수법에서 출발한 이론으로 구체적인 방법론을 제공해 주고 있고, 수용 미학은 철학적·이념적 접근 기반을 제공해주는 반면 구체적인 모형이나 방법론은 제시하지 못하였다. 두 이론은 분명 공유하는 부분이 있긴 하지만, 그 이론적 토대나 계보가 다르다.[7]

김중신(1994)은 문학교육의 목표에 대한 원론적 고찰을 통해서 작품에 대한 교육적인 접근 방법을 제공하고 있다. 즉 '삶을 총체적으로 이해한다'라는 교육과정상의 목표를 실현하기 위해서는 학습 독자가 단지 작품

---

7) 이는 본고가 기반하고 있는 '기획 세미나'에서 논의된 사항이기도 하다.

에 대한 이해에 머무르는 것이 아니라 작품을 통해 삶에 대한 총체적 이해에 다다를 수 있어야 함을 인식하고 이를 위한 방법론을 구안하였다. 그런데 심미적 체험 유형과 효과는 일종의 가설일 수밖에 없다. 따라서 이를 구체적인 현장에서 실증적으로 검증하여 이 개념의 타당성을 확보하는 일이 필요하다. 또한 학습 독자의 인지·정의적 발달에 따라 각 유형이 어떻게 위계화되는지에 대한 면밀한 검증이 뒷받침되어야 할 것이다.

김창원(1994)은 시 텍스트 해석 모형의 개념과 구조, 범주, 작용 양상을 체계화함으로써, 학습 독자의 해석 모형을 정교화하고 시 텍스트 해석 능력 신장 방안의 제시를 주요 목적으로 하고 있다. 이 논문은 기호-소통론적 관점에서 시 교수·학습 과정을 '기호(체계)로서의 텍스트를 단서로 학습 독자가 의미를 구성해 가는 일련의 절차와 방법'으로 본다. 즉, 텍스트의 의미는 언어의 지시적 의미를 바탕으로 작자의 의도, 텍스트의 미적 효과, 상호텍스트의 압력 등에 의해 다층적으로 구성되고, 해석자의 의도와 해석 맥락에 따라 개별적으로 실현된다는 것이다. 시 텍스트를 해석할 수 있기 위해서는 세계 지식에 근거한 언어-기호 능력과 문화-기호 능력, 텍스트 기호의 시적 소통 능력, 해석 책략이 요구되는데, 이러한 제 요소를 기능적으로 운용할 수 있게 해 주는 텍스트 해석의 방법적 틀을 '시 텍스트 해석 모형'이라 지칭하고 있다. 그런데 궁극적으로 시 텍스트 해석 모형은 텍스트의 담화적 특성과 독자의 해석적 지향에 따라 다양하게 실현된다. 또한 실제 시 교육의 과정은 다양한 해석 모형의 구체적 작용 과정에 해당한다. 이 논문은 시 교육에서 핵심적인 학습 독자의 시 텍스트 해석의 모형을 일반화하고 체계화하고자 시도했으며, 시 교육에서 시 텍스트와 학습 독자의 감상과 소통 측면을 강조함으로써 시 교육의 새로운 방향을 제시했다는 점에서 중요한 의의를 갖는다. 그런데 시 텍스트 해석 모형의 유형(서술적·대화적·비유적·반어적 모형)이 결과적으로 시 텍스트 유형에서 도출된 것이라는 점, 구체적인 교수·학습 적용과 방법 제시가 미약하다는 점에서 아쉬움이 남는다.

염창권(1994)은 일제 강점기에 활동했던 여섯 시인, 즉 김소월, 한용운, 이상화, 이상, 이육사, 윤동주의 시에 나타난 '길'과 '집', '보행'과 '거주'의 양상을 통해 공간 표상을 구조화시키고, 그 교육적 방안을 탐색한 논문이다. 시의 공간 구조를 읽는 방법으로 다음과 같은 독서 단계를 설정할 수 있다. 1차 독서 단계에서는 텍스트 자족성을 옹호하는 입장에서 지시적 의미를 파악하고, 2차 독서 단계에서는 시인의 세계상을 공간 구조를 통하여 해명한다. 3차 단계에서는 시대 역사적 맥락하에 시인의 세계관을 이해하고, 4차 단계에서는 독자의 세계관의 확대 방안을 연속성의 입장에서 이해한다. 그런데 이 논문에서 설정한 독서 단계는 논리적으로는 가능하지만, '이해와 감상'이라는 실제 과정과는 다소 거리가 있을 수 있다. 예컨대 2차 단계에서는 시인의 세계상을 공간 구조를 통하여 해명하고 3차 단계에서는 시대, 역사적 맥락 하에 시인의 세계관을 이해한다고 할 때, 과연 시대 역사적 맥락을 고려하지 않고 시의 공간 구조를 제대로 이해할 수 있을까 하는 의문이 제기될 수 있다.

최경희(1994)는 개화기 이래의 국어과 교과서에 수록된 동화 교재의 성격과 변천상을 살펴보고, 동화 교재에 나타난 가치 활용 양상을 검토한 후, 이를 바탕으로 하여 동화 교육이 지향해야 할 바와 실제 지도 방법을 모색하고 있다. 개화기부터 90년대 초반까지의 동화 문학교육의 실상을 그 교재를 바탕으로 하여 통시적으로 분석함으로써, 앞으로 보다 나은 동화 교육의 방향을 설정하기 위한 토대를 제공해 준다는 점에서 국어교육적으로 의의를 지닌다. 이에 동화 교재의 지도는 지적인 이해에 있는 것이 아니라 아동의 감상이 중심이 되어야 한다고 보고, 감상 지도 방안을 강구하고 있다. 그러나 교수·학습 방법과 관련하여 좀더 구체적인 방법론의 개발과 적용이 필요하다고 판단된다.

유영희(1999)는 창작 교육에서 창작 주체와 사고 작용 간의 상관관계를 밝힐 필요가 있다고 보고, 창작 주체의 창작 행위에 결정적인 영향을 미치는 감각적 사고와 창조적 사고가 이미지 형상화 방식으로 어떻게 구체화되는지 살펴보고 있다. 이러한 논의를 바탕으로 학습 주체로서의 창작 주체가 창작 활동을 해 나가는 과정, 시를 구성해 가는 과정을 이미지 형상화를 중심으로 구조화하였다. 창작의 과정은 크게 이미지 구상—이미지 구축—자기 검증의 세 단계로 설정되고 있다. 그리고 각 단계별로 중점을 두어 교육되어야 할 내용으로 각각 이미지의 생성 시간에 따른 형상화 방법, 이미지 존재 방식에 따른 형상화 방법, 자기 검증을 통한 형상화 방법이 제시되었다. 이 논문은 창작의 신비화에 대해 비판하고, 창작교육에 대한 새로운 시각을 제시하면서 구체적 방법론을 모색하고 있다.

이 밖에도 문학 영역의 교수·학습과 관련되는 박사 학위 논문들은 많으며, 그 이론적 깊이도 심화되고 있다. 필자의 한계와 지면 관계상 모두 다루지는 못하지만 이러한 평가와 정리 작업은 앞으로 좀더 정밀하고도 활발하게 논의되고 천착될 필요가 있다고 본다.

4. 문제점과 개선 방향

교수·학습 방법에 관한 연구는 기본적으로 구체적 수업 상황에 대한 적용 가능성을 염두에 두지 않을 수 없다. 따라서 교사와 학생의 용어 이해, 수업 적용의 용이성, 간편성, 효과성 등을 고려해야 할 것이다. 특히 기존의 방법과 달리 학습 목표 도달의 효율성을 질적으로 제고할 수 있어야 한다.

지금까지 이루어진 논의들을 바탕으로 국어과 교수·학습 방법 연구와 관련한 문제점과 개선책을 살펴보면 다음과 같다.

첫째, 국어과의 독자적인 교수·학습 방법의 개발에 대한 연구가 더욱 활성화될 필요가 있다. 물론 지금까지 이러한 노력과 연구 결과가 없었던 것은 아니지만, 내용 연구에 대한 부담과 서구 이론의 적용에 치우친 감이 없지 않다.

그리고 무엇보다도 교수·학습 방법의 연구 개발과 관련하여 교수 설계적 차원에서 체계적인 방법론의 적용이 이루어지지 못한 것도 그 한 원인으로 생각된다. 교수 설계 이론에 따르면 정확한 진단과 처방이 핵심적 고려 사항이다. 교수 설계는 수업의 효과를 증진시킬 수 있는 최적의 교수 방법을 처방해 주는 조직적인 절차로서 목표, 교수 방법, 성취 평가의 일치시킴으로써 교수의 효율성과 효과성을 지향한다. 그러나 이러한 체계적인 국어과 교수 설계에 대한 탐색이 아직은 만족스러운 단계에 오르지 못했다고 판단된다. 체계적인 교수 설계를 위해서는 목표 달성의 효율성, 학습자의 발달 단계와 흥미, 단기적·장기적 수업 설계를 고려해야 한다. 교수 설계 이론에서 아래 제시된 교수 설계 모형은 교수·학습 방법의 개발이라는 측면에서 좋은 참조가 될 수 있다(교육학 대백과 사전 참조).

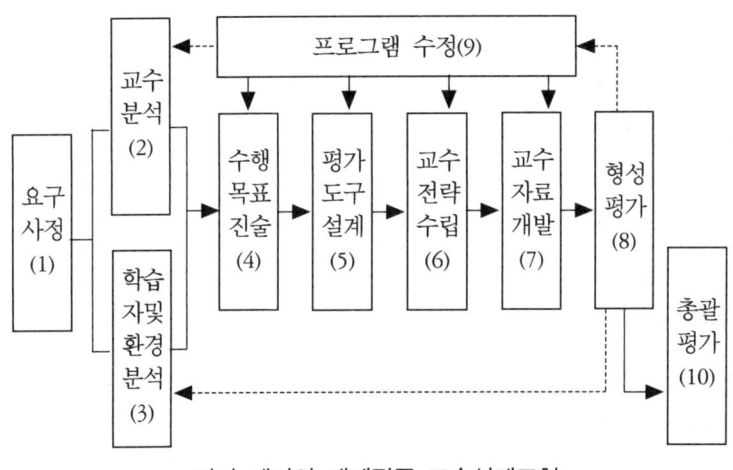

딕과 케리의 체제접근 교수설계모형

딕과 케리의 체제접근적 교수 설계 모형에 의하면, 교육 내용과 학습자·환경 분석을 중심으로 요구 분석(need analysis)을 실시하되, 수행 목표 진술, 평가 도구 설계, 교수·학습 전략 수립, 교수 자료 개발, 형성 평가의 절차에 따라 프로그램을 계획하고 평가하여 재조정하는 과정을 거치게 된다. 이는 교수·학습 방법 연구의 체계성과 효율성의 제고를 위해서도 좋은 참조가 될 수 있을 것이다.

둘째, 이론과 실제의 접목에 대한 노력이 강화될 필요가 있다. 교수·학습 방법은 궁극적으로 교육 현장 수업의 질적 개선을 위한 것이다. 따라서 모형의 개발 과정에서 투입과 검증의 문제는 필수적이다. 이를 위해서는 현장 교사를 포함한 합동 워크숍이나 정례적인 연구 모임의 활성화 등이 절실히 요구된다. 최근 이러한 워크숍이 활성화되고 있어 그나마 다행이라고 생각되며, 교사 모임 중심의 수업 개선 노력도 큰 의미를 갖는다고 본다. 특히 실천적 경험을 바탕으로 한 연구자들이 점차 양성되고 있고, 현장 교사들이 교재 개발 등에 적극적으로 참여하고 있는 것은 바람직한 경향으로 생각된다.

그러나 이론적 탐색과 현장적 경험의 상호 참조 노력이 여전히 부족한 실정이다. 상호 참조와 수용의 노력이 좀더 적극적으로 이루어질 필요가 있다고 본다. 이론과 실제의 접목을 꾀할 수 있는 다양한 공동 연구 프로젝트의 활성화와 그에 대한 지원이 요구된다.

셋째, 국어과 교수·학습 방법에 대한 연구 방법의 다양화, 심화 문제이다. 교수·학습 방법 연구는 기본적으로 양적, 질적 연구의 동시적 접근을 필요로 하는 부분이다. 다양한 층위의 다수 학습자를 대상으로 한다는 점에서 항상 구체적인 투입과 검증이 요구된다. 통계적인 양적 연구에서는 정확한 실험 디자인과 다양한 변인의 통제를 필요로 하며, 동시에 양적 연구의 한계를 보완할 수 있는 관찰 연구 등 질적 접근의 연구가 요구된다. 지금까지 국어교육 연구는 대체로 어느 한 방법론에 치우쳐 온 것이 사실이다. 특히 그 동안 양적 연구에 대한 경계와 비판적 시각이 컸던 것이 사실이다. 이는 실험 디자인의 충실성을 제고(提高)하기 위한 노력으로 연결되어야 할 것이다. 최근에 질적 연구 경향의 수용과 확대는 바람직한 경향이라 생각된다. 그러나 아직도 우리의 현실에서는 이에 대한 체계적인 장치는 물론 의식의 변화도 부족한 실정이다. 교수·학습 방법의 연구와 관련하여 교육 현장에 대한 관찰과 분석, 정리의 필요성은 항상 강조될 필요가 있다.

넷째, 현장에서 적용되고 있는 다양한 교수·학습 방법들에 대한 점검 (monitoring)과 함께 한국의 교실 상황에 적합한 교수·학습 방법의 탐색 노력이 적극적으로 요청된다. 서구의 교수·학습 방법들이 우리에게 시사하는 바가 큰 것은 사실이다. 그러나 서로 다른 교육 풍토, 교수·학습 조건, 의식도 중요하게 고려하여 우리의 교실 상황과 여건에 적합한 다양한 교수·학습 방법의 개발이 필요하다. 예컨대 학습자의 활동 중심 수업이라 하더라도 30~40여명의 학급과 학생수 10명 내외의 학급에 적용하는 방법은 각기 다를 수밖에 없을 것이다. 다인수 학급의 경우 교사 중심의 강의법에 학습자들의 모둠별 적용 학습 활동이 효과적일 수 있으나, 학생들의 수준에 따라서 교사나 학생들의 주도적인 역할은 변화될 수밖에 없다. 아울러 컴퓨터나 인터넷 분야에서 세계 최고 수준을 자랑하는 한국의 정보통신기술(ICT)을 효과적으로 활용할 수 있는 교수·학습 방법의 개발이 좀더 적극적으로 개발될 필요가 있다고 본다. 사실 CAI나 WBI를 비롯한 ICT 활용 수업은 자료의 검색, 축적, 활용, 생성과 같이 교수·학습의 한 수단이자 생활의 한 부분으로 접근될 필요가 있다. 그러므로 교사 중심의 전달을 위한 측면보다는 과제의 부여와 해결, 학습자의 프리젠테이션 및 토의·토론, 매체의 적극적 활용이라는 차원에서 연계시키는 것이 효과적이라고 하겠다.

다섯째, 통합 교과교육적 접근의 시각이 요구된다. 특히 국어과 교과서에 실릴 텍스트의 선정을 위해서는 물론이고, 타교과의 효율적 교재 구성을 위해서도 필요하다. 이러한 연구가 기존에 전혀 없었던 것은 아니지만 여전히 매우 미미한 수준이다. 국어교육의 시각을 넓힌다는 측면에서는 물론이며, 국어교육이 국어과만의 문제로 끝나지 않는다는 점에서도 타교과에서의 언어 운용에 대한 관심을 갖지 않을 수 없다.

여섯째, 다양한 교수·학습 방법을 반영한 구체적 교재화 방안이 강구

될 필요가 있다. 특히 7차 국어 교과서 개발에서는 교수·학습의 방법과 과정을 고려한 단원 구성과 지도서의 개발에 노력을 기울인 것이 사실이다. 그런데 이러한 노력이 명시적으로 드러나지 않는다는 데 어려움이 있다. 단원 체제의 구성이나 제재 선정 자체만도 매우 어려운 작업으로, 여기에 특정의 교수·학습 방법들을 적용한다는 것은 그리 간단하거나 쉬운 문제가 아니다. 이는 교수·학습 방법이나 모형이 구체적으로 공유되지 못하였고, 그에 대한 구체적 적용 노력이 부족했다는 점, 게다가 다양한 교수·학습 방법이 축적되지 못했다는 점을 반영한 결과이기도 한다. 이와 관련한 지속적인 관심과 노력이 요구된다.

5. 맺음말

국어과 교수·학습 방법에 관한 연구는 최근 10여 년간에 걸쳐 크게 발전해 왔다. 비록 서구의 이론과 성과들에 의존하고 있는 것도 사실이지만, 국어교육의 현실적 조건들을 고려하고 우리 나름대로의 분석을 토대로 적용 혹은 개발에 상당한 연구를 축적하였다. 그 결과 교육학 일반의 수업 모형을 적용하는 수준에서 진일보한 것이 사실이다.

1990년대 초반을 전후한 박사학위 논문들만 하더라도 주로 국어교육학의 내용 체계 수립을 위해 관심을 기울이다 보니 자연히 방법에 대한 관심이 소홀할 수밖에 없었던 것이 사실이다. 그럼에도 불구하고 대부분의 박사학위 논문들이 교수·학습과 관련한 다양한 시사점과 함의 등을 빠뜨리지 않았던 것은 국어교육학에 대한 정체성을 갖기 시작했기 때문이라 할 수 있다. 특히 90년대 중반 이후로 올수록 국어과 교수·학습 방법에 대한 관심은 석사학위 논문은 물론 박사학위 논문들에도 눈에 띄게 드러나기 시작한다. 석사학위 논문들이 좀더 '방법'에 초점을 두고 있다면, 박사학위 논문들은 이론적 기반과 체계를 바탕으로 하는 '내용' 위에 '방법'

을 함께 제시하기 시작한다. 특히, 90년대 후반 이후와 2000년대에 들어와서는 오히려 '방법'에 초점을 두고 있는 논문들이 눈에 띄기 시작한다. 이는 국어과 교수·학습 방법 연구에서 중요한 의미를 갖는다.

그러나 국어과 교수·학습 방법에 관한 체계를 수립하고 다양한 일반 모형, 하위 모형들을 개발하는 일은 이제 겨우 시작에 불과하다고 할 수 있다. 이 글에서 구체적인 교수·학습 방법들에 대한 범주화나 유형화가 이루어지지 못하고 영역별로 기술하게 된 어려움도 여기에 기인하는 바가 없지 않다. 이와 관련하여 국어과 교수·학습 방법의 연구에 대한 의식의 변화와 적극적인 연구 노력이 요구된다. 특히 '내용'과 '방법'은 서로 분리해서 다뤄질 수 없는 특성이 있다. 특히 실제적인 교수·학습 상황을 고려한 '내용'이라면 더더욱 '방법'을 염두에 두지 않을 수 없다. 즉, 내용에 터한 방법, 방법을 염두에 둔 내용 연구의 시각이 요구된다.

앞으로 본고에서 다루지 못한 석사논문이나 소논문들을 망라하여 다양한 교수·학습 방법에 대한 총체적인 검토, 정리를 바탕으로 한 구체적인 논의가 이어지기를 기대한다. 그리하여 지금까지 축적된 국어교육의 경험과 지식을 바탕으로 독자적인 교수·학습 모형과 방법들이 적극적으로 논의되고 개발될 수 있기를 기대해 본다.

참고 문헌

1. 단행본

김재윤 외(1989), 『국어과교수법』, 선일문화사.

박영목·한철우·윤희원(1995), 『국어과 교수 학습 방법 탐구』, 교학사.

신헌재(1995), 『국어 교과의 수업 모형』, 최현섭 외, 『국어교육학의 이론화 탐색』, 일지사.

이대규(2001), 『국어교육론』, 교육과학사.

이응백 외(1977), 『국어과교육』, 한국능력개발사.

정동화 외(1984), 『국어과교육론』, 선일문화사.

초등국어교육학회(2001), 『국어수업방법』, 박이정.

최창렬(1994), 『국어교수법』, 개문사.

최현섭 외(1996), 『국어교육학』, 삼지원.

한철우·성낙수·이인제(1993), 『중학교 국어 교과의 수업 모형·수업 방법·평가 방법 및 평가 도구 개발에 관한 연구』, 한국교원대 부설 교과교육공동연구소.

2. 박사학위논문

경규진(1993), 「반응 중심 문학교육의 방법 연구」, 서울대 박사학위논문.

권순희(2001), 「대화지도를 위한 청자지향적 관점의 표현 연구」, 서울대 박사학위논문.

권혁준(1997), 「초등국어, 문학비평 이론의 시 교육적 적용에 관한 연구 - 신비평과 독자 반응이론을 중심으로 - 」, 한국교원대 박사학위논문.

김기창(1991), 「국어교육, 국어과 교육에서의 구비문학제재 수용양상 연구」, 한국교원대 박사학위논문.

김봉순(1996), 「텍스트 의미 구조의 표지 연구」, 서울대 박사학위논문.

김상욱(1995), 「소설 담론의 이데올로기 분석 방법 연구」, 서울대 박사학위논문.

김정자(2001), 「필자의 글쓰기 태도 연구」, 서울대 박사학위논문.

김중신(1994), 「서사 텍스트의 심미적 체험의 구조와 유형에 관한 연구」, 서울대 박사학위논문.

김창원(1994), 「시텍스트 해석 모형의 구조와 작용에 관한 연구」, 서울대 박사학논문.

김혜영(2000), 「한국 모더니즘소설의 글쓰기 방법 연구 : 시간 구성 원리를 중심으로」, 서울대 박사학위논문.

노은희(1999), 「대화지도를 위한 반복표현 기능 연구」, 서울대 박사학위논문.

류수열(2001), 「판소리 구연성의 매체언어적 의의」, 서울대 박사학위논문.

박인기(1994), 「문학교육과정의 구조에 관한 연구」, 서울대 박사학위논문.

박수자(1993), 「읽기 전략 지도 교재 구성에 관한 연구」, 서울대 박사학위논문.

박태호(2000), 「장르중심 작문 교육의 내용 체계와 교수・학습 원리 연구」, 한국교원대 박사학위논문.

서　혁(1996), 「담화의 구조와 주제구성에 관한 연구」, 서울대 박사학위논문.

서덕현(1992), 「학교문법의 경어법 기술에 관한 연구」, 서울대 박사학위논문.

손영애(1992), 「國語 語彙 指導 方法의 比較 研究 : 漢字 利用 與否를 中心으로」, 서울대 박사학위논문.

송현정(1998), 「한국어의 호응관계에 대한 국어교육적 연구」, 서울대 박사학위논문.

심영택(1995), 「문법 지식의 확대 사용 전략에 대한 연구」, 서울대 박사학위논문.

염은열(1999), 「대상 인식과 내용 생성의 관계에 대한 표현교육론적 연구: 기행가사를 중심으로」, 서울대 박사학위논문.

염창권(1994), 「초등국어, 한국현대시의 공간구조와 교육적 적용 방안 연구」, 한국교원대 박사학위논문.

원진숙(1995), 「작문 교육의 이론적 기초와 방법론 연구: 논술문의 지도와 평가를 중심으로」, 고려대 박사학위논문.

유영희(1999), 「이미지 형상화를 통한 시 창작교육 연구」, 서울대 박사학위논문.

이경화(1999), 「담화구조와 배경지식이 설명적 담화의 독해에 미치는 효과에 관한 연구」, 한국교원대 박사학위논문, 1999.

이도영(1998), 「언어사용 영역의 내용 체계에 대한 연구」, 서울대 박사학위 논문.

이삼형(1994), 「설명적 텍스트의 내용 구조 분석 방법과 교육적 적용 연구」, 서울대 박사학위논문.

이상구(1998), 「학습자 중심 문학교육 방안 연구」, 한국교원대 박사학위논문.

이성영(1994), 「표현 의도의 표현 방식에 관한 화용론적 연구」, 서울대 박사학위논문.

이은희(1993), 「접속관계의 텍스트 언어학적 연구」, 서울대 박사학위논문.

이재승(1999), 「과정 중심의 쓰기 교재 구성에 관한 연구」, 한국교원대 박사학위논문.

이종철(1993), 「의사소통능력 신장을 위한 함축적 표현의 연구」, 서울대 박사학위논문.

이주섭(2001), 「상황맥락을 반영한 말하기・듣기 교육의 내용 구성에 관한 연구」,

한국교원대 박사학위논문.

이지호(1997), 「燕巖 朴趾源의 글쓰기 方法論 硏究 : 「熱河日記」의 對象解釋을 中心으로」, 서울대 박사학위논문.

이충우(1992), 「國語敎育用 語彙硏究: 國民學校·中學校 國語科 敎育用語彙選 定을 중심으로」, 서울대 박사학위논문.

전은주(1999), 「말하기·듣기의 본질적 개념과 교육과정 구성 방안 연구」, 고려대 박사학위논문.

정재찬(1996), 「現代詩 敎育의 支配的 談論에 관한 고찰」, 서울대 박사학위논문.

주경희(1992), 「국어 대명사의 담화분석적 연구」, 서울대 박사학위논문.

천경록(1998), 「읽기 교재의 수정 방안 연구」, 한국교원대 박사학위논문.

최경희(1994), 「동화의 교육적 응용에 관한 연구」, 한국교원대 박사학위논문.

최미숙(1997), 「한국 모더니즘시의 글쓰기 방식에 관한 연구 : 이상과 김수영을 중 심으로」, 서울대 박사학위논문.

최영환(1993), 「합성 명사의 지도에 대한 연구」, 서울대 박사학위논문.

최인자(1997), 「한국 현대소설 談論生産 方法 연구:反談論과 文學敎育의 聯關性 을 중심으로」, 서울대 박사학위논문.

최지현(1997), 「한국근대시 정서체험의 텍스트조건 연구」, 서울대 박사학위논문.

한창훈(2001), 「고전시가교육의 가치론적 연구」, 고려대 박사학위논문.

허왕욱(2000), 「지봉 이수광 시론의 특성과 시교육적 적용 연구」, 한국교원대 박사 학위논문.

국어 어휘 지도 방법의 비교 연구

-한자 이용 여부를 중심으로-

■ 손영애, 서울대 박사학위논문, 1992 ■

1. 논문 목차

Ⅳ. 연구의 결과
  1. 어휘 지도가 읽기 능력 신장에 미치는 효과
    가. 어휘력
    나. 독해력
  2. 어휘 지도가 쓰기 능력 신장에 미치는 효과
    가. 문장 수준의 쓰기 능력
    나. 텍스트 수준의 쓰기 능력
  3. 어휘 지도가 국어 능력 요인 구조에 미치는 효과
    가. 3학년의 국어 능력 요인 구조의 변화
    나. 5학년의 국어 능력 요인 구조의 변화
Ⅴ. 논의 및 결론

2. 내용

1) 연구 문제

한자의 뜻을 이용한 어휘 지도와 한자를 이용하지 않은 어휘 지도가 읽기 능력 및 쓰기 능력에 미치는 효과를 비교하여 한자를 이용한 어휘 지도 방법의 효과를 검증한다.

2) 주요 내용

이 연구에서의 한자 이용 어휘 지도는 한자의 뜻을 이용하여 낱말의 뜻을 지도하는 것을 말하고, 한자를 이용하지 않은 어휘 지도는 문맥과 정의를 통하여 낱말의 뜻을 지도하는 것을 말한다. 위의 두 가지 지도 방법의 효과를 검증하기 위해 초등학교 3학년과 5학년 각각을 한자 이용 집단 2개 학급, 비이용 집단 2개 학급으로 나누고 모두 8개 학급을 대상으로 정규 국어 읽기 시간의 일부를 이용하여 8개월 동안 실험을 실시하였다. 실험 결과를 검증하기 위하여 4회에 걸친 검사를 실시하고, 검사 결과를 이용하여 두 가지 어휘 지도 방법이 읽기 능력(어휘력, 독해력)과 쓰기 능력(문장 수준, 텍스트 수준)에 미치는 효과를 분석하였다. 아울러 두 가지 어휘 지도 프로그램 투입 전과 후의 국어 능력 요인 구조의 변화도 분석하였다. 읽기 능력과 쓰기 능력은 분할—소구획 요인 설계(Split-Pilot Factorial p.q.r 디자인)를 사용하여 분석하였으며, 국어 능력의 구성 요인은 공변량 구조 분석을 실시하였다.

분석 결과는 다음과 같다.

① 어휘력에서 3학년의 경우, 두 집단 모두 지속적인 향상을 보였다. 그러나 변화 양상은 두 집단이 달랐다. 한자 이용 집단은 3회, 4회에서 한자 비이용 집단보다 큰 폭의 어휘력의 향상을 보였다. 5학년의 경우, 두 집단 모두 어휘력에 있어 의의 있는 향상을 보이나 어휘력의 변화 양상에서는 차이를 보이지 않았다.

② 독해력에서 3학년의 경우, 두 집단 모두 의의 있게 향상되는 모습을 보였다. 아울러 독해력의 변화 양상에서 차이를 보였다. 한자 이용 집단은 3회까지는 비이용 집단에 비해 독해력 점수가 낮았으나 4회에서 크게 향상되어 높은 점수가 되었다. 5학년의 경우, 독해력 점수가 떨어졌다가 3회부터 지속되는 향상되는 모습을 보였으며, 두 집단의 변화 양상은 차이를 나타내지 않았다.

③ 어휘력과 독해 능력을 합해서 본 읽기 능력에서 3학년의 경우, 두 집단 모두 꾸준히 향상되는 모습을 보였으나 변화의 양상은 집단 간에 달리 나타났다. 즉, 3회, 4회에서 한자 이용 집단이 향상의 폭이 컸다. 5학년의 경우 읽기 능력이 향상되었으나 집단간의 차이는 보이지 않았다.

④ 문장 수준의 쓰기 능력에서 3학년의 경우 두 집단 모두 지속적인 향상을 보였으나 집단 간 차이를 보이지는 않았다. 5학년의 경우 두 집단 모두 변화를 보이지 않았다.

⑤ 텍스트 수준의 쓰기 능력에서 3학년의 경우 두 집단은 꾸준히 향상되는 양상을 보였다. 텍스트 수준의 쓰기 능력의 변화 양상은 집단 간에 달리 나타났다. 5학년의 경우 모두 꾸준히 향상되는 모습을 보였으나 변화 양상에서 집단 간의 의의 있는 차이는 보이지 않았다.

⑥ 문장 수준의 쓰기 능력과 텍스트 수준의 쓰기 능력이 합쳐진 쓰기 능력에서 3학년의 경우, 꾸준히 향상되는 모습을 보이나 집단 간의 차이는 없었다. 5학년의 경우도 두 집단 간의 쓰기 능력은 꾸준히 향상되는 모습을 모였으나 변화 양상에서 집단 간의 차이는 보이지 않았다.

⑦ 국어 능력 요인 구조에서 3학년, 5학년 모두 학년초의 국어 능력과 학년말의 국어 능력 사이의 관계가 두 집단에서 비슷하게 나타났다. 요인 계수 사이의 변화 양상은 3학년의 경우 두 집단 모두 한자 요인 계수가 크게 향상되었고, 어휘력, 독해력, 문장 수준의 쓰기 능력의 요인 계수는 전반적으로 향상되었다. 그러나 한자 이용 집단의 텍스트 수준의 쓰기 능력의 요인 계수는 학년말에 와서 떨어지는 양상을 보였다. 5학년의 경우 한자 지식 요인 계수의 변화가 크지 않았으며, 한자 이용 집단은 독해력 요인 계수가 높아졌고 한자 비이용 집단은 문장 수준의 쓰기 능력의 요인 계수가 학년말에 크게 낮아졌다.

결과를 종합하여 볼 때, 3학년의 어휘력과 독해력, 읽기 능력에서 한자 이용 어휘 지도가 의의 있는 차이를 보인 것 이외에는, 한자를 이용한 어휘 지도와 이용하지 않은 어휘 지도가 뚜렷한 차이를 보이지 않았다. 변화 양상에서도 3학년에서 어휘력과 독해력에서 차이를 보인 것 외에 차이는 분석되지 않았으므로 어휘 지도에 한자를 도입하는 것이 전이 효과가 있다고 말할 수 없음을 알 수 있다. 이러한 결과는 한자를 이용한 어휘 지도 방법보다는 한자의 특성을 고려한 어휘 지도 방법이 고려되어야 함을 시사한다.

3) 핵심 어구

한자 이용 어휘 지도, 한자 비이용 어휘 지도, 어휘력, 읽기 능력, 쓰기 능력, 국어 능력 요인 구조, 한자 교육

3. 논의점

1) 연구 문제

이 논문은 어휘 지도 시 한자를 이용하는 것과 그렇지 않은 것이 학생들의 어휘력, 독해력, 쓰기 능력에 미치는 영향을 분석하여 한자 이용 여부의 효과를 검증한 실험 연구이다. 이러한 주제는 한자 교육과 관련된 해묵은 논쟁에 대한 객관적인 자료를 제시할 수 있는 것이어서 주목된다. 이 연구와 관련해서 우선 한자교육과 관련된 논쟁의 성격을 바르게 파악해야 할 필요가 있다. 먼저, 교과서에 한자 표기를 병용하는 것에 대한 논쟁과 한자 교육은 다른 차원이라는 점이다. 전자는 표기의 문제이고 후자는 교육의 문제이다. 그러므로 교과서 상의 한자 표기를 반대하면서 한자 교육의 유용성을 주장하는 입장도 가능하다. 표기와 관련된 연구 문제는 다음과 같은 것이 가능하다. 한자 표기가 된 글이 그렇지 않은 글보다 독해가 더 잘 될 것인가? 한자로 표기된 글이 기억에 오래 남을 것인가? 아울러 한자 교육과 어휘 교육을 구별해야 한다. 즉 한자교육은 한자를 가르치는 것으로 學, 校 등의 한자를 익히게 하는 것을 말한다. 그러므로 '학교'라는 단어에서 '앞 부분의 뜻은 무엇이고 뒷부분의 뜻은 무엇이기 때문에 이 단어의 뜻은 이렇다'라고 하는 것은 한자 교육이 아니다. 이는 의미 요소를 이용한 어휘 교육이다.

2) 실험 설계

한자를 이용한 어휘 지도의 효과를 어휘력, 독해력, 쓰기 능력과 관련시켜 분석하고 있는데, 그 관련성에 대한 깊이 있는 고려가 필요하다. 둘 사이에는 많은 변인들이 개입할 수 있기 때문이다. 이 연구는 8개월간 이루어졌는데 각 학급은 어휘 지도와는 별도로 정규 읽기 수업, 쓰기 수업이 이루어졌다. 여기서 어떤 수입이 이루어졌는가에 따라 독해력과 작문력의 변화 양상이 달라질 수 있다. 곧 이들 능력의 변화 중에서 어휘 지도 방법에 의해 영향받는 부분은 극히 미미할 것이기 때문이다. 오히려 한자를 이용한 어휘 지도가 어휘의 양에 미치는 영향, 질에 미치는 영향, 장기 전이 효과, 낯선 어휘에 대한 접근 경향 차이 등과 같은 어휘력의 변화 양상에 좀 더 초점을 두고 실험 설계가 이루어지는 것이 더 효과적일 것으로 생각된다.

4. 의의와 발전 방향

이 논문은 다음과 같은 의의를 지닌다. ① 이 논문의 출발은 우리 나라 교육 정책에서 해묵은 논쟁 거리였던 한자 교육 여부에 대한 객관적인 판단 자료를 얻고자 하는 목적으로 수행되었다. 사실 해방 이후 양 진영은 한 치의 양보도 없이 논쟁을 지속해 왔다. 논쟁 중에 여러 주장들이 제기되었다. 예컨대, 한자를 가르치면 양적·질적으로 어휘력이 증진된다거나, 개념 습득이 용이하므로 학습 능력이 배가된다거나, 한자는 표의 문자이므로 사고력이 증진된다거나, 인성 교육이 저절로 된다는 등의 주장들이 그것이다. 그러나 이들 주장은 주장으로 그쳤을 뿐 객관적인 근거로서 뒷받침된 것은 아니다. 이 논문은 이러한 논쟁의 객관적인 근거를 제시하였다는 데 그 의의가 있다. ② 우리나라 국어교육 박사논문 중 최초의 양적 실험 연구라는 의의를 지닌다. 한자 지도(어휘 지도)와 관련된 기존의 실험 연구들과는 달리 실험의 엄밀성을 기하기 위해 상당히 노력하고 있다. 예컨대 기존 실험 연구는 비교 집단을 두지 않거나, 둔 경우라 하더라도 실험 집단에게만 특정의 프로그램을 투입하고 비교 집단에게는 아무 것도 제공하지 않았다. 또 연구 기간이 짧고, 연구자의 학급을 실험 대상으로 정하였으며, 시간 및 활동의 양과 질을 통제하지 않았다. 게다가 평가 도구의 신뢰도와 타당도를 검증하지 않고 활용하며, 효과 정도를 판단 내릴 때 통계 처리하지 않고 백분율에 의존하였다. 그러나 이 연구는 이러한 문제점들을 극복하려고 노력하였다. 그리고 한자의 뜻을 이용한 어휘 지도 방법, 낱말을 분석적으로 지도하는 방법 등의 가능성을 제시하였다.

어휘 학습은 국어 교육에서 매우 중요하다. 앞으로 구체적인 어휘 지도의 방법을 제공해 줄 수 있는 실증적인 연구가 지속적으로 축적될 필요가 있다. 아울러 구체적인 어휘 지도 방법들 효과도 검증되어야 한다. 이들은 학습자 변인, 학습 내용 변인 등에 따라 달리 나타날 수 있으므로 이에 대한 구체적인 연구가 필요하다.

반응 중심 문학교육의 방법 연구

■ 경규진, 서울대 박사학위논문, 1993 ■

1. 논문 목차

2. 내용

1) 연구 문제

이 논문은 문학교육의 정상적 운용 가능성이 문학에 대한 학습자의 능
동적·자율적 반응에 의지한다는 관점에서, 로젠블레트(L.M. Rosenblatt)의
거래이론(transactional theory)에 기대어 반응 중심의 교수·학습 방법 모형을
설계하였다.

2) 주요 내용

이 논문은 1990년대 초반 이전의 문학교육이 신비평적 가정의 틀 내에서 학습자의 능동적 감상 활동을 억누르고 있었다고 진단한다. 그 결과 문학교육이 정상적인 궤도에 놓일 수 없었다고 평가하고 있다.

즉, 이 논문에서는 학습자와 텍스트간의 균형 있는 상호작용을 강조하고 있기는 하지만, 근본적으로 학습자들은 문학을 능동적으로 향유를 할 수 있는 능력, 혹은 자질을 가지고 있다고 보고 있다.

그럼에도 불구하고, 가치에의 접근이라는 면에서 교사는 학습자들보다 월등히 유리한 입장에 놓여 있는 것으로 묘사되는데, 이는 그들이 학습자들보다 문학 텍스트에 더 잘 '반응'하기 때문이라고 보는 것 같다.

II장에서는 로젠블래트의 거래적 관점을 집중적으로 소개하였다. 로젠블래트의 거래적 패러다임에 의거하면 텍스트와 독자의 거래를 통한 반응으로 그 초점을 옮길 수 있다. 독자 반응의 결정 인자는 다양하고 역동적인 요소들의 상호 관련에 의한다. 거래적 관점은 문학을 텍스트에서 이미 만들어진 것으로 보는 관점이나 또는 독자 주관의 문제로 보는 관점과는 구별된다. 이 관점을 채택한다면 문학교육에서 학생 요인을 중요시할 수 있다. 연구자는 또한 학생들의 반응 방식을 ① 수용과 몰입, ② 텍스트 언어에의 주의, ③ 문학적 연상으로 제시하고 이런 반응을 분석할 수 있는 도구로서 스퀘르(J.R. Squire)의 '반응의 범주'와 퍼브스(A.C. Purves)의 '요소' 개념을 소개하였다. '반응의 범주'에는 문학적 판단, 해석적 반응, 서술적 즉각 반응, 연상적 반응, 자기-몰입, 규범적 판단, 기타 등이 포함되고, 이 내용의 영향을 받아 성립한 '요소'는 표현된 반응의 내용 분석을 위해 널리 쓰이는 분류 체계가 되었는데, 이에는 연계-몰입, 지각, 해석, 평가 등이 포함된다. 학생들의 반응은 자발적이고 개인적이기 때문에 이 반응의 범주와 요소들은 특별한 순서가 없다.

결국 문학교육의 이론적 체계를 수립하기 위해서는 텍스트와 독자의 관계를 균형 있게 설정하는 것이 관건인데 이런 내용은 III장에서 논의되고 있다. 문학 교육과정의 기본 목표를 '심미적 경험에 대한 반응의 성찰을 통해 더 좋은 반응의 습관을 기른다'라는 것으로 설정하였고, 이에 입각하여 교재는 고정된 틀을 넘어서서 학생들의 관심 및 경험과 연계되는 텍스트로 구성되어야 한다고 했다. 따라서 평가 또한 수업의 전 과정에서 누가적으로 학생과 교사의 상호작용으로 이루어져야 한다고 보았다.

Ⅳ장에서는 앞의 논의 내용들을 바탕으로 교수·학습 방법에 대해 논의하였는데, 문학교육 학위 논문에서 구체적인 교수·학습 방법을 구안한 경우가 드물다는 점을 생각해보면 이 점은 이 논문의 미덕이라고 할 수 있다. 문학 교실에서 학생들의 심미적 자세를 격려해야 하기 위해서는 학생들의 반응을 기록하고, 반응에 대한 구조화된 질문을 하며, 토의를 통해 반응을 나누게 하며, 반응의 반성적 쓰기를 하게 하는 등의 여러 가지 방법을 제시하였다. 그리고 이러한 방법을 적용시킨 구체적인 교수·학습 방법의 예를 제시하였다. 더 나아가서 이런 교수법을 실제로 적용시킨 후 그 효과를 입증하는 것으로 논의를 마무리하였다.

이 논문은 5차 교육과정 이전까지 주로 명문(名文) 중심의 교육이 이루어지는 것에 대한 비판적 관점을 제시하였다. 학생들의 능동적 문학교육을 중시하는 교육을 가능하게 하는 이론으로서 반응 중심 접근법을 택하였고, 문학 교육과정, 교재, 교수·학습 방법에 이르기까지 광범위한 범위에서 반응 중심 이론을 정립시키기 위한 시도라고 할 수 있다.

3) 핵심 어구

반응 중심 접근법, 텍스트와 독자의 거래, 심미적 독서, 반응 중심 교수·학습 활동, 반응 중심 교수·학습 모형

3. 논의점

1) 교수·학습 모형

교수·학습 모형의 적용과 검증의 타당성에 대한 보완이 필요하다. 이 논문에서 도출하고자 하는 교수·학습 모형은 일종의 문학교육 일반 이론에 가깝다. 그런데 실제 제시된 방안은 구체적인 교수법이다. 모든 문학 수업이 이 교수법으로 이루어져야 한다는 것인지 의문이 생기는 것은 당연하다. 또한 교수·학습 모형의 성격이 일반 이론에 가까운 이상, 그것의 교육적 의의와 가치는 누적된 교수·학습의 경험들에 의해 확인될 것이다. 그런데 이 논문에서는 몇 차시에 걸친 비교적 단순 변인의 실험 연구를 수행하여 확인하려 하고 있다. 문학교육에서의 실증의 문제를 실험이라는 방법으로 처리하는 것이 정당한가에 대한 검토가 필요하다.

2) 객관성의 문제

문학교육의 성과를 개별 학습자들의 특수한 반응에만 한정시킬 수 있는지 의문이다. 이 논문의 가정 체계에 따르면, 문학교육이 성과를 얻었다는 것은 학습자들이 수업에 활발하게 참여하게 되고, 제 나름의 입장과 견해, 시각을 갖추게 되었다는 것을 뜻하게 된다. 그러나 문학교육의 결과로 학습자들 모두가 획득하는 객관적이고 보편적인 측면은 없는가? 결국 이 문제는 문학교육의 목적과 긴밀한 관련이 있다. 이 문제에 관한 고찰이 논문의 구성상 필요하다.

3) 이론적 토대

독자 반응 이론과 수용 미학의 결합에 문제가 있다. 로젠블렛의 이론은 애초에 교수법에서 출발한 이론으로, 구체적인 방법론을 제공해 주고 있다. 한편 수용 미학은 철학적·이념적 접근 기반을 제공해주는 반면 구체적인 모형이나 방법론은 제시하지 못하였다. 두 이론은 분명 공유하는 부분이 있긴 하지만, 그 이론적 토대나 계보가 다르다. 그러나 실제 학교 현장에서는 둘이 서로 섞여서 혼용되는 양상을 보이고 있다. 학문적으로는 이런 식의 접합이 위험할 수 있다. 두 이론의 공유점과 차이점에 대한 명확한 설명을 전제로 결합점을 찾아나가야 할 것이다.

4) 교육 현장에의 파급

1920년대의 로젠블렛의 논의를 1990년대에 받아들인 수용 방식에는 문제가 있다. 그러나 이 연구 이후로 후속 연구가 없었기 때문에 반응 중심 문학 교육을 연구한 단 하나 논문이라는 점, 학교 현장에서는 이 논문 식의 모델이 수용되어 사용되고 있다는 점, 현장에 파급 효과가 컸던 논문이라는 점, 교육 대학의 각종 논문에서 실질적으로 자주 인용되는 연구라는 점에서 그 국어교육적 가치가 있다. 그런데 현장에서 그 파급 효과가 매우 컸음에도 불구하고 그런 영향의 구체적인 효과는 잘 드러나지 않았다. 만약 국어교육학 연구의 흐름에서 이 논문의 계보가 끊어졌다면, 이 논문이 담고 있는 각 부분들이 각기 어떻게 다루어지고 계승되고 있는가를 반드시 다루어 주어야 한다. 이것은 국어교육의 지형도를 그릴 때 반드시 필요한 작업이다.

4. 의의와 발전 방향

이 논문은 교수 모형을 제시한 문학교육 박사논문이다. '외국 이론 소개 – 이론의 해석 – 이를 바탕으로 한 수업 이론의 구안' 식의 논문 글쓰기의 한 예이다. 이제는 신비평의 공과(功過)에 대해 어느 정도 공유된 평가의 틀을 갖게 되었지만, 이 논문이 씌어진 1990년대 초반은 1987년 개정된 제5차 교육과정의 이른바 '학생 중심 교육과정'이 학문적으로 합리화될 수 있는 이론적 근거를 충분히 갖추지 못하던 시기였다. 국어과 교육 내의 어떤 영역들보다 상호 주관성의 작용이 크게 나타나는 문학 영역에서도 예외적이지 않아서, 당시에는 작품에 대한 '소박한 경험주의적 관점'이 꽤 설득력 있게 유포되기까지 하였다. 즉 좋은 작품이란 자신의 삶을 솔직하게 드러낸 작품이라는 관점인데, 여기에는 기교에 대한 은밀한 혐오가 들어 있다. 이 논문의 학술적 의의로서 가장 큰 부분은 이러한 시기적 상황에 매우 적절히 대응했다는 점일 것이다.

하지만 로젠블레트를 중심으로 독자 반응 이론을 도입하는 논리적인 맥락이 이중적이다. 즉, 표면적으로는 문학교육의 요구에 의해 그에 합당한 문학교육 이론을 제공하기 위해 이론을 모색하겠다는 대의가 눈에 띄지만, 논문의 다른 곳에서는 독서 이론에서 일찍이 주목되었던 로젠블레트의 이론 자체에 대한 관심이 더 지배적이지 않은가 하는 의문을 지울 수 없기 때문이다. 표현상 유사해 보이기는 하지만, 후자는 분명히 남의 이론을 우리의 현실에 빌려다 쓰는 것을 의미한다. 이는 II장에서 '이론적 배경'을 다루면서 대부분의 항목들을 '뒤집어진 주석'의 방식으로 구성하는 데서도 잘 드러난다. '이건 이러저러해서 중요한데, 그것은 바로 로젠블레트가 말한 것이다.'라는 방식이다.

또한 이 논문은 '너무 많은 이야기'를 풀어놓고 있다. 논문에는 문제 제기도 있고, 방향도 있고, 구체적인 방법도 있지만, 실은 다스릴 수 없는 너무 넓은 영토를 가진 것일 뿐이다.

앞의 지적과 관련해서 한 마디 덧붙이자면, 사람들은 이 논문에 대해서는 간단하게만 언급한다. 그러니 연구자는 굉장한 손해를 본 셈이다. 그런데 대체 누구의 손해인 걸까? 필시 1993년 이후의 학위 논문들은 이 논문

을 제대로 읽지 않았다. 그때 이 논문의 철학적 기조가 선호될 수 없었다
는 사정이 있기는 했다.

읽기 전략 지도 교재 구성에 관한 연구

■ 박수자, 서울대 박사학위논문, 1993 ■

1. 논문 목차

2. 내용

1) 연구 문제

이 연구는 개별 기능 중심의 읽기 지도를 비판하고, 그에 대한 대안으로서 전략 중심의 읽기 지도 내용, 수업 방법, 교재화 방안에 대해서 고찰하고 있다.

2) 주요 내용

이 연구는 읽기 연구 및 지도 방법의 패러다임 변화를 고찰하고, 읽기 지도의 내용을 읽기 이론과 관련지어 살펴보았다. 그리고 읽기 지도의 목표인 학생들의 읽기 능력 신장을 위해 전략 중심의 수업 방법을 고찰하고, 교재화 방안까지 다루었다.

이 연구는 읽기 지도의 패러다임이 '기능 중심 읽기 지도'나 '활동 중심 읽기 지도'에서 '전략 중심 읽기 지도'로 변화하고 있다고 하면서, '특정 글에 종속된 이해 결과' 그 자체보다는 학생들이 다양한 글을 접할 때 사용할 수 있는 '글 이해의 방법'에 초점을 두어 논의하고 있다. 이 논문에서 제시하는 읽기 전략의 학습은, 기능 중심 읽기 지도가 읽기 기능을 탈맥락적 상황에서 개별화하고 위계화하여 직접적으로 지도하던 것과는 달리, 읽기 과제 수행과 읽기 전략의 학습을 결합시킨 형태 속에서 이루어지는 것을 말한다. 가장 효과적인 교수는 학생이 독자적으로 해결할 수 없는 문제를 교사와 협조하여 함께 해결하면서 그 경험을 학생들에게 제공하는 것으로 보고 있다. 여기서 '문제'란 개인이 무엇을 행하고자 하지만 그가 원하는 것에 도달하는 데 필요한 행동 과정을 모르는 장면을 말한다.

이 논문의 내용을 간단히 정리하여 제시하면 다음과 같다.

5차 교육과정은 읽기 능력과 읽기 기능을 거의 동일한 의미로 사용하고 있으며, 현행 중학교 국어과 교과서(제5차)의 학습 목표 진술 양식을 보면, 학생의 이해 과정 자체에 도움이 되는 읽기 지도를 한다고 볼 수는 없다. 선언적 지식보다는 절차적 지식과 조건적 지식 위주로, '활동' 역시 읽기 기능에 근거한 막연한 행동 개념이 아니라 '읽기 전략을 학습하기 위한 활동'으로 제시되어야 한다.

기능 중심 읽기 지도 교재는 탈맥락화된 개별 기능의 학습을 중심으로 구성되어 있으므로, 읽기 과제를 수행할 때 필요한 기능의 통합적인 측면을 간과했다. 전략 중심 읽기 지도의 교재는, 읽기 과제를 수행하는 과정(읽기 맥락) 속에서 읽기 전략을 모의(模擬) 수행하게 함으로써 읽기 전략의 학습과 동시에 읽기 과제를 달성할 수 있도록 고안되어야 한다. 전략 중심 읽기 지도는 독해 방법의 지도에 초점을 두기 때문이다.

종전과 같은 '읽기 기능이나 읽기 활동 중심의 읽기 지도 교재'는 읽기 지도 목표와 읽기 지도 내용 구성상 학생들의 읽기 능력 증진보다는 '글 이해 결과 위주의 읽기 지도'나 '글 내용 학습(study) 지도'의 성격을 보였다. 이에 대한 문제 의식은 고등학교 국어 교과서 수록 글 선정 기준의 혼란, 무분별한 학년별 이동 현상 등을 지적하는 과정에서 잘 드러난다. 아울러 지식 위주의 읽기 지도에 대한 비판도 심각하게 제기하고 있다.

읽기 전략의 학습이 읽기 과제(글 이해) 속에서 진행될 수 있게 하는 측면(학습 발생의 조건을 조성한다는 면)에서 읽기 전략 학습의 '상황'이 중요하게 되었고, 이러한 관심은 읽기 전략 지도 수업 모형의 연구로 이어졌다. 읽기 전략의 학습은 읽기 수업 모형과 읽기 지도 교재의 학습 활동에 의해 안내된다. 종전과는 달리 제재의 '학습 활동'에 수업 모형적 성격을 부여함으로써 읽기 지도 자체를 글 중심이 아닌 학생 중심으로 변화시킬 수 있다. 학습 활동의 내용은 읽기 전략과 학습 방법의 결합으로 제시된다. 이는 글 내용에 따른 독이성(讀易性) 문제를 통제하는 동시에 학생에게 필요한 읽기 전략을 찾아 지도할 수 있게 하려는 의도에서 마련된 것이다. 그리고 각 단원은 읽기 원리와 읽기 전략 중심으로 기술되어야 제재별 학습 목표와 연계할 수 있으며, 글 중심적인 읽기 지도를 방지할 수 있다.

전략 중심 읽기 지도 수업 모형에 따른 교재를 구성 방안은 다음과 같다.

Ⅰ. 읽기 전 단계: 사고 활성화
　(1) 대상 글과 관련된 이해 결과(글 통일성/응집성) 확인성 질문 제시
　(2) 글과 관련된 사전 경험 연상, 토의, 발표
　(3) 학습 목표의 확인
Ⅱ. 읽는 동안 단계: 읽기 과정을 통해 읽기 전략의 획득
　(1) 학습 목표인 대상 전략에 대한 설명: 절차적, 조건적 지식의 제공
　(2) 읽기 과제 수행: 시범 - 상호작용 - 적용
　　　　　　　 ~ 읽기 과제의 수준별 단계화
Ⅲ. 읽은 후 단계: 독자적인 학습(학년별/개인별 지도 초점의 적용)

3) 핵심 어구

읽기 지도, 읽기 전략, 읽기 기능, 읽기 수업모형, 읽기 교재, 국어교육

3. 논의점

1) 전략의 개념

이 논문은 읽기 기능을 하위 분류하는 것은 한계가 있으므로 전략(과정)을 논하는 것이 더 총체적이고도 수월한 방법이라는 전제를 바탕으로 논의를 전개하고 있다.

'전략'은 다의적이어서 용어를 사용하는 사람이나 영역, 분야에 따라 각기 그것이 함의하는 의미망이 다르다. 문학에서 전략은, 중심이 되는 문제 상황에서 주체가 문제 해결을 위해 구사할 수 있는 지략이나 원리의 의미로 사용된다. 그렇다면 읽기 상황에서 그것을 활용할 수 있는 방법을 지도하는 것이 전략 지도가 될 것이다.

'전략'은 언어 사용 주체의 과제 '수행'과 연계된 개념인 반면 '기능'은 추상적인 언어 능력 또는 언어의 추상화된 구조라는 함의를 지닌다. 읽기 과정에서 상황 맥락에 따라 추상적인 능력인 기능들이 포섭되어 활용되어야 하는데 이를 위해서 유목적인 '전략'이 필요하다. 읽기 전략은 상황 맥락에 따라 달라지는데 전략을 논하다보면 추상적인 차원에서의 논의가 되기 쉽다. 곧 주체의 상황, 텍스트의 상황, 문화적 상황을 고려하지 못한 논의가 되기 쉽다.

만약 그렇다면 우리는 여기서도 내용적 지식과 방법적 지식이 통합되는 지점을 발견할 수 있을 것이다. 대개 전략은 기능적, 객관적이라 여겨지지만, 사실 주체가 어떠한 전략을 사용하는가 하는 선택의 과정이나 그에 작용하는 관점 그 자체도 이미 전략적이라고 말할 수 있다. 만일 이러한 입장을 수용한다면, '내용과 방법의 통합'은 실제로 가능할 것이다.

어쩌면 우리가 '기본'이라 생각했던 부분이 이미 특정한 우리의 문화일 수 있다. 다시 말해 현재 기본이라고 제시하는 것에 이미 특정한 문화가 오리엔테이션 되어 있을 수 있다. 독서 방법은 행동이나 행태가 아니라 이미 사고다. 따라서 전략적 물음 안에는 이미 문화적 체험이 스며들어 있다.

2) 전략 지도

이 연구은 읽기 지도는 읽기 기능의 지도가 아니라 읽기 전략의 지도이어야 한다는 점을 말하고 있다. 읽기 지도에서 전략 지도에 관하여 다음과 같은 점에 대해 생각해 보아야 한다.

첫째, 전략은 반드시 모두 교육되어야 하는가?

누구나 전략을 구사한다. 따라서 교육적으로 의미 있는 전략을 가르치기 위해서는 실생활에서 사용되는 전략들을 모두 수합해서 이를 검증해야 하며, 이를 바탕으로 어떠한 전략을 교육해야 할 것인가를 선별해야 한다. 즉, 읽기 전략이 실제로 어떻게 사용되고 있는가 하는 현 실태가 먼저 연구되어야 하고, 이를 바탕으로 가르쳐야 할 전략이 선별되어야 한다는 것이다. 읽는 주체의 행위를 실제로 실험 관찰하는 것도 하나의 방법이 될 것이다.

둘째, 실제로 학생들이 구사하는 전략이라는 것이 어느 정도 의미 있는가?

실제 학생들의 전략 사용태는 전략을 구체화하기 위한 토대가 되는 것일 뿐, 그것이 중심이 될 수는 없다. 하위 기능들의 총합이 총체적 능력이 될 수 없다는 이 연구의 입장에는 동의하나 '전략'이 과연 '기능'만큼 교육적으로 효과적인지에 대해서는 심각하게 생각해 보아야 할 문제이다. 전략 중심 논의는 '무엇을 어떻게 가르쳐야 하는가'라는 구체적인 방법의 측면에서는 기존의 '기능'에서 논의된 수준에 미달하는 것이 사실이다. 실질적인 읽기 능력 신장의 차원에서 '전략'은 보조적 역할에 머무는 것이 아닌지 따져볼 필요가 있다. 현재 읽기에서 논의되는 전략 개념으로는 잘 읽어낸 것과 잘못 읽어낸 것은 설명 가능하지만 '다르게 읽어낸 것'은 설명이 되지 않는다. 바로 이 점이 보완되어야 할 것이다.

셋째, 전략이 내용과 별개로 설정될 수 있는가?

내용 생성을 위한 마인드 맵(mind map)이나 브레인스토밍(brainstoming)을 예를 들어 생각해 보자. 이와 같은 쓰기 전 활동이 실제 쓰기 과정에서 얼마나 도움이 되는가? 마인드 맵 방법을 몰라서 못 쓰는가? 오히려 평소의 사고, 생활, 경험이 궁극적으로 내용 생성에서 더 중요한 것이 아닌가? 국어 교과를 방법 교과라 하여 내용의 측면을 배제한 결과 이러한 방법 중심의 논의가 계속되고 있는 것으로 보인다. "국어과 읽기 지도는 글이 아니라 학생의 읽기 능력에 초점을 두어야 한다."라는 논의는 하나로 이루어진 것을 의도적으로 분리시킨 것이 아닌가 하는 생각이 든다. 사실 전략이라는 것은 읽어야 할 글의 내용에 의존하는 측면이 강하다. 전략과 내용 두 가지가 서로 상호 작용해야 바람직한 읽기 능력의 신장을 기대할 수 있지 않을까?

마지막으로, "마인드 맵 개념을 아는 아이에게는 이미 마인드 맵이 필요 없다"는 말과 같이, 전략은 '자동성'의 맥락에서 이해해야 할 필요가 있다. 어느 정도 전략이나 기능을 습득한 성인은 글을 읽어나가면서 바로 자동적으로 이해, 감상, 평가 작업을 수행한다. 그러므로 고차원적인 능숙한 독자를 대상으로 한다면 논의의 초점은 자연스럽게 바뀌어야 할 것이다.

3) 패러다임의 이동: 기능 중심-과정 중심-전략 중심-장르 중심

이 논문은 읽기 연구 및 지도의 패러다임을 기능 중심과 전략 중심으로 나누고 있다. 그런데 읽기 지도 패러다임으로 기능 중심, 과정 중심, 전략 중심이라는 용어가 폭넓게 쓰였으며 현재에는 장르 중심이라는 개념도 등장하고 있다. 문제는 이들의 개념들이 명확하게 구분되어 있지 않다는 점이다. 사용자에 따라 조금씩 그 개념의 차이를 드러내고 있다. 각각의 개념들이 표방하는 차이점을 명료하게 짚어볼 필요도 있다. 이를테면, '전략 중심(박수자)-과정 중심(이재승)-장르 중심(박대호)'의 경우 어떤 교육관을 담고 있는지 분명하게 인식하는 것도 중요하다.

4) 개별 학생의 언어 능력의 측정

이 논문에서는, "읽기 능력은 하나의 총체적 정신 작용이므로 위계적으로 세분화될 수 없고, 동시에 읽기 능력은 지도가 그대로 학생의 읽기 능력이 되는 것은 아니기 때문이다. ……중략…… 학생에게 맞는 언어 능력이란 구체적인 상황 속에서 개별 학생을 대상으로 할 때 결정되는 것이고, 만일 언어 능력의 측정이 가능하다고 해도 그 자료를 통해 예상할 수 있는 데에는 한계가 있다."라고 하고 있다.

그러나 개별 학생의 언어 능력에 대한 측정은 어렵지만 해야 하는 것 아닌가?

언어 능력에 대한 완벽한 측정이 가능하지는 않을 것이다. 그러나 국어교육을 통해 신장시키고자 하는 언어 능력이 있다면, 그 능력의 특성은 무엇인지, 그리고 그 능력에 도달하기 위해서는 어떠한 교수·학습 방법을 취해야 하는지에 대하여 논의할 수 있어야 할 것이며, 마찬가지로 학습자의 언어 능력을 평가하여 각 언어 능력에 맞는 읽기 지도를 할 수 있어야 할 것이다. 그렇지 않다면 언어 능력을 신장시키기 위한 실질적인 대안을 제시하기 어려울 것이다. "이런 문제는 오히려 읽기 능력 지도 방법의 개발에서 그 해결안을 찾을 수 있을 것"이라고 보는 입장도 크게 설득력을 가지기 어렵다. 읽기 능력 지도 방법을 개발할 수 있는 기준 중의 하나가 바로 현재 학생들이 보이는 언어 능력의 수준이기 때문이다. 읽기 능력의 수준에 맞는 읽기 능력 지도 방법이 개발되어야 할 것이다. 쉽지 않은 일이지만 반드시 이루어져야 하는 부분이다.

한편, 이 주장을 '일반화되고 추상화된 언어 능력을 상정하고 이를 개별 학습자에게 적용시키는 것은 바람직하지 않다.'라는 뜻으로 받아들인다면, 언어 능력을 추상적인 차원에서 논의할 것이 아니라 문화적으로 유형화해야 한다는 주장으로 새롭게 적용 가능하다. 일반적이고 추상적인 언어 능력을 전제할 경우 현실적으로 국어교육 연구의 성과를 구체적으로 도출하는 것은 쉽지 않다. 따라서 오히려 문화적 유형화 등의 다른 시도가 있어야 한다는 쪽으로 생각을 전개해 간다면, 국어교육 연구의 발전 가능성을 엿볼 수도 있을 것이다.

4. 의의와 발전 방향

이 연구가 지니는 의의는 다음과 같이 정리할 수 있다. 첫째, 이 연구는 학생의 읽기 능력 향상을 위한 읽기 지도 방안을 모색한 것으로서, 전략 중심의 읽기 지도 방안을 마련함으로써 중학교 읽기 지도의 방법론 개발에 기여할 수 있다. 둘째, 전략 중심 읽기 지도는 학생으로 하여금 글 이해 과제를 수행할 때 능동적으로 참여하여 글을 이해하는 방법을 학습하고 자신의 학습 과정을 점검할 수 있도록 지도한다는 측면에서, '학생 중심의 학습과 과정 중심의 학습'의 구체적인 예를 보일 수 있다. 셋째, 전략 중심 읽기 지도는 학생이 읽기 과제를 수행할 때 교사와의 상호 작용을 통해 학습의 발생 조건을 최대화해 준다는 면에서 학생의 읽기 능력의 수준에 따른 개별 학습을 보장할 수 있다. 넷째, 전략 중심 읽기 지도 교재의 개발은 주변 학문의 연구를 국어과 교육에 맞게 변용하는 과정을 보임으로써 국어과 교과이론의 영역이나 성격을 드러낼 수 있게 한다.

이 논문은 당시 교육 일반에서 새롭게 각광을 받기 시작한 '전략'이라는 개념을 국어교육, 그 중에서도 읽기 지도에 적용한 연구라 할 수 있다. 당시 읽기 교육에서는 분절적이고 객관화된 기능 중심의 지도가 주류를 이루고 있었는데, 이에 대한 반성을 토대로 전략 중심의 읽기 지도의 가능성을 탐색하였다. 기능 중심으로 읽기 지도가 이루어질 경우, 자칫 읽기의 전체적인 양상을 간과할 수 있다는 점, 학생 개개인의 유의미한 변화 자체에 더 관심을 가져야 한다고 주장했다는 점에서 이전의 논의에 비해 진일보한 것이라 할 수 있다.

그리고 이 연구는 이론적인 논의를 토대로 구체적으로 현실화할 수 있는 대안을 제시했다는 점에서 실천적인 의미를 지니고 있다. 특히, 구체적인 독해 방법을 제시하고 그 실천적인 대안을 제시하고 있다는 점은 현재 이 연구에서 제안한 방법들이 이미 부분적으로 실용화되고 있음을 볼 때, 이미 그 타당성을 인정받았다고 할 수 있다.

또한 이 논문에서는 "세분화된 읽기 기능을 개별적으로 지도하는 것은 읽기 과정상 개별 기능을 통합하는 과정을 포함하지 않음으로써 결과적으로 학생에게 그 부분은 맡기는 것이 된다."고 비판하면서 개별 읽기 기능의 탈맥락화된 상황에서의 지도가 아니라 실제로 읽기 과제를 수행하는 과정 속에서 읽기 전략을 자연스럽게 학습할 수 있도록 안내하여야 한다고 보고 있다. 이러한 전제는 타당한 것이라고 할 수 있다. 그런데 이 논문에서 제안하고 있는 읽기 전략이 또 다른 측면에서 보면, 탈맥락화된 상황에서의 지도가 될 우려는 없는지 생각해 보아야 할 것이다. 이것은 글의 맥락뿐만 아니라, 읽기 주체의 읽기 행위를 둘러싸고 있는 전반적인 문화적인 현상까지도 포괄하자는 의미를 지닌다. 좀더 폭넓은 층위에서 논의가 이루어졌으면 하는 바람인 것이다. 예를 들면, 읽기 전 단계에서 대상 글 자체에만 집중할 것이 아니라, 대상 글이 전제로 하고 있는 문화적인 관점에 대한 환기, 논의 등도 가능할 것이다.

필자의 변

1. 읽기 전략 지도가 읽기 기능 지도처럼 혹 탈맥락화된 상황에서 지도될 가능성에 대한 우려에 더하여, 읽기 행위의 사회문화적 맥락에 대한 고려를 제안하고 있다.

교육적 환경이 사회의 현실 환경과 동일하다면 좋겠지만, 학습은 어쩔 수 없이 인위적으로 조직되고 관리되는 학습 환경에서 이루어진다. 따라서 연속적이고 통합적인 사회적 맥락과는 달리 교육은 단계적이고 모듈화된 학습 단위(교과별 차시 수업)로 나뉘어질 수밖에 없다. 읽기 기능 지도가 문제가 된 것은 읽기 기능을 구성한다고 가정되는 하위 요소(목록 형태)로 분류하고, 그 요소들 각각을 따로 가르치되 통합하는 활동은 없었으며, 또 그러한 활동을 통해 학습자가 언어 능력을 신장하기 위한 구체적인 안내가 이루어지지 않고 학습자의 활동만 있는 맹목적인 학습이기 때문이다. 읽기 전략 지도도 학습 환경의 특성상 학습 단위로 나눌 수밖에 없지만, 학습 시간에 활동을 위한 구체적인 방법을 안내하고 그 방법을 전이하여 적용할 수업 과제(전략을 배운 글, 전략을 적용할 새로운 글)를 새롭게 도입한다면, 읽기 기능 지도의 문제점을 극복할 수 있으리라 본 것이다.

그리고 읽기 기능은 읽기 능력의 차원에서 언급되는 개념이고, 해당 읽기 기능의 실현을 위해 구체적으로 수행 가능한 절차(방법)를 밝힌 것이 읽기 전략이기에 이 두 개념이 서로 배타적인 것은 결코 아니다. 줄거리를 파악하는 기능을 획득하기 위해서는, 줄거리를 파악하는 활동이 아니라 줄거리를 파악하는 방법을 활동 속에서 익히는 것이 필요하다. 또 방법을 익힌 다음에는 방법의 적용 범위를 넓히는 학습으로서, 다양한 문화적 맥락에서의 읽기 활동이 지도되고 권장되어야 한다. 물론 학년별로 학습 내용을 구성할 때, 학습의 계열성이나 통합성 면에서 방법을 익히는 학습도 있고 다른 학습 내용도 있을 것이다.

2. 전략의 가치에 대해 생각해 보자고 제안하고 있다.

능력의 향상은 무조건 시킨다고 해서 혹은 외운다고 해서 얻어지는 것이 아니다. 국어 능력의 향상을 위해 학습자가 알아야 하는 것도 있고 알고 수행해 보는 과정에서 향상되는 것도 있다면, 수업의 목표와 내용을 구체적으로 제시할 필요가 있다. 읽기 전략의 학습은 그런 점에서 매우 가시적으로 수업을 관리할 수 있게 해 준다. 가령, 스키 타는 법은 걸음마부터 배워야지, 무조건 슬로프에 세워 스스로 터득하라고 할 수는 없는 것이다. 방법의 학습은 실제 상황에 적용할 수 없다면 아무런 의미가 없으므로, 전략의 적용은 반드시 사회적 맥락에서 이루어져야 할 것이다. 한편 전략을 이미 보유하여 잘 하는 학습자에게는 다시 전략을 가르칠 필요는 없지만, 사실 대부분의 학습자는 그렇지 못하다. 성인의 경우도 어떤 글을 완벽하게 이해했다고 자신할 수는 없기 때문이다. 또 학습할 텍스트의 난이도를 조정하여 학습자 수준에 맞는 전략 학습이 새롭게 제공될 수 있으리라 본다. 전략을 배우고, 그 전략을 적용하는 과정이 정교화된 학습 과제의 개발이 필요하다.

3. 언어 능력의 측정이 사실상 불가능하더라도 언어능력의 특성과 교수 학습법에 대해 논의해야 하고, 읽기 능력에 맞는 읽기 지도 방법을 개발해야 한다고 제안하고 있다.

당연히 그렇다고 본다. 사고 능력이나 언어 능력의 실체가 완전히 규명되지 않았다고 해서 교육을 할 수 없다는 것은 아니다. 본인의 의도는 학습자의 언어 능력은 해당 학습시 가장 구체적으로 드러나는 것이기 때문에, 수업시 학습자의 능력에 대한 교사의 진단과 교수 학습에서 처리할 수 있는 교사의 관리력을 키워야 한다는 것이었다.

4. 국어과 읽기 지도와 내용 교과의 읽기 지도를 분리하기보다는 상호 작용하도록 해야 한다고 제안하고 있다.

실제 읽기 행위에서 그 둘은 분리가 불가능하지만 국어 수업에서 초점을 두어야 할 것은 해당 글의 내용을 학습하기 위해 읽는 것이 아니라, 우선 글 이해의 방법을 배우는 읽기여야 한다는 뜻이었다. 물론 이해의 방법을 배우는 것은 결국 해당 글의 내용을 학습하는 것도 되기에 읽기 후 활동은 내용 교과의 읽기 행위와 다름 아니지만, 학습 구성 순서상 분리하고 조정한 것이다.

5. 읽기 층위에 따른 읽기의 원리를 제공하여야 한다

읽기 능력의 구조를 완전히 알 수 없고 읽기 층위를 명확하게 분리할 수 없는 상태에서 임의로 읽기 원리를 추상적 수준에서 제안하고 싶지는 않았다. 좀더 연구가 필요할 것으로 본다.

합성 명사의 지도에 대한 연구

■ 최영환, 서울대 박사학위논문, 1993 ■

1. 논문 목차

2. 내용

1) 연구 문제

본 논문은 합성 명사의 형성 규칙에 대한 체계적인 학습이 어휘력을 향상시키고, 궁극적으로 국어 사용 능력을 신장시킬 수 있음을 기본 전제로 하여, 합성 명사의 개념과 구조를 재정리하고 그 교육 방법과 교재 구안에 대해 고찰하고자 하였다.

2) 주요 내용

이 논문에서는 본격적으로 합성 명사의 개념과 구조를 재정립하기에 앞서, 먼저 기존 어문 규정, 교육 과정, 교과서 등을 비판적으로 검토하는 과정을 밟고 있다. 그 결과 합성 명사의 형성 규칙에 대한 체계적인 학습이 어휘력의 신장을 위해 매우 중요함에도 불구하고, 합성 명사의 개념 규정이 불분명하고 교재와 교수·학습 방법 역시 불충분하여 현재 학교 현장에서 합성 명사를 지도하는 데 매우 어려움을 겪고 있음을 밝혀 내었다. 이러한 검토 결과를 문제 의식으로 삼아, 합성 명사의 개념과 범주를 분명히 하고 그 지도 방법에 대한 체계적인 연구를 시도하고 있다.

이에 3장에서는 합성 명사의 개념을 규정하고 그 구조를 밝히고 있다. 이 논문에서는 합성 명사를 접사를 제외한 어휘소와 어휘소의 결합으로 보고 있다. 합성 명사의 개념을 정의하기 위해 어휘소의 개념을 차용한 이유는 합성 명사를 형태론 중심으로만 정의하려고 한 기존 이론의 문제점을 극복하고, 형식과 의미를 동시에 고려한 새로운 개념 체계를 확립하기 위해서이다. 그 결과 A 어휘소와 B 어휘소가 결합하여 새로운 의미(C)를 형성한 것만을 합성 명사로 간주함으로써, '비바람, 봄가을'과 같은 단어들은 합성 명사의 범주에서 제외되었다.

또한 국어의 합성 명사를 통사적 합성어와 비통사적 합성어로 나누는 방법 역시 합성 명사를 이해하는데 도움이 되지 않는다고 지적하고, 합성 명사의 분류는 직접 구성 성분 분석(IC 분석)을 통하여 이루어져야 한다는 점을 강조하고 있다. 특히 이 논문에서 주목을 끄는 것은 사이시옷을 음운론적 현상이 아닌 형태론적 현상으로 설명한 점이다. 즉 사이시옷을 합성 명사의 두 구성 성분의 관계를 긴밀하게 유지시키기 위한 형태론적인 것으로 보고 있다.

합성 명사에 대한 검토 결과를 중심으로 4장에서는 합성 명사에 대한 지도 및 교재 구성 방안에 대하여 논의하고 있다. 먼저 합성 명사에 대한 지도는 합성 규칙에 대한 지도와 합성 명사 생성에 대한 지도로 나누어 제안하고 있다. 첫째, 합성 규칙에 대한 지도는 합성 명사 형성 규칙에 대한 분석적 이해를 가능하게 하는 것으로 언어 수행적 지식으로 활용할 수 있는 기초 지식이 될 수 있도록 지도해야 함을 강조하고 있다. 둘째, 합성 명사의 생성을 지도할 때에는, 맥락에 적절한 합성 명사를 만들어 효과적으로 사용할 수 있도록 지도하여야 함을 강조하고 있다. 그리고 이러한 목적에 맞게 교재를 구성하기 위해서는, 지도하고자 하는 목적에 따라 여러 가지 교수 모형을 적용·원용하고 교사들이 적절한 교수 모형을 선택하여 활용할 수 있도록 해야 한다고 논하고 있다.

결국 이 논문은 합성 명사에 대한 지도가 어휘력 신장, 궁극적으로는 국어 사용 능력의 신장으로 이어질 것이라는 전제를 바탕으로 하여, 합성 명사의 개념과 구조를 의미와 형태를 기준으로 하여 재정리하고 그 교육 방법과 교재 구안에 대해 고찰하고 있는 연구라고 할 수 있다.

3) 핵심 어구

어휘 지도, 합성, 합성 명사, 어휘소, 사이시옷, 어휘 형성 규칙

3. 논의점

1) 연구의 전제

이 논문에서는 합성 명사가 형성되는 규칙을 알면 합성 명사를 효과적으로 사용할 수 있는 능력이 신장되므로, 합성 명사에 대한 지도가 곧 어휘력 신장으로 이어질 수 있다고 전제하고 있다. 그러나 이러한 전제가 과연 타당한지에 대하여 검증된 바가 없으며, 이를 검증하려는 시도가 논의되고 있지 않다. 합성 명사의 규칙과 생성에 대한 지식을 언어 수행적 지식으로 연결되도록 하는 '원리'가 무엇인지에 대한 세부 논의가 필요하다.

2) 합성 명사의 정의

이 논문에서는 합성 명사를 '접사를 제외한 어휘소와 어휘소의 결합'(이용주(1990)에 근거)으로 보면서, 어휘소 A와 어휘소 B가 만나 새로운 어휘소 C를 형성하는 경우(융합)만을 합성 명사로 취급하고 있다. 이는 합성 명사에 관한 기존의 개념 정의(어근+어근)가 형식에 초점을 두어 정의되고 있다는 점을 비판하고, 형식과 내용을 동시에 고려하는 개념 정의를 내리고자 한 시도라고 할 수 있다. 그러나 이 논문에서 제시한 정의는 다분히 의미 중심적이라는 점에서 제기한 문제를 100% 해결하였다고 볼 수 없다. 특히 어휘소를 어떻게 보느냐에 따라 여러 가지 문제가 발생할 수 있다. 사실 어휘소는 의미를 갖고 있는 최소 단위로, 이 의미를 무엇이라 정의하느냐에 따라 접사, 단어, 구, 관용 표현을 모두 포함할 수 있다. 결국 이러한 논의 안에서는 합성과 파생의 문제, 파생과 합성의 구별이 다 모호해질 수밖에 없다.

또한 합성 명사를 위와 같이 정의할 경우, 사전 등재와 관련하여 합성 명사이면서 합성 명사가 아닌 것들을 어떻게 처리할 것인지의 문제가 발생할 수 있으며, 합성 명사의 범위를 위와 같이 축소하는 것이 지금의 언어 현실에 부합하는 것인지의 문제 역시 생각해 볼 사항이다.

3) 국어 지식 영역 연구의 방향 설정 문제

1993년을 기점으로 맥락(context)이 도입되면서 연구의 대상이 확장되었고, 그 결과 국어 지식 연구의 방향이 바뀌었다고 말할 수 있다. 지금까지 국어 지식 분야의 연구 경향을 두 가지로 나눈다면 다음과 같다. 첫째, '지식' 그 자체를 내용으로 한 것으로, 이는 지식이 그 수행과 직접 연결 가능하다는 전제를 바탕으로 하여 지식의 내적 구조를 다루었다. 둘째, 지식 자체가 아니라 지식을 발견하는 과정·방법에 주목한 것으로, 언어 현상에 대하여 호기심을 갖고 탐구하면 국어 지식을 발견할 수 있다는 전제를 바탕으로 하여 지식의 발견 과정, 방법을 강조하고 있다. 최근 국어 지식 교육의 연구 흐름은 이 중 후자 쪽으로 나아가고 있지만, 전자와 같은 연구도 꼭 필요한 것이 사실이다. 전자와 같은 논의는 송현정(1998) 이후 실질적으로 중단된 상태라고 말할 수 있다.

그렇다면 국어 지식과 그 교육을 어떻게 연계할 것인지, 앞으로 국어 지식 영역 연구의 방향을 어떻게 설정하여야 하는지 모색하여 볼 필요가 있다. 이를 위해서는 국어 지식의 층위와 범위를 어디까지 볼 것인지에 대한 합의가 먼저 있어야 할 것이다. 김광해(1997)의 탐구 학습은 실질적으로 기존의 형태론·통사론 영역의 범위를 넘지 않고 있다. 지금까지의 국어 지식 교육 논의의 경향을 살펴보면, '무엇'을 제쳐두고 '무엇'을 바라보는 관점이나 방법, 교수 방향을 바꿔가며 논의를 전개하는 양상을 보이고 있다. 이제는 국어 지식 교육의 실질적 내용을 정립해야 할 때이다. 물론 국어 지식의 내용 자체를 국어교육의 입장에서 정립하지 못한 것은 아니다. 그러나 현 교육 과정의 '삼분법(기능−국어 지식−문학)' 체제 하에서는 어쩔 수 없이 국어 지식의 내용을 모두 국어학에서 들여올 수밖에 없는 형국이다. 이러한 현상을 극복하기 위해서는 기존의 영역 구분을 재구조화해야 할 필요가 있다. 즉 학문의 체계가 교육의 체계로 그대로 수용되는 현 체제는 매우 문제적이다. 따라서 학문의 체계가 교육의 체계로 수용되는 과정에서 엄격한 재구조화가 이루어져야 할 필요가 있으며, 더 나아가 교육의 체계가 학문의 체계를 변화시킬 수 있도록 연구가 진척되어야 할 것이다.

4. 의의와 발전 방향

이 논문이 가지고 있는 가장 큰 의의는 기존(1993년 이전)의 논문과 달리 국어 지식을 인지적 지식이 아닌 언어 수행적 지식으로 바라보려는 관점을 시종일관 유지하고 있다는 점에 있다. 그리고 합성 명사에 대한 기존 논의들의 문제점을 폭넓게 지적하고 합성 명사 지도의 방향을 제시하고 있다는 점 역시 매우 긍정적이다.

실질적으로 별 차이가 없을지라도, 합성의 '단위'를 무엇으로 보는가는 분명 중요하다. 기존의 '어근+어근'의 접근에 비해 '어휘소+어휘소'의 접근은 분명 합성 명사를 설명하는 새로운 관점을 제시해 주고 있다. 또한 합성 명사에 대한 개념 정립이 되어 있지 않아 합성 명사의 지도가 어려운 교육 현실을 인식하고, 이러한 문제를 출발점으로 삼아 합성 명사의 지도를 쉽게 하기 위한 방법을 추구한 것 역시 국어교육 논문이 취해야 할 방식이라는 점에서 의의가 있다. 게다가 내적으로는 명쾌한 설명을 바탕으로 하여 논의가 논리적·체계적으로 짜여져 있다는 점도 논문으로서는 매우 바람직하다 하겠다. 내적인 논리성이 충분히 보장되어 있는 경우, 여기서 합성 명사의 개념이나 합성 규칙과 관련한 국어학적 한계를 논할 수는 없다. 모든 연구는 무릇 특정 관점을 취하고 그에 기반하여 논의를 전개하는 것이기 때문이다.

그러나 해석의 타당성을 받아들인다 하더라도, 이런 식의 논의를 전개하기에는 '합성 명사'라는 대상이 너무 크다. 합성 명사는 국어학적으로도 논의가 쉽지 않은 부분인데, 그 개념 규정과 특징에 주안점을 두다 보니 교육적 활용에 대한 논의가 허술해지는 결과를 낳고 말았다. 합성 명사의 개념 규정 부분을 간단히 정리하고, 교육적 부분을 좀더 확장시켰으면 하는 아쉬움이 남는다. 또한 비록 경험적 근거는 제시하지 못했으나, 합성 명사 규칙을 지도하면 어휘력 신장될 것이라는 전제는 사실 매우 타당한 주장일 수 있다. 그러므로 큰 주제를 '어휘력 신장 지도'라고 설정하고 그 연구의 대상으로 합성 명사를 택하여 접근하였더라면 논문의 활용 가능성이 더 높아지지는 않았을까 하는 생각이 든다.

마지막으로 합성 명사를 효과적으로 지도하기 위해서는 교재를 구성하는 방식에 변화가 필요하다는 점을 지적하고 그 방향을 논하였으나, 어느 한 가지 교재 구성 방식을 따르지 말고 지도하고자 하는 목적에 따라 여러 가지 교수 모형을 적용·원용하고 실제 수업에서 교사들이 적절한 교수 모형을 선택하여 활용할 수 있도록 하자고 제안함으로써, 제기한 문제를 해결하지 못하고 있다. 교수·학습 방법과 교재 구성에 대한 구체적이고 실질적인 논의가 필요할 것으로 보인다.

■ 천경록, 한국교원대 박사학위논문, 1997 ■

1. 논문 목차

2. 내용

1) 연구 문제

이 연구는 읽기 교재의 질을 향상시키기 위해 문장의 길이, 논리적 연결어, 논항의 반복, 신·구정보의 일치 등의 수정이 학습자의 글 이해에 어떤 영향을 미치는지를 검증하여 교과서 수정 방안을 구안하는 데 그 목적이 있다.

2) 주요 내용

이 연구는 지금까지 교과서를 개발할 때 정교한 과정을 거쳐 수정이 이루어졌으나 수정방안이 구체적으로 축적되지 못하였고, 수정의 결과가 이해에 도움을 주었는지에 대한 검증이 없었다는 사실에서 출발한다.

이 연구는 교재 수정의 이론적 배경으로 문장 길이나 어휘에 초점을 두는 가독성(可讀性, readability) 차원, 글·어휘·문장 차원에서 수정하는 전통적인 '수사학적(연구자 명명)' 차원, 그리고 텍스트언어학적 접근에 해당하는 논항 반복과 신·구정보의 일치 차원, 논리적 연결어 차원 등에 대해서 고찰하고 있다.

이 연구는 세 개의 실험으로 이루어졌는데 실험1은 국어 교과서를 대상을 원본, 원본에 문장의 길이 조정, 논리적 연결어 사용, 논항 반복과 신·구정보 일치 등을 종합적으로 적용한 수정본, 교과서 사이의 이해도에 차이가 있는지 알아보는 것이다. 실험 2는 내용 교과서에 해당하는 환경, 상업, 수산업 교과서를 대상으로 원본과 수정본을 비교하였다. 실험3은 교과서 밖의 글을 대상으로 문장의 길이를 수정한 수정본 1, 여기에 논리적 연결어를 보충한 수정본 2, 여기에 논항 반복과 신·구정보를 일치시킨 수정본 3을 만들어 실험을 실시하였다. 위의 각 실험은 각기 피험자를 대상으로 하였으며, 이해도는 회상 검사와 탐문 검사를 통해 측정하였다.

실험 결과는 다음과 같다. 첫째, 중학교 국어 교과서 읽기 영역에 실린 글의 경우 원본을 읽은 집단이 교과서본이나 수정본을 읽은 집단보다 통계적으로 의미 있게 이해 정도가 높았다. 특히, 수필류에 속하는 글이 더욱 그러하였다. 둘째, 내용 교과의 교과서 경우는 수산업 교과서는 이해도가 향상되었으나 환경 교과서와 상업 교과서는 이해도가 향상되지 않았다. 질적인 측면에서 보면 차이를 보이는데 수정본을 읽은 집단의 회상 내용은 교과서본을 읽은 집단에 비하여 인과성이 뛰어났고, 중요한 정보를 회상하였다. 셋째, 교과서 밖의 글을 대상으로 한 실험에서 논항 반복 및 신·구정보 일치 방안은 원본과 비교하여 의의 있는 이해의 신장을 보여주었으나 문장의 길이를 조정하는 방안, 논리적 연결어를 수정하는 방안 등은 원본과 비교하여 이해도를 향상시키지 못하였다. 이를 통해 논항 반복 및 신·구정보를 일치시키는 것이 이해의 정도를 향상시키는 주요한 방안임을 밝혀 냈다.

3) 핵심 어구

읽기 교재, 교과서, 수정, 문장의 길이, 수사학, 논항 반복, 신·구정보, 논리적 연결어, 일관성

3. 논의점

1) 교재와 수정의 문제

교재에서 수정은 필요한가? 이 연구는 교과서는 어려운 학습 내용이 담겨 있기 때문에 가능한 추론의 수를 줄여 이해를 쉽게 조장하여 주어야 한다(p.39)고 말함으로써 교과서에서 수정이 필요함을 역설하고 있다. 그러나 국어 교과서와 다른 교과의 교과서는 사정이 다르다. 국어 교과의 교과서는 내용을 담고 있는 것이라기보다는 언어 능력을 신장시키는 교육 활동의 자료의 성격을 갖는다. 국어 교과서에 실려 있는 글은 학습자의

수준에 맞아야 하는데, 학습자의 수준에 맞는다는 것에는 적절하게 어려운 글이라는 것도 포함된다. 적절하게 어렵기 위해서는 추론이 전혀 필요하지 않는 글이 아니라 적절하게 필요한 글을 의미한다. 아울러 국어 교과서에 실려 있는 글은 단순히 정보를 전달하는 건조한 글이 아니라 맛과 멋을 느껴야 하는 글이어야 한다. 교재의 수정은 이러한 점들이 고려되어야 하며, 특히 읽기 교재의 경우는 더욱 그러하다.

2) 교재 수정의 범위

이 연구에서는 문장의 길이 조정, 논리적 연결어 사용, 논항 반복과 신·구정보 일치 등을 중심으로 수정하고 그 효과를 검증하고 있다. 그러나 교재 수정은 이러한 차원에서만 이루어지는 것은 아니다. 교재의 수정은 학습자의 지식, 인지 수준, 문화 등과 같은 학습자의 측면과 교과의 성격, 목표 등과 같은 교과적 측면도 고려되어야 한다. 논리적 연결어의 사용은 독해 수준이 낮은 학습자에게 도움을 줄 수 있지만 능숙한 독자에게는 큰 도움이 되지 못할 것이기 때문이다. 이러한 점 때문에 교재 수정과 관련하여 총체적 수준에서 교재 수정의 구조, 요인 등을 종합적으로 분석할 필요성이 요구된다.

4. 의의와 발전 방향

어느 교과를 막론하고 교재 특히 교과서는 교수·학습 상황에서 매우 핵심적인 요소의 하나이다. 따라서 학습자들이 쉽게 이해할 수 있는 텍스트 구성과 교과서의 제작은 중요한 의미를 갖는다. 특히 교과서 제작은 텍스트의 수정 보완 과정이 따름에도 불구하고, 그 과정 등과 관련된 이론적 분석이나 연구가 뒤따르지 못했다는 점에서 이 연구는 의의를 갖는다. 아울러 이 연구는 교육 개혁이란 교수·학습 현장 개선에서 출발하는 것이며 그 1단계로 학습가능성(learnability)의 향상이라는 측면에서 교과서의 개선에 관심을 보이고 있다.

읽기 교재의 수정은 위에서 언급한 바와 같이 거시적인 측면에서 고찰될 필요가 있으며, 학습자 변인 등이 충분히 고려되어야 한다. 이 방면에 대한 연구는 좀더 세부적인 주제로 나누어 탐구할 수 있으리라 생각된다.

필자의 변

이 논문의 주요 연구 문제는, 원본을 수정하여 교과서본을 개발하는 것이 원본에 비해 학습자의 이해를 실질적으로 향상시키는지 여부를 파악하는 것이었다. 미흡한 글을 논의의 대상에 포함시켜 비평해 준 분들에게 경의를 표한다. 세미나를 진행하신 분들은 필자의 글에 대하여 다섯 가지 정도의 의견을 제시하였다. 이를 제시하고 그에 대해 의견을 간단히 밝히도록 한다.

첫째, 좀더 정밀한 연구가 필요하다고 하였다. 부분적으로 동의한다. 이는 연구 방법과 관련한 문제 제기라고 생각한다. 필자의 논문은 실험 연구 방법을 적용하였으나 본격적인 실험 연구로서 정밀성이 떨어진다는 지적으로 이해한다. 그러나 국어교육학계는 아직도 실험 연구가 양적으로나 질적으로 부진하다. 연구 방법의 하나로서 계속 발전시켜야 할 것이다.

둘째, 텍스트의 미시적 측면에 제한되어 있다. 부분적으로 동의한다. 교재 수정은 미시적 측면, 거시적 측면, 수사적 구조에 관한 측면 등에서 할 수 있다. 필자의 연구는 연구 수행의 여러 가지 사정을 고려하여 미시적 측면으로 제한하였다. 비록 미시적 측면으로 제한하였지만 이 분야의 연구도 여전히 필요하다.

셋째, 다양하고 광범위한 학습자를 대상으로 연구 범위를 확대해야 한다. 동의한다. 필자의 연구에서 논의한 수정 방법을 초등학생, 중학생, 고등학생, 대학생, 일반인 등을 대상으로 적용해 볼 필요가 있다.

넷째, 텍스트 수정 방안과 절차에 대한 체계화가 요구된다. 동의한다. 서구에서는 선행 연구와 이론적 배경에서도 밝혔듯이 교재의 문장 기술을 향상시키려는 연구(Beck, et al. 1984; Fitzgerald, 1987)가 지속적으로 진행되고 있다. 이 문제는 교재론 연구의 하위 주제이다.

다섯째, 이 논문의 원본, 수정본 사이의 비교 분석을 통한 원리 연구가 필요하다. 동의한다. 이론적 배경에서 제안한 수정 방법이 실제 실험에 사용한 수정본에 제대로 반영되었는지를 밝혀 볼 필요가 있다.

학습자 중심 문학교육 방안 연구*

■ 이상구, 한국교원대 박사학위논문, 1998 ■

1. 논문 목차

---

* 이 논문은 『구성주의 문학교육론』(이상구, 박이정, 2002)으로 발간되었다.

2. 내용

1) 연구 문제

기존의 문학교육은 객관주의 패러다임의 영향으로 인해 문학에 대한 백과 사전적 단순 지식의 제공이나 '올바른 의미 찾기'에 열중한 나머지, 교사에 의한 전달 위주의 수업 및 암기 위주의 학습 형태를 벗어나지 못하였다. 이로 인하여 학생들에게 능동적인 의미 구성 활동이나 작품을 해석할 수 있는 방법론적 지식을 제공하지 못하였다.

그러나 70년대 이후 발흥된 인지심리학 및 90년대에 들어와 새롭게 조명 받기 시작한 구성주의적 동향은 학습과 교수 이론에 강력한 영향을 미치면서 문학교육도 구성주의적 동향으로 전환해 가고 있다. 이러한 동향에 비추어서 이 연구는 기존 문학교육의 문제점을 비판적으로 검토하고 구성주의적 동향을 바탕으로 한 학습자 중심 문학교육을 마련하기 위해 수행되었다.

2) 주요 내용

이 연구는 기존의 교사 중심의 문학교육에 대한 대안으로 학습자 중심의 문학교육을 제시하고자 한 연구이다. 이를 위해 먼저 기존의 문학교육이 갖고 있는 문제점을 비판적으로 검토하고(2장), 그 대안으로 구성주의에 기반을 둔 학습자 중심 문학교육을 살펴본 다음(3장) 학습자 중심 문학 수업의 원리와 방법을 제시(4장)하고 있다.

기존 문학교육은 다음과 같은 문제점을 갖고 있다. 첫째, 문학 이론을 문학교육 이론의 바탕으로만 활용함으로써 학제적인 교과교육학으로서의 문학 교육 연구에 대한 체계가 확립되어 있지 못하다. 둘째, 새로운 문학교육의 변화 동향을 반영하지 못함으로써 여전히 객관주의적 교수 학습 체제를 바탕으로 하고 있다. 셋째, 기존의 문학교육에서는 상상력, 미적 감수성 등을 강조함으로써 문학교육을 사고력 교육, 도덕 교육의 장으로 활용하는데 소홀히 하였다. 넷째, 문학 수업은 목표-수업-평가가 일치하는 하나의 일관된 프로그램이어야 한다는 인식이 부족하였다.

우리가 지향해야 할 바람직한 학습자 중심 문학교육은 '교육자 중심',

'텍스트 중심'과 상대적인 개념을 지닌 것으로, 학습자가 자신의 욕구와 홍미, 수준에 맞는 학습 내용을 선정하고 이를 자신에게 '유의미한' 생활 경험과 관련지어 능동적으로 학습하는 과정을 통하여 의미를 발견해 내는 학습 형태여야 한다.

이러한 방향에 부합하는 학습자 중심 문학교육의 바탕 이론으로는 1990 년대 이후 독일에서 수용 미학의 대체 패러다임으로 활발하게 논의되고 있는 구성주의 문예학을 들 수 있다. 이 이론은 독자 지향의 현대 문학 이론의 변화 동향을 반영하고 있을 뿐만 아니라 학습자들의 능동적인 참여와 협응을 통한 의미 산출을 강조하고 있다. 또한 근래 대두되고 있는 구성주의 인식론과 그에 터한 구성주의 학습관, 통합 교육, 총체적 언어 등 학제적으로 연계되는 관련 학문들과도 근원적으로 동일한 패러다임을 이루고 있어서 학습자 중심 문학교육 설계에 새로운 전기를 마련할 수 있는 대안으로 판단된다.

이와 같은 구성주의 문예학은 다음과 같은 세 가지 측면에서 우리가 지향해야 할 구성주의적 학습자 중심 문학교육에 긍정적인 시사점을 제공한다. 첫째, 무엇보다도 '구성주의'라는 현대 인식론적 관점을 바탕으로 하여 성립되었기 때문에 현대 교과 교육 동향과 일치한다. 둘째, 개인적인 심리적 과정에만 집중함으로써 개별 독자들이 산출한 의미의 타당성에 대해서는 명쾌한 해답을 제시하지 못한 기존의 문학 이론들과는 달리, 개인적인 심리 과정은 물론 의미 산출에 있어서 구성원들간의 협응을 통한 정당성 획득이라는 장치를 제시하고 있어서 무엇보다도 토의 학습을 강조하는 현대 교육의 동향과 부합한다. 셋째, 기존의 문학 이론이나 실천 비평들은 문학 작품에 대한 존재론적 지식, 즉 문학에 관한 개념적 지식만 제공할 뿐 문학 감상 혹은 해석에 필요한 절차적 지식을 전혀 제공하지 않는 '반방법론주의'를 지향한데 비해, 문학 감상의 경험적 지식을 추구함으로써 문학교육에 많은 시사점을 제공한다.

구성주의 문예학 외에도 학습자 중심 문학교육에 많은 도움을 줄 수 있는 문학 이론들로는 텍스트 언어학과 상호텍스트성 이론이 있다. 텍스트 언어학은 텍스트 이해에 필요한 개념적 지식이나 절차적 지식 혹은 방법론적 지식들을 제공해 줄 수 있고, 상호텍스트성 이론 역시 작품 감상 능력을 기르는데 경험 지식으로서의 인지도식을 형성하게 해 줌으로써 문학 교육의 체계 수립에 중요한 개념적 틀을 제공할 수 있다.

이와 같은 구성주의적 동향은 이미 구미(歐美)에서 실천되고 있는 바이기도 하다. 구미의 교과 교육의 동향을 살펴보면 구성주의적 패러다임을 바탕으로 통합 교육을 실시하고 있음을 알 수 있다. 통합 교육은 지식 내용의 전체성을 강조함으로서 사고와 학습을 통합시키고 언어 기능(말하기, 듣기, 읽기, 쓰기)을 통합시키는 것으로 궁극적으로는 전인적인 인간 형성을 목표로 한다.

이러한 전체 언어적 관점이 문학교육에 주는 시사점은 다음과 같다. 첫째, 문학교육의 가장 우선적인 관심은 '학습자'이다. 둘째, 문학교육은 유일한 정답을 제공하는 것이 아니라 학습 활동이라는 '과정'을 통해 얻어진 결과물이어야 한다. 셋째, 그렇기 때문에 문학 수업은 학생들이 최대한 활동을 할 수 있는 과정 중심적인 형태로 전개되어야 한다. 넷째, 학생들의 활동은 문학 작품을 읽고, 쓰고, 토의하는 통합적 과정으로 연결되어야 한다. 다섯째, 문학 작품은 학생들의 흥미와 관심, 능력 등을 고려하여 선정되어야 한다. 여섯째, 이러한 관점을 바탕으로 수업 매체나 학급 시설의 확충이 뒤따라야 한다.

학습자 중심 문학교육의 학제적 배경에 대한 위와 같은 논의를 바탕으로 학습자 중심 문학교육을 구체적으로 실천할 수 있는 수업 설계를 제시하면 다음과 같다. 학습자 중심 문학교육은 구성주의 문예학적 관점, 즉 '텍스트 인지-개인의 커뮤니카트 형성-협응을 통한 의미 구성'이라는 3단계를 바탕으로 하며 다음과 같은 두 단계에 초점을 맞춘다.

1단계: 문학 작품 수용과정의 이해 단계-커뮤니카트 형성 단계
　　　　문학 작품의 인지적 과정에 관한 경험적 지식의 학습 단계. 학

생들로 하여금 문학 작품 해석에 관한 인지도식과 같은 경험적
지식을 습득 내면화함으로써 절차적 모델을 형성하도록 한다.
2단계: 집단 구성원과의 상호작용을 통한 의미 구성 단계
집단 구성원들과의 커뮤니케이션을 통해 공인된 의미를 구축하
는 단계. 1단계에서 형성한 학생 개개인의 '커뮤니카트'를 바탕
으로 다른 사람의 의미 구성 방법과 내용과 상호작용을 함으로
써 공감대를 형성하고 정합성 있는 의미를 도출하는 과정을 학
습하도록 한다.

3) 핵심 어구

학습자 중심 문학교육, 학습자 중심, 문학교육, 구성주의 문예학, 텍스트
이해, 구성주의 학습관, 구성주의 수업 설계

3. 논의점

1) 객관주의의 수용방안

객관주의가 갖는 장점을 발전적으로 수용하는 방안이 검토되지 못했다.
객관적 지식이나 정답으로 제시되는 해석 결과 중심의 문학교육은 분명
한계를 노정하고 있다. 그러나 이를 비판하고 제시된 '결과가 아닌 과정
중심', '교사가 아닌 학습자 중심' 역시 그 역편향으로서의 한계를 지닐 수
밖에 없다. 결과로부터 분리된 과정이나 교사의 역할이 분명하지 않은 학
습자 중심 역시 편파적이고 한정적이기 때문이다. 객관주의와 구성주의는
서로 배타적이고 대립적인 것이라기보다 발달 위계 단계에서 특정의 위치
를 지니는 것으로 바라봐야 하지 않을까. 객관주의가 갖는 장점을 발전적
으로 수용하는 논의가 있었더라면 더 좋았을 것이라는 아쉬움이 남는다.

2) 구성주의 관련 논의들의 차이점

다양한 구성주의 논의들의 공통점뿐만 아니라 차별점도 면밀하게 검토될 필요가 있다.

이 논문은 객관주의 문학 교육의 한계를 넘어서기 위해 학습자의 '개인적' 활동과 학습자 간의 '집단적' 활동을 의미 구성의 주요 계기로 설정함으로써 해석의 개별성과 집단간 공준성을 동시에 고려하는 학습자 중심의 문학교육을 제안하고 있다. 바꿔 말하면, 전자는 개인의 이해 과정에서 작용하는 소통소(커뮤니카트)이고, 후자는 다른 사람들과의 언어적 상호작용, 혹은 협응 과정을 통한 의미구성 활동이다. 이 두 절차는 개인의 개별적 반응을 촉진시킴과 동시에 합의 가능한 의미의 공준성을 추구하는 데 일관된 근거로 작용할 수 있다.

하지만 구성주의가 매우 폭넓고 다양한 지류(支流)를 가지고 있다고 한다면, 양자를 구성주의적 공통점만으로 묶는 것에서 더 나아가야 이 논문이 서 있는 논쟁적 위치가 드러날 수 있을 것이다. 이들 이론이 갖고 있는 차별점은 논외로 한 채 공통점만을 이야기할 때 논리적 정합성은 떨어질 수밖에 없다. 예컨대 인지적 구성주의와 사회적 구성주의는 둘 다 구성주의라는 커다란 흐름 속에 있지만 분명 서로 다른 지향점을 가지고 있다. 만일 두 이론의 차이점을 논외로 한 채 공통점만을 이야기한다면 논리적 정합성을 확보할 수 있겠는가. 이 연구에서 제시하고 있는 학습자 중심 문학교육의 수업 설계에서 '개인적 활동'과 '집단간 활동'을 연계하는 논리적 고리가 선명치 않아 아쉽다. 이는 양자간의 차별점을 드러낼 때 분명해질 것이다.

4. 의의와 발전 방향

이 논문은 교사 중심의 일방식·암기식 문학교육의 문제점을 지적하고 학습자 중심 문학교육의 필요성을 제기한 논문으로서, 학습자 중심 문학교육의 이론적 바탕을 마련하고 그 구체적인 수업 설계 방식을 제공했다는 점에서 의미가 있다. 특히 구성주의 패러다임에 속하는 다양한 이론들을 종합적으로 검토하면서 학습자 중심 문학이론을 구축하려 노력한 점에서 그 의의가 크다고 할 수 있다.

그러나 학습자 중심 문학교육 방안이 구체적으로 제시되지 못한 점은 아쉽다. 기존의 독자 반응 이론이나 학습자 중심 이론이 갖고 있던 한계 중의 하나는, '학습자(독자) — 텍스트 — 저자' 사이에 일방적인 소통이 아닌 '거래(transaction)'가 있어야 한다고 주장할 뿐 어떤 방식으로 거래를 해야 하는가에 대하여 본격적으로 논의하지 못했다는 점이다. 그러나 '독자 반응 중심'이나 '학습자 중심'에 '교육'의 문제가 더해지면, 학생들의 감상 능력을 고양시킬 수 있는 교육적 기제가 필수적으로 요구된다. 즉, 거래를 하는 '방식'에 대한 교육 내용이 마련되어야 한다. 이와 관련하여 문학적 반응을 보일 때 거쳐야 할 요소들을 항목화해서 제공하고 학습자로 하여금 그러한 과정을 거치도록 유도하는 것도 필요하다. 앞으로 그 구체적인 '방법' 및 '요소'의 문제가 더 집중적으로 논의되어야 할 것이다.

필자의 변

회원님들께서 잘 요약 제시하였듯이, 저의 논문은 교사 중심, 결과 중심, 암기 위주의 학습으로 고착되어 있는 기존 문학교육의 문제점을 점검하면서, 그 대안으로 구성주의 동향에 따른 학습자 중심의 문학교육 체제를 마련하고자 했던 것입니다.

제가 구성주의를 처음 접한 것은 92년 말이었던 같습니다. 당시 '행동주의 — 인지주의 — 구성주의'로 변천해 온 심리학의 패러다임의 전개과정으로 볼 때, 앞으로 적어도 2,30년 정도는 구성주의에 기반을 둔 교육체제가 성행하리란 판단을 하였습니다. 이에 따라 구성주의에 대한 자료들을 섭렵하면서 95년 중반 무렵부터 학위 논문을 구상하기 시작했습니다.

처음에는 수용미학(독자반응이론 포함)과 함께 반응중심 문학교육에 관심을 가지고 이를 구성주의와 학제적으로 결합하는 방안을 모색하다가 이내 딜레마에 빠지게 되었습니다. 수용미학과 반응중심 문학교육론은 근본적으로 인지심리학적 토대 위에서 성립하였기 때문에, 구성주의와는 패러다임상 불일치할 뿐만 아니라 독자들의 다양한 주관적 반응들을 통어할 장치를 가지고 있지 않다는 걸 깨달았기 때문입니다.

그러다 차봉희 선생이 95년에 번역한 『구성주의 문예학』(슈미트와 하우프트마이어 공저)과, 박여성 선생이 역시 95년에 번역한 『구성주의』(슈미트 편저)를 만난 것이 새로운 전기가 되었습니다. 구성주의 문예학은 구성주의와 패러다임이 일치하고, 또 문학 이해에 있어서 '개인의' 인지적 과정과 '개인간의' 사회적 상호작용을 통한 의미 구성을 함께 추구함으로써, 수용미학(반응중심 문학교육론)이 가졌던 앞의 문제점을 해소할 수 있었기 때문입니다. 거기다 구성주의 문예학이 제시하는 의미 구성을 위한 사회적 상호작용으로서의 '협응' 과정은 구성주의 학습관의 주요 도구인 '협동학습'과 정확히 대응하기에, 이들을 학제적으로 연결하여 문학 교육적인 틀을 마련할 수가 있었습니다.

그 후, 97년에 다시 박여성 선생이 번역한 슈미트의 『미디어 인식론』과, 스테페와 게일(Steffe & Gale)이 함께 엮은 『Constructivism in Education』(1995), Fosnot의 『Constructivism』(1996) 등과 같은 구성주의 이론서, 그리고 통합교육, 수업설계론 등과 같은 자료들을 접하면서 나름대로의 논리를 세우고 논문의 틀을 잡았던 것입니다.

회원님들께서 제기하신 두 가지 논의 문제 중, 객관주의가 갖는 장점을 발전적으로 수용하는 방안이 검토되지 못했다는 첫 번째 지적에 대해서는 동의합니다. 논문의 모두와 결론에 반복적으로 적어 놓았듯이, 기존 문학

교육에 대한 비판적 검토 위에 새로운 동향의 문학교육 체제를 마련한다는 것은 저 혼자의 일회성 연구로는 한계를 지닐 수밖에 없을 것입니다. 따라서 회원님들께서 지적한 부분뿐만 아니라 꼼꼼하게 따져 보면 부분부분 모두가 그러한 지적을 받을 가능성이 높다는 것을 인정합니다.

두 번째 제시한 문제에 대해서는 다음과 같이 말씀드릴 수 있습니다. 문학 작품의 이해 과정에서 개인 내적인 이해과정과 집단 구성원간의 협응 과정으로 나눈 것은 슈미트가 『구성주의 문예학』에서 제시한 문학작품의 이해 과정을 차용한 것입니다. 그 근원을 추적해 보면, 『구성주의 문예학』의 저자인 슈미트가 '급진적 구성주의'의 중심 인물이고, 급진적 구성주의는 지식 혹은 의미 구성 과정에서 '개인 내적인' 인지적 과정과 '개인간의' 상호작용 둘 다를 중시하고 있음을 알 수 있습니다. 따라서 저의 논문은 개인의 인지적 과정과 개인간의 사회적 상호작용 둘 다를 중시하는, '구성주의 문예학'과 그 근원인 '급진적 구성주의'에 뿌리를 두고 있다고 말씀드릴 수 있습니다.

이와 관련하여 현재 우리 나라 국어교육학계의 구성주의에 대한 논의 상황을 보면, 쓰기(작문) 영역을 중심으로 사회구성주의에 대한 논의는 나름대로 활기를 띠고 있지만, 급진적 구성주의는 상대적으로 소홀히 다뤄지고 있다는 생각이 듭니다. 물론 연구자의 개인적인 성향이나 섭렵하는 자료에 따라 그 방향이 달라질 수 있을 것입니다. 그러나 급진적 구성주의야말로 개인적 구성주의와 사회적 구성주의가 각기 따로 논의하고 있는, 개인의 내적 의미 구성과정과 개인간의 상호작용을 동시에 다루고 있기에, 이에 대한 본격적인 논의와 적용 방안이 모색되었으면 좋겠습니다.

애초에 구성주의적 동향의 제 학문들을 학제적으로 결합하여 종합과학으로서의 학습자 중심 문학 교육의 틀을 마련하겠다는 목소리는 잦아들고, 마치 이것저것 단순 조합해 놓은 거친 논문으로 보일 수도 있을 것입니다.

그러나 분명한 것은 기존의 교사 중심의 주입식 교육, 유일한 정답관, 암기 위주의 문학교육 체제는 이제는 유효기간을 다하였기에, 사회 환경과 교육의 변화 동향에 부합하는 새로운 문학교육의 틀을 마련해야 한다는 것입니다. 그리고 그러한 문학교육의 틀은 오늘날 교육의 변화 동향으로 볼 때는 구성주의적 바탕 위에서 세워지는 것이 정합성을 지닐 가능성이 가장 높을 것입니다. 따라서 저의 논문이 그러한 구성주의에 터한 문학교육의 밑그림을 그리려 시도했다는 의미를 애써 부여할 수는 있겠지요.

끝으로, 뜻 있는 일을 기획하신 국어교육학회 회원님들께 경의를 표하면서, 구성주의에 터한 학습자 중심 문학교육에 대한 공감대가 확산되어 장차 많은 후속 연구가 이어져서 실질적인 문학교육의 변화가 이루어지기를 기대해 봅니다.

과정 중심의
쓰기 교재 구성에 관한 연구*
-초등학교를 중심으로-

■ 이재승, 한국교원대 박사학위논문, 1999 ■

1. 논문 목차

Ⅰ. 서론

Ⅱ. 과정 중심의 쓰기 교육과 상위인지

    1. 과정 중심 쓰기 교육의 이론적 배경

        가. 과정 중심 쓰기 교육의 개념

        나. 과정 중심 쓰기 교육의 전개 과정

        다. 과정 중심 쓰기 교육의 의의와 한계

    2. 쓰기 과정과 상위인지 전략

        가. 상위인지의 개념과 구성 요소

---

* 이 논문은 『글쓰기 교육의 원리와 방법』(이재승, 교육과학사, 2002)으로 발간되었다.

2. 내용

1) 연구 문제

전통적으로 쓰기 교육에서는 결과(글) 자체를 강조해 왔지만, 1960년대 이후 쓰기의 '과정'에 관심을 가진 연구들이 폭넓게 수행되면서 최근에는 쓰기의 과정을 강조해야 한다는 관점이 일반화되기에 이르렀다. 이른바 결과 중심 접근(product-based approach)에서 과정 중심 접근(process-based approach)으로 패러다임이 전환되었다. 그러나 우리의 교육 과정이나 교과서가 이러한 변화를 얼마나 적극적으로, 그리고 적절히 수용하였는지는 의문의 여지가 있다. 따라서 이 연구는 과정 중심 쓰기 교육의 이론적 토대를 마련하고 교과서 단원에 초점을 두어 단원 구성의 원리와 구체적인 방안을 마련하기 위해 수행되었다.

2) 주요 내용

이 연구에서는 먼저 과정 중심의 쓰기 교재를 구현하기 위한 이론적 토대를 마련하기 위해 과정 중심 쓰기 교육의 이론적 배경과 그 교육적 의미를 살펴보고 있다(Ⅱ장). 과정 중심 쓰기 교육은 쓰기를 문제 해결의 과정으로 보고 일련의 쓰기 과정을 강조함으로써 학생들의 쓰기 능력과 사고력을 기르고 역동적인 참여를 이끄는 접근 방식이다. 그러나 이러한 과정 중심의 쓰기 교육은 결과 경시의 오류나 분절화의 오류, 선조화의 오류, 전략 자체에 만족할 오류 등을 유발할 가능성을 내포하고 있다. 이러한 오류를 극복하기 위해 이 논문은 상위인지 전략의 활용을 제안하고 있다.

Ⅲ장에서는 Ⅱ장의 논의를 바탕으로 하여, 과정 중심의 쓰기 교재를 구안하는 데 필요한 원리를 설정하고 있다. 쓰기 교재 구성에 영향을 미치는 변인들과 쓰기 교재관을 검토하고, 외국의 쓰기 교재를 분석한 후, 이를

바탕으로 하여 단원 구성의 원리와 차시 구성의 원리를 제시하고 있다. 단원 구성의 원리로는 부분에서 전체로의 원리, 부분과 전체의 연결 원리, 통합의 원리, 겹침의 원리, 연쇄의 원리를, 차시 구성의 원리로는 탐구의 원리, 점검 및 통제의 원리, 상호작용의 원리, 개별화의 원리를 제시하였다.

Ⅳ장에서는 과정 중심의 쓰기 교재를 구안하기 위한 방안을 모색하고 있다. 목표 중심형, 활동 중심형, 제재 중심형, 문종 중심형, 상황 중심형 등의 단원 구성 유형을 살펴보면서, 특히 상황 중심형을 강조하고 있다. 그리고 각 단원 내의 학습 활동이나 내용 전개 방식을 설정하기 위해서, 일반형, 탐구형, 병렬형, 과정 종합형 등의 내용 전개 방식을 논하고 각각의 방식이 효과적으로 적용될 수 있는 방안들을 살피고 있다. 마지막으로, 이러한 과정 중심 접근의 적용 효과를 극대화하기 위해 상위인지 전략을 교과서에서 구현하는 방법에 대해 논하고 있다. 교재 구성에서 상위인지 전략의 개념을 반영하기 위한 방법으로, 단원 전개상에서 반영하는 방법과 자기 조정 요소의 삽입을 통한 방법, 별도 단원을 편성하는 방법에 대해 살펴보고, 크게 두 단원의 구성 예시안을 통해 본 연구에서 설정한 단원 구성 원리나 방안이 실제로 교과서에 어떻게 구현될 수 있는지를 보이고 있다. 특히 일련의 쓰기 과정에서 자신의 인지 과정을 점검하고 통제하기 위해서는 어떤 측면을 강조해야 하는지를 중점적으로 살펴보고 있다.

결국 이 논문은 '결과 중심' 쓰기 교육의 패러다임을 비판하고 쓰기를 역동적인 문제 해결 과정 또는 의미 구성 과정으로 보는 과정 중심 쓰기 교육을 제안하면서, 그 교육적 유효성과 한계점을 정밀하게 검토하고 있다고 할 수 있다. 그리고 이런 '과정 중심 쓰기 교육' 패러다임을 실제로 교재화하기 위한 원리를 구안하고 있다.

3) 핵심 어구

쓰기, 작문, 교재론, 쓰기 교재, 과정 중심, 상위인지, 단원 구성 유형,

단원 전개 방식, 목표 중심형, 상황 중심형, 탐구형

3. 논의점

1) '과정 중심' 쓰기 교육의 적용과 그 문제점

7차 초등학교 쓰기 교재의 구성은 실질적으로는 모두 '과정 중심'이다. 쓰기뿐만 아니라 말하기, 듣기, 읽기도 모두 과정 중심적 접근을 취하고 있다. 그러나 실제 교재 구성을 할 경우나 현장에서 쓰기 교육을 할 경우, '과정 중심적' 방법을 구현하기란 쉽지 않다.[1] 과정 중심 접근법의 핵심이라고 할 수 있는 문제 해결 과정 혹은 의미 구성 과정이 제대로 부각되지 못하고 있는 것이다. 결국 과정 중심 쓰기 교육의 핵심은 '문제 해결(전략)'임에도 불구하고 이 부분이 선명하고 구체적으로 제공되지 못함으로써, 결국 '과정' 혹은 '절차'의 개념만 남은 셈이다.

학습 목표에 따라 과정 중심이 적절한 활동이 될 수도 있으나, 현재는 너무 과정 중심 접근법에만 얽매이고 있는 듯하다. 그 결과 우리는 정교하게 다듬어진 최종 산물이 아니라, 종종 아이디어 생성 및 조직 단계의 '거친 뼈대'를 그대로 옮겨놓기만 한 수준에 머무르는 최종 산물(쓰기 결과물)을 만나게 되곤 한다.

2) 단원 구성의 유형

본 연구에서 과정 중심적 쓰기 교육에 적절한 단원 구성의 유형으로 상

---

[1] 특히 수준별 교육 과정을 기치로 내세우고 있는 7차 교육 과정의 경우 과정 중심 접근으로 학습의 위계를 설정하기가 매우 힘들어 결국 활동의 과정은 위계화 시키지 못하고 소재만 다르게('소재의 위계화') 구안한 형편이다.

황 중심형을 제시하고 있다. 그러나 이 경우 상황을 다시 위계화해야 하는 문제가 생길 수 있다. 목표 중심형 역시 어떠한 것을 목표로 삼느냐(기능인가, 주제인가 등)에 따라 그 실제 유형이 결정되는 것이므로 그 자체로는 매우 공허한 용어이다.

학습 요소의 성격에 따라 단원의 구성 체제 혹은 유형이 바뀌는 것이 옳다. 그러나 우리의 교과서는 '체제의 일관성'을 살린다는 취지 아래 획일적이고 천편일률적인 체제를 고수해 왔다. 이러한 주술적인 강박관념에서 벗어나야 할 것이다.

3) 과정 중심 쓰기 교육의 의미

이 논문에서도 그런 것처럼, 우리는 흔히 '과정 중심 쓰기 교육'이라는 말의 개념 속에 현재 우리가 생각하고 있는 바람직한 쓰기 교육의 모습을 모두 담는 경향이 있다. 가령, 방법 혹은 전략 중심의 쓰기 교육, 학습자 중심의 쓰기 교육, 혹은 구성주의적 쓰기 교육 등이 과정 중심 쓰기 교육의 개념에 혼용되어 있다. 따라서 '과정 중심 쓰기 교육'의 핵심 개념이 무엇이고, 이 핵심 개념이 주변의 다른 개념들과 어떤 관계를 갖는지에 대한 좀더 명확한 검토가 필요하다. 마음에 드는 개념이라 하여 모두 포괄해 버리는 것은 개념의 명료성을 해치는 일이다.

4. 의의와 발전 방향

이 논문은 별다른 검토나 정리 없이 수용되고 받아들여지고 있던 '과정 중심 쓰기 교육'에 대하여, 본격적으로 이론적 검토를 시도하고 이를 바탕으로 하여 교재를 구안하기 위한 실질적인 원리를 제안하고 있다는 점에서 의의가 있다. 기존의 과정 중심 쓰기 교육이 쓰기의 과정을 아이디어 생성, 아이디어 조직, 표현, 교정으로 분절하고 각 과정별로 유용한 방법들을 구안하는 데 치중하여 선조적이고 기계적인 경향을 띠었다면, 이 논문은 상위인지 전략을 제안함으로써 과정 중심 쓰기 교육의 한계를 극복하고자 하였다. 또한 쓰기 능력의 발달 단계를 고려할 때, 비교적 초기 단계인 초등학교의 쓰기 교재를 구안하는 데에는 과정 중심 접근법이 비교적 적절한 방식으로 여겨진다.

그러나 '과정 중심'을 '쓰기 활동의 전-중-후 과정을 강조하는 것'과 '목표에 다다르기 위한 과정을 강조하는 것'으로 나눌 때, 본 연구뿐 아니라 대부분의 과정 중심 연구물들은 이 중 전자에만 치우치는 경향이 있다. 그러나 더 중요한 것은 '목표에 다다르기 위한 과정'을 어떠한 방식으로 조직화 하느냐이며, 이 때 전자는 후자를 위한 하나의 방식이 될 수 있을 것이다. 또한 논의의 초점화를 위하여, 단원 구성의 여러 원리나 유형을 지금과 같이 평면적으로 제시할 것이 아니라, 과정 중심적 쓰기 교육을 구현하는 데 가장 적절한 단원 구성 원리나 단원 구성 유형이 무엇인지 밝혀 내고 이를 집중적으로 논의할 필요가 있다. 마지막으로 '과정 중심'이라고 하여 '내용(contents) 중심'과 양립 불가능한 것은 아니므로, 이 둘이 충분히 서로 병행 가능한 지점에 대하여 깊이 있는 천착이 필요할 것으로 보인다.

필자의 변

학교 현장에서의 국어 수업의 가장 큰 문제가 무엇인가? 이 물음에 대해 여러 가지 말이 나올 수 있다. 하지만 그 중에서 매우 중요한 문제 중의 하나는 구체적인 방법을 가르쳐주지 않고 끊임없이 연습만 하게 하는 것이라 생각한다. 그 동안 글쓰기 수업에서 글의 주제 또는 제재를 주고는 그냥 쓰게 하는 것이 대부분을 차지해 왔다고 생각된다. 방법을 가르쳐 주지 않았다는 점이다. 결과 중심의 쓰기 교육이라도 좋다. 학생에게 무엇이라도 가르쳐주어야 한다. '가르쳐 주는 것'은 없이 끊임없이 연습만 하게 하는 것은 엄밀한 의미에서 볼 때 교육이라 할 수 없다. 국어 공부는 열심히 해도 성적이 오르지 않고 안 해도 별로 내려가지 않는다는 사태가 어디에서 기인된 것인지 꼼꼼하게 따져봐야 할 일이다.

과정 중심의 쓰기 교육은 무엇보다 학생들에게 글을 쓰는 방법을 구체적으로 가르쳐 주려는 시도였다는 점에서 우리네 수업을 개선하는 데 많은 시사점을 주고 있다. 많은 사람들이 학교 현장에서 과정 중심 접근이 지나치게 팽배해 있다고 말하고 과정 중심으로만 진행하는 것은 문제가 있다고 말한다. 하지만 정말 지금의 학교 현장에서 과정 중심의 쓰기 교육이 팽배해 있는지 의문이다. 아직도 학교 현장에서는 결과 중심의 쓰기 교육이 팽배해 있다고 생각된다. 지금 이 시점에서 중요한 것은 과정 중심의 쓰기 교육이 갖는 나름의 가치를 좀더 찾아내고 이것을 학교 현장에 뿌리내리는 일이다. 여기에서 구체적인 방법을 가르쳐주려는 노력을 빼놓아서는 안 된다. 글쓰기 교육이라는 것을 거창한 데서 찾을 것이 아니라 실제 수업이 이루어지는 상황에서 학생들에게 구체적으로 무엇을 도와줄 것인지를 생각해야 한다.

그냥 글쓰기 과정만 거치게 한다고 해서 글을 잘 쓸 수 있는 것은 아니다. 각각의 과정에서 구체적인 전략을 가르쳐주어야 한다. 흔히 과정 중심의 쓰기 교육을 비판하는 사람들은 결과를 무시할 수 있다고 말하는데, 이것은 과정 중심의 쓰기 교육을 잘못 적용한 데서 온 것이다. 분명 과정 중심의 쓰기 교육은 그냥 절차만 거치게 하는 것이 아니다. 일련의 쓰기 과정에서 한 활동(또는 전략)이 실제로 한편의 완성된 글을 쓰는 데 도움이 되지 않았다면, 그것은 과정 중심의 쓰기 교육을 취했기 때문에 생긴 것이 아니라 과정 중심의 쓰기 교육을 잘못 적용한 결과, 다시 말해 그 과정에서 잘못된 전략을 가르쳤거나 아니면 그 전략을 제대로 활용하지 못한 데서 기인한 것이다.

문제는 일련의 글쓰기 과정에서 다루는 전략이 실제로 학생이 글을 쓰는 데 도움이 되는지를 생각해 보는 일이다. 즉, 각 과정에서 필요한 전략을 좀더 구체화하고 정교화 해야 하며, 한편으로 이들 전략을 통합적으로 활용하여 한 편의 좋은 글을 쓸 수 있게 하는 일이다. 여기에는 과거 결과 중심의 쓰기 교육에서 강조했던 모범글을 읽고 분석하는 것이나 완성된 글을 분석하는 것도 포함될 수 있다. 과정 중심과 결과 중심 접근 중에서 어느 것을 취했느냐 하는 것보다는 어디에 무게 중심을 두고 있느냐 하는 문제로 보는 것이 좋다.

박사 논문을 쓰는 과정에서 가장 아쉬워했던 문제는 논문의 제목이 제대로 된 과정 중심의 쓰기 교육을 구현할 수 있는 교재를 구성하는 것이었는데 이 점에서 상당히 미약했다는 것이다. 학교 현장에서 과정 중심의 쓰기 교육을 실시하면서 자칫 범하기 쉬운 오류를 보완할 수 있는 교재를 만들려고 했는데, 여러 가지 사정으로 만족스러운 결과를 얻어내지 못했다. 그리고 하나의 단원 정도가 되었건 아니면 한 학기 정도분이 되었건 실제로 교재(교과서)를 만들어서 학교 현장에 투입해 보고 이 수업을 면밀히 관찰해야 했다. 그래야만 이렇게 만든 교재가 과정 중심의 쓰기 교육을 제대로 구현하는 데 도움이 되는지, 과정 중심의 쓰기 교육을 하는 과정에서 범할 수 있는 오류를 줄일 수 있는지를 어느 정도 파악할 수 있었을 것이다.

박사 논문을 쓰고 난 후에 한국교육과정평가원에 근무하면서 실제로 초등학교 국어 교과서 개발 업무를 담당하는 기회를 가질 수 있다. 7차 국어(쓰기) 교과서를 만드는 과정에서 과정 중심의 쓰기 교재를 만들어야 한다는 논의가 많았고 실제로 6차 교과서보다는 좀더 체계적으로 반영하려고 했다. 그렇지만 최종적으로 만들어진 초등학교 국어 교과서를 보면서 만족스럽지 못한 부분을 많이 찾을 수 있다. 특히 과정 중심의 쓰기 교육이 범할 수 있는 오류를 보완할 수 있는 장치가 제대로 마련되어 있지 못하다. 이 교재만으로는 학교 현장에서 자칫하면 별 생산성도 없이 그냥 과정만 거치게 할 우려가 많다.

학위논문을 쓴 후에 외국의 몇몇 쓰기 교재를 모아서 살펴보았다. 여전히 과정 중심의 쓰기 교육이 전면에 부각되어 있는 점을 발견할 수 있었다. 그리고 과정 중심의 쓰기 교육이 범할 수 있는 오류를 극복하려는 노력도 있었다. 많지는 않지만 학위 논문을 쓴 이후에 나온 외국 문헌들을 살펴보면, 사회인지적 관점에 입각해서 과정 중심의 쓰기 교육이 갖는 한계를 보완하려는 노력이 이루어지고 있다. 개인적으로 과정 중심의 쓰기 교육을 축으로 해서 이들 사회인지적 관점에서 나온 관점을 보완하면 상당히 좋은 쓰기 교재를 만들 수 있으리라 생각한다. 물론 이 경우 사회인지적 관점도 쓰기 수업 장면과 관련하여 좀더 정교화해야 하고, 한편으로 원론적인 논의에서 벗어나 구체적인 시사점을 제공해 줄 수 있어야 한다.

끝으로 그냥 써 보게만 하는 교재가 아니라 학생들에게 구체적인 도움을 주는 교재, 과정만 거치는 게 하는 것이 아니라 그 과정이 한 편의 좋은 글을 쓸 수 있게 하는 필수적인 통로가 되는 그런 교재가 앞으로 만들어질 수 있기를 기대한다. 이를 위해 이 문제에 대해 좀더 많은 사람들이 관심을 가졌으면 좋겠다.

지봉 이수광 시론의 특성과 시교육적 적용 연구

■ 허왕욱, 한국교원대 박사학위논문, 2000 ■

1. 논문 목차

2. 내용

1) 연구 문제

이 연구는 과거의 전통을 미래지향적인 관점에서 수용한다는 관점에서 전통적인 문학 이론을 토대로 주체적인 문학교육의 이론을 수립하고자 했다. 특히 지봉 이수광의 시론은 시 읽기와 시 쓰기에 대한 고유의 이론적인 체계를 갖추고 있으며, 나아가 민족의 현실을 반영하고 민족의 정서를 표현함으로써 민족이 공동으로 직면한 문제 상황 속에서 문학이 역할을 모색한 노력이 담겨 있다. 이 연구는 『지봉유설』과 『지봉집』을 기본 텍스트로 삼아 이수광 시론의 성격을 밝히고, 이를 오늘날의 시 교육의 방법적인 면에서 적용해 보고자 했다.

2) 주요 내용

이 연구는 1장에서 연구를 구상한 기본적인 발상에 대해 정리하였다. 그 과정에서 문학교육 연구와 문학 연구는 상호 소통되는 관계를 이루는 것이 바람직하다고 보고, 문학교육에서 이론의 역할을 살폈다. 아울러 전통적인 이론을 바탕으로 하여 오늘날의 문학교육 이론을 구성하는 노력이 이루어지지 않는다는 점을 지적했으며, 이를 통해 이 연구의 정당성과 필요성을 제기했다.

2장에서는 지봉의 시론이 생성된 배경을 살펴보았다. 지봉이 활동했던 시기를 조선 중기의 전반기로 보고, 새로운 문풍(文風)을 형성하는 조선 중기의 문화적인 성격을 검토했다. 조선 중기는 전쟁 이후의 조선 사회를 회복하기 위한 노력이 이루어지면서 성리학을 중심으로 조선 사회를 재건하고자 하는 측과 성리학의 질서에서 벗어나 새로운 사회를 꿈꾸는 측의 긴장과 갈등이 지속되었다. 그 결과 조선의 사상계는 점차 성리학에서 실학으로 바뀌어 갔다. 새로운 문화의 기틀이 마련되면서 문학에도 변화가 일어났으며 그 변화를 주도해 나간 사람이 지봉이었는데, 이에 따라 조선 중기에 일어났던 사회·문화의 변화를 지봉이 어떻게 수용했는지 그의 생애를 중심으로 살펴보았다. 또한 지봉이 문제 해결 방법의 하나로 생각했던 문학론이 논의되어 있는 『지봉유설』의 시화적 성격을 검토하여, 지봉의 시론을 살피기 위한 토대를 마련하였다.

3장에서는 지봉이 어떠한 시관을 가지고 시평(詩評)을 수행했는지를 살피기 위해서 시화에 나타난 지봉의 관점을 검토했다. 이 연구가 지봉의 시관을 살피기 위해 사용한 개념은 '사실(事實)'과 '자연(自然)'이다. 지봉은 시 창작의 동기가 구체적인 사실에서 비롯되어야 한다고 하면서 시에서 체험의 표현을 강조했다. 시평을 통해 시대의 다양한 모습을 담아낸 작품을 높게 평가하고 자신의 시화에 적극적으로 수용하였으며, 또한 작가의 정감이 자연스럽게 표현되어야 한다는 생각에서 정서의 표출에 장애가 되는 수식적인 제약을 극복해야 할 대상으로 간주했다. 이러한 지봉의 시관은 민족의 현실을 반영하고 민족의 정서를 표현하는 문학을 새롭게 정립하기 위한 의도에서 비롯된 것이다.

4장에서는 3장에서 살펴 본 지봉의 시관이 구체적인 작품 비평에 어떻게 작용했는가를 살폈다. 지봉은 구체적인 사실을 통해 시의 내용을 고증하기도 하고, 정감이 자연스럽게 나타난 일반 백성들의 작품에 대해서도 높은 가치를 찾기도 하였다. 아울러 우리말 시가에 대해서도 애정어린 관심을 기울였고, 당시(唐詩)를 비판적으로 수용하여 조선의 시풍을 바로 잡으려고 하였다. 이 과정에서 지봉은 사실과 문헌을 바탕으로 한 고증을 통해 자신의 의견을 내세우는 비평 방법을 보여 주었는데, 이러한 시평 방법에 두드러지게 나타난 것은 지봉의 현실적이고 과학적인 접근 태도이다.

5장에서는 시의 창작과 수용에 관련하여 관계성이 서정적 자아와 시적 대상, 관습과 개성, 작가와 독자 사이에서 형성된다고 보고, 이 틀에 따라 지봉의 창작 방법론을 살펴보았다. 지봉은 자아의 정감이 대상을 통해 객관화되는 것을 바람직하게 생각했으며, 관습의 작용보다 개성의 표현을 더 중시했다. 조선 시대에 작품은 개별적인 작가의 전유물이 아니라, 공동으로 향유할 수 있는 하나의 문화적인 활동이었다. 지봉은 작가의 창작 동기를 유발하고, 초고를 수정하는 데 작가 관계가 효과적으로 작용할 수 있다고 생각했다. 이러한 관계성은 시를 읽는 과정이나 쓰는 과정에서 모두 나타나며, 시 교육에서 활용할 수 있는 가능성을 함유하고 있다.

6장에서는 지봉의 시론이 오늘날의 시 교육에 주는 시사점을 살피고, 전통적인 시론에 근거를 둔 시 교육의 방법을 구체적으로 모색해 보았다. 시 교육의 방법을 살피면서 편의상 읽기와 쓰기로 나누어 보았지만, 구체적인 내용에 있어서는 상호 통합적인 방안을 모색하였다. 시 읽기에서는 학습자가 자신의 체험을 바탕으로 작품과의 관계를 형성하기, 작품과 작품을 비교해 보면서 좋은 시 선택하기, 서정적 자아와 시적 대상의 관계를 통해 작품의 내용을 이해하기 등의 활동을 구안하였다. 시 쓰기에서는 기존의 작품을 통해 의미의 전개 방법 익히기, 시적 대상과의 관계를 통해 시의 의미 형성하기와 일상 언어를 통해 표현하기, 동료 학습자와의 협력을 통해 초고 수정하기 등의 활동을 구안하였다 교육 방법을 구안하면서 이론적인 토대를 지봉의 시론에서 구했으며, 각각의 방법은 실제로 중학교 시 수업에 적용해 보았다. 또한 이러한 시교육의 방법을 평가할 수 있는 방법도 마련해 보았다. 본 연구가 관심을 기울인 부분은 전통적인 시론이 시 교육 현장에 적용될 수 있는가 하는 점과 시 읽기와 시 쓰기에서 학습자가 주체적인 활동을 수행할 수 있는가 하는 점이었다.

3) 핵심 어구

이수광, 비극적 생활 정서, 일상적 현실 체험, 자기 표현, 작자와 독자의 소통

3. 논의점

1) 고전 시론을 통한 현대시 교육 논의의 의의

이 연구는 고전 시론에서 현대시 교육의 전거를 찾고, 이를 토대로 하여 활동 중심의 시 교육 방법을 제안하고자 하였다. 특히 지봉 이수광의 시론이 시 읽기와 시 쓰기에 대한 고유의 이론적인 체계를 갖추고 있다는 점에 주목하여 이를 통해 시교육적으로 의미 있는 논의를 이끌어 내고자 하였으며 방법적인 면에 적용해 보고자 하였다.

2) 지봉의 시론과 시 교육의 관계

지봉의 시론과 시 교육 사이의 긴밀한 관련성을 고려한 논의가 필요하다. 즉, 상당히 많은 부분을 할애하고 있는 지봉 시론의 생성 배경, 지봉의 시관, 지봉의 시평 방법, 지봉의 창작 방법론과 시 교육 방법이 긴밀하게 관련을 맺으면서 논의되고 있는가 하는 점이 문제가 될 수 있다. '지봉의 시론을 통한 시 교육 방법'이라는 6장의 내용에 걸맞게 지봉의 시론과 시 교육 방법이 관련이 있다는 점을 알 수는 있지만 그 관련성이 긴밀하게 조직되어 있지 않은 듯하다. 다시 말하면 지봉의 시관이나 시론에 대해서 일반적인 서술을 한 다음에 시 교육에 관한 논의를 할 것이 아니라 시 교육의 관점에서 지봉의 시관이나 시론을 재해석하고 논의할 필요가 있다는 점이다. 이 논문에서는 지봉의 시론이 오늘날의 시 교육에 주는 시사점을 중심으로 하여 논의하고 있는데, 이러한 서술로 보아 '문학 연구 + 교육 연구'라는 관점에서 크게 벗어나지 못한 듯하다. 이는 무엇보다도 이 논문이 지봉의 시론을 시 교육에 '적용'하려고 한 데서 나타난 결과라 할 수 있을 것이다. 이런 점 때문에 논의의 앞부분(5장까지 – 지봉 이수광 시론의 특성을 논한 부분)과 뒷부분(6장 – 이수광 시론의 시 교육 적용 부분)이 '무매개적으로' 결합되어 있다는 점도 지적할 수 있다. 지봉 이수광 시론의 특성들을 어떤 방식으로 교육적으로 되살릴 수 있을 것인가에 대한 논의가 좀더 풍부했으면 한다. 일반적인 고전 문학교육론의 수준에서 논의를 그치고 있다.

3) 지봉의 시론으로부터 추출한 독자적인 이론 여부

앞의 문제 제기와 관련하여, 6장에서 논의한 시 교육 방법에 대한 논의가 지봉의 시론이나 시관으로부터 얻을 수 있는 독특한 방법인가 하는 점이다. 이 연구에서 시 교육의 평가 방법으로 논의하고 있는 내용은 굳이 지봉의 시론을 언급하지 않더라도 일반적으로 논의할 수 있는 내용이라 할 수 있다. 예를 들면, 지봉 시론의 특성이라고 제시한 것들('대화적 관계로 시읽기', '자기 표현으로서의 시쓰기', '작가와 독자의 소통' 등)이 지봉 시론을 통해서 도출할 수 있는 독특한 특성이라고 보기 어렵다는 점이다. 따라서 이러한 시 교육적 특성을 바탕으로 구안된 평가 방식이나 교육 원리 등도 추상적이고 일반적인 수준에 머무르고 있다.

4. 의의와 발전 방향

이 연구는 지봉 이수광의 시론 연구를 통해 시교육에 의미 있게 활용할 수 있는 시 교육 방법을 구안했다는 점, 다시 말하면 우리의 고전 시론에서 현대시 교육의 방법을 찾아 논의했다는 점에서 의미를 찾을 수 있다. 오늘날의 시교육이 우리의 전통적인 시론이나 시관을 받아들여야 한다는 관점은 새로운 것이라 할 수 있다. 기존의 문학교육 논의에서 고전 문학에 대한 논의는 고전 문학교육으로, 현대 문학에 대한 논의는 현대 문학

교육에 대한 논의로 이루어지는 경우가 많았다. 그런데 이 연구에서는 그러한 관행을 깨고 고전 시론에 대한 연구를 바탕으로 현대시 교육을 연구했으며, 이러한 점에 특히 의미를 부여할 수 있을 것이다. 이를 위해 이수광의 시론에 대한 연구 내용을 시 교육 방법으로 연결시키려 했는데, 그 연결이 긴밀하지 못하다는 점이 눈에 뜨이기는 하지만 그 시도는 바람직한 것이라 할 수 있다.

다만, 이 연구의 의의를 인정하면서 앞으로의 연구 방향에 대하여 조심스럽게 제안하면 다음과 같다. 이제는 '문학 연구+교육 연구'라는 관점에서 벗어날 필요가 있다. 이 연구의 경우 처음부터 그런 방향을 취한 것은 아니었지만, 이수광의 시론에서 출발하여 시 교육에 의미 있는 부분을 추출해 가는 방식을 취함으로써 결론적으로 그런 관점을 지닌 것으로 보이는 결과물을 도출하였다. 문학 자료를 연구 대상으로 할 때, 수미일관하게 문학교육적 관점에서 접근할 필요가 있을 것이다.

필자의 변

1) 연구 당시의 학문적 경향과 연구의 발상

이 글을 본격적으로 쓰기 시작한 시기는 제7차 교육과정을 설계하고 이에 따른 교과서 개발 작업이 착수되던 때이다. 새로운 교육과정의 수립이라는 현실적인 과제에 직면하여 국어교육학 내부에서 다양한 논의가 제기되었는데, 그 논의 가운데에는 국어교육학의 성격과 목표, 국어교육학의 범주와 영역 간의 관계 등과 같은 기본적인 문제에 관한 내용도 포함되어 있었다. 아울러 이러한 문제에 대해 서로 다른 입장의 차이를 보이는 경우가 있었다.

이 과정에서 필자는 국어과 교육이 가치중립적인 도구 교과의 관점에서 벗어나 민족의 언어문화 창달에 기여할 수 있는 능력과 자질의 함양을 지향해야 한다고 생각하였다. 그리고 이러한 능력과 자질을 기르기 위해서는 교육의 내용과 방법을 합당하게 재구성해야 한다고 보았다. 이에 문학 교육의 영역에서 새로운 가치 전환이 이루어지고 교육 방법을 재구성하기 위해서는 우리 고유의 문학 이론에 주목하고 그 속에서 교육 방법을 도출해야 한다고 생각하였다. 이 글을 쓰던 당시에는 국어교육학계에서 우리 민족의 고유한 문학 이론에 관심을 갖는 이가 적었으며, 문학 교육의 방법으로 재구성하려는 학문적 노력은 미미하였다.

2) 연구의 틀과 내용

학회에서 분석한 바와 같이, 이 연구는 결과적으로 '문학 연구 +교육 연구'의 틀로 구성되었다. 연구를 진행하는 과정에서 우리 고유의 문학교육이론을 구성하고자 하는 의도가 지나쳤고, 필자의 논의 전개상 미숙함으로 인한 것이다. 당시에는 지봉의 시론을 현재 우리가 보유하고 있는 문학교육의 이론으로 접근할 경우에 자칫 지봉의 시론을 대상화시켜 버릴 가능성이 있다는 점을 우려하였으나, 지금에야 이것이 기우임을 알았다. 아울러 이러한 구도가 향후 문학교육학의 연구 방법에서 지양해야 하는 것으로 생각한다.

그러나 학회에서 분석한 내용에 대해 두 가지 면에서 변명을 하고 싶다. 하나는 지봉의 시론과 교육 방법상의 무매개적 결합을 지적한 것이고, 다른 하나는 교육 방법의 대상을 현대시로 국한하여 본 점이다. 이 글이 지봉의 시론에서 주목한 내용은 사실적 읽기와 비판적 읽기, 일상적 체험을 일상 언어로 표현하기, 문학 작품과 현실의 관계, 문학적 관습과 창의적 개성의 관계, 작자와 독자의 관계 등이었다. 그리고 이 내용들을 시교육의 이론과 방법에 적용해 보았다. '무매개성'이 지적된 전적으로 필자의 책임이나, 지봉 시론을 비롯한 우리 고유의 문학이론 자체가 낯설게 느껴지는 점도 한 요인이 아닐까 한다. 시 교육 방법에서 대상으로 삼은 작품은 제6차 교육과정기 중학교 교과서에 수록된 작품들이고, 이 작품들과 교육 방법은 실제 필자가 학교 현장에서 교수-학습을 전개한 것이다. 이 글에 현대시 작품이 다수 포함된 것은 교과서가 그렇게 짜여져 있기 때문이고, 이에 대해서는 제6장 각주 25)로 설명해 놓았다. 문학의 양식보다 문학교육의 이론을 원론적인 차원에서 고려하였다.

3. 후속 연구 성과와 과제

민족 고유의 문학이론에서 문학교육의 이론과 방법을 도출해 내려는 시도는 어렵고 외로운 작품이다. 후속 연구에서는 민족 고유의 문학 이론을 학문적 근거로 삼아, <어우야담>·<열하일기>·다산의 편지글 등의 산문과 <서경별곡>·시조·규방가사 등의 시가에 담긴 사유 방식과 언어 표현의 문제를 문학교육의 관점에서 밝히고자 노력해 왔다.

하이퍼텍스트 기반의 작문 교수·학습 모형에 관한 연구

■ 임천택, 한국교원대 박사학위논문, 2002 ■

1. 논문 목차

2. 내용

1) 연구 문제

　새로운 미디어의 결집체라고 할 수 있는 하이퍼텍스트는 의사 소통을 가능하게 해 주는 매체 환경으로서, 그 자체가 의미 구성의 대상인 동시에 교수 학습의 환경이다. 이러한 하이퍼텍스트의 등장은 작문 환경을 변화시키고, 작문 환경의 변화는 작문 교육의 변화를 요구하고 있다. 따라서 하이퍼텍스트가 작문 교육에 수용되는 양상을 이론적으로 검토하고 교수 학습의 올바른 방향을 제시함으로써 앞으로의 변화 추이에 적절히 대응하는 노력이 필요하다. 이 연구는 위와 같은 사회 문화적 요구에 부응하여 새로운 작문 환경에 알맞는 작문 교수 학습 모형을 구안하기 위해 수행되었다.

2) 주요 내용

이 논문은 하이퍼텍스트 환경에 기반을 둔 작문 교수 · 학습 모형의 탐구를 목적으로 하고 있다. 이를 위해 먼저 하이퍼텍스트의 특성과 작문 교육의 관련성을 살펴보고, 하이퍼텍스트 기반의 작문 원리와 교육적 접근 방안을 고찰하였다. 그리고 하이퍼텍스트 기반의 작문 교수 · 학습을 지원할 수 있는 작문 공간 모형을 구안하여 이를 활용한 작문 교수 · 학습 모형을 제시하고 있다.

2장에서는 전통적인 작문 교육의 여러 가지 한계를 지적함으로써 본 연구의 필요성을 자세하게 설명하고 있다. 그리고 작문 교육에서 하이퍼텍스트의 교육적 가치를 살피고, 보다 나은 모형의 구안을 위하여 하이퍼텍스트 기반의 작문 과정과 작문 능력의 구성 요소를 탐구하였다. 이를 통하여 하이퍼텍스트 기반의 작문 교육은 하나의 접근 방법으로는 불완전하며, 따라서 다양한 관점을 통합한 접근이 필요하다고 보았다.

이에 근거하여 3장에서는 하이퍼텍스트 기반의 작문 교수 · 학습 모형에 관한 논의를 좀더 구체화하였다. 하이퍼텍스트는 과제나 학습자 특성에 따라 유연한 작문 환경을 제공하고 풍부한 상호 작용을 조장하므로 인지적 유연성 학습 이론과 사회 구성주의 교수 · 학습 이론 구현에 적합한 환경이다. 이러한 하이퍼텍스트의 특성과 교수 · 학습 이론의 검토를 토대로, 하이퍼텍스트 기반의 작문 교수 · 학습 원리를 인지 구조 표상의 원리, 자기 주도성의 원리, 지식 및 전략 중재의 원리, 실제 맥락 통합의 원리로 설정하였다. 그리고 하이퍼텍스트 기반의 작문 교육을 실현하기 위한 지원 시스템으로 작문 공간 모형의 구성을 주장하였다.

이 연구에서는 작문 과정 설계, 자료 설계, 상호작용 설계를 바탕으로 하여 작문 공간 모형을 계획 공간, 자료 공간, 조직 공간, 쓰기 공간, 상호작용 공간으로 구분하였다. 계획 공간은 필자가 전체적인 작문 계획을 수립하고 사전 지식을 활성화하는 공간이다. 자료 공간은 다양한 웹사이트나 데이터베이스를 연결하여 작문에 필요한 각종 자료를 검색하고 읽고 선택하는 공간이다. 조직 공간은 과제 형식에 따라 글 구조를 도식화하거나 개요를 작성하는 공간으로서 아이디어 수준에서 내용을 조직하는 공간을 말한다. 쓰기 공간은 텍스트를 작성하고 교정하고 편집하는 공간이다. 상호작용 공간은 작문 과정에서 도움을 얻기 위해 다른 사람과 의사 소통하거나 결과물을 공유하는 공간이다. 학습자는 필요에 따라 각 공간을 자유롭게 이동할 수 있다.

하이퍼텍스트 기반의 작문 교수·학습 모형은 작문 공간을 활용한 작문 교수·학습 절차와 이에 따른 교사, 학습자, 텍스트, 작문 환경의 변화 양상을 모형화한 것이다(다음 표 참조).

【하이퍼텍스트 기반의 작문 교수·학습 모형(임천택, 2002:163)】

교수·학습 절차		과제 인식 → 과제 수행 → 결과 발표		
		동기유발—목표확인—과제탐구	계획—탐색—작성하기—다듬기	공유—평가—일반화
교사	교사의 역할	안내자 → 지원자 → 참여자/평가자		
	수업 전략	설명 및 시범 → 문답 → 협의 및 송환 → 관찰 및 평가		
상호 작용	상호 작용 양상	면대면 상호 작용		
		교사-학습자 → 학습자-컴퓨터 → 학습자-협력자		
	담화 양상	사회적·공적 담화→사회적·사적 담화→개인적·사적 담화→개인적·공적 담화		
학습자	학습자의 역할	수용자→공동 학습자(상호 협력자)→독립적인 학습자/참여자		
	학습 과정	이해 및 수용 → 변형 → 적용 → 일반화		

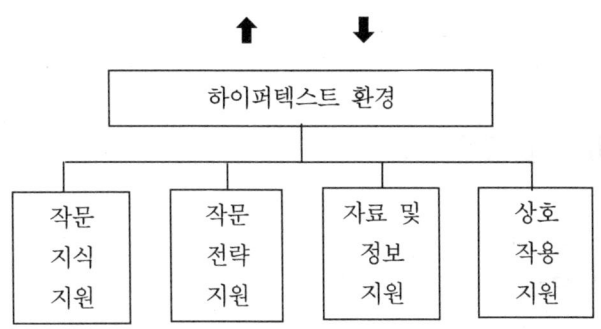

텍스트	텍스트의 작용 양상	과제 텍스트 → 인지 텍스트 → 자료 텍스트 → 반응 텍스트
		↑↓
		작성 중인 텍스트
	텍스트 정교화	낮음 --------------------------------------> 높음
작문 환경 및 교수·학습 환경		실재 공간 ------------------------------> 가상 공간

교수·학습 절차는 하이퍼텍스트 기반의 작문 모형과 교수·학습의 관계적인 절차에 근거하여 세 단계로 나누었다. 첫 번째 단계는 과제 인식 단계로서 학습자가 목표를 인식하고 교사와 함께 과제 탐구 방법을 익히는 단계이다. 두 번째 단계는 과제 수행 단계로서 학습자가 다양한 도움을 통하여 의미를 구성하고 텍스트를 표상하는 단계이다. 예를 들어 학습자는 하이퍼텍스트를 활용하여 정보를 수집하고 전문가의 도움을 받을 수 있다. 이 과정을 통하여 학습자는 유의미한 결과를 도출할 수 있다. 마지막 단계는 결과 발표 단계로서 학습자가 결과를 제시하고 공유하며 이를 반성적으로 검토하고 평가하는 단계이다. 이러한 과정을 통하여 학습자는 다양한 학습 방법을 익히고 자기 주도적 학습을 수행할 수 있게 되며 학습 경험을 점점 일반화할 수 있게 된다.

3) 핵심 어구

하이퍼텍스트, 작문, 작문 모형, 작문 교육, 컴퓨터 작문, 컴퓨터 작문 이론, 컴퓨터 작문 모형, 컴퓨터 작문 교육, 작문 공간 모형, 컴퓨터 작문 교수·학습 모형

3. 논의점

1) 작문 공간

가. 하이퍼텍스트적 작문 공간이 비하이퍼텍스트적 작문 공간과 근본적으로 다른 점이 무엇인지 분명하지 않다.

연구자의 논의는 결국 작문 과정, 작문 공간, 작문 교수·학습 방법으로 귀결된다. 작문 과정은 계획－탐색(찾기－읽기)－작성(생성－조직－연결)－다듬기(교정－편집)로 일반적인 작문 과정과 크게 차별화되지 않는다. 하이퍼텍스트 기반의 작문 교수·학습 방법 역시 그 틀은 '과제 인식－과제수행－결과 발표'로 일반적인 작문 교수·학습 절차와 그리 다르지 않다. 그러므로 여기서 문제가 되는 것은 작문 공간이다.

연구자는 작문 교수·학습을 지원하는 이른바 '작문 공간'을 가상적인 교수·학습 공간으로서, 하이퍼텍스트 환경을 활용하여 작문 과정에 필요한 지식 및 전략, 자료 등을 자유롭게 이용할 수 있도록 구축된 개념 지도로 보고 있다. 이것은 학습자 개인의 학습 공간이면서 동시에 교사와 학습자의 교수·학습 공간이므로 일종의 상호작용 시스템을 갖는다. 이러한 하이퍼텍스트 기반의 작문 공간 모형은 크게 계획 공간/자료 공간/조직 공간/쓰기 공간/상호작용 공간으로 설계할 수 있다고 한다. 학습자는 하이퍼텍스트를 기반으로 한 작문 공간에서 작문을 하다가 필요한 자료가 생

기면 예컨대 자료 공간에서 자료를 바로바로 찾아 쓸 수 있다.

위와 같은 작문 공간은 분명 비하이퍼텍스트적 작문 공간에 비해 신속성 및 시간적 경제성을 갖고 있다는 점에서 효율적이다. 그러나 단지 그것만으로는 일반적인 글쓰기 공간과의 차별화를 주장하기에 부족하다. 현재 연구자가 제시하고 있는 수준은 '종이 책'으로도 충분히 구현될 수 있는 부분을 단지 컴퓨터 상으로 옮겨놓은 정도인 듯하다.

작문 공간을 설계하고 구성하는 것은 너무나 방대한 작업이다. 작문 공간의 구성은 학습자, 화제, 활동 목표 등에 따라 매우 다양하게 구성될 수 있다. 이 논문에서 제안한 교수·학습 방법을 실현하기 위해서는 교사가 위와 같은 작문 공간을 미리 설계하여 학습자에게 제공해야 한다. 즉 해당 작문 과제에 따라 쓸만한 자료를 미리 선정하여 링크시켜 두고, 아이디어의 생성을 도울 수 있는 여러 질문들을 미리 마련해 두어야 한다. 그런데 현장 교사들이 각각의 모든 쓰기 과제에 대해 아니 단 하나의 쓰기 과제에 대해서라도 학습자의 특성 및 화제의 성격 등을 고려하여 필요한 모든 자료를 미리 준비하여 하이퍼텍스트화해 줄 수 있을지 의심스럽다. 만일 이러한 일이 일 개인의 교사보다는 국가적인 차원에서 이루어져야 할 대규모의 프로젝트라고 하면 교수·학습 방법이 아닌 다른 측면에서 이 문제에 접근했어야 할 것이다.

나. 진정한 의미에서의 하이퍼텍스트적 작문 공간은 교사의 통제가 없는 완전히 열린 공간이어야 한다.

이 논문에서 제시하고 있는 작문 공간은 일종의 쓰기 교재와 유사한 듯하다. 바꿔 말하면, 실질적인 하이퍼텍스트기반의 작문 공간 및 쓰기와는 다소 거리가 있는 듯하다. 왜냐하면 교사가 각 작문 공간을 미리 다 설계하고 통제하고 있기 때문이다. 이 연구에서 제시하고 있는 작문 공간은 컴퓨터를 기반으로 하고 있기 때문에 각 작문 공간 사이의 이동이 자유롭고 자료가 풍부하며 학습자간 상호작용이 더 활발하다는 점에서만 기존의 종이 교재와 다르다. 이 연구에서는 완전히 열린 하이퍼텍스트 공간에서의 쓰기의 문제점을 보완하기 위해 교사의 통제가 필요하다고 논의하였으나 바로 그 점 때문에 진정한 하이퍼텍스트 기반의 쓰기는 이미 상당 부분 그 의미가 훼손되었다고 말할 수 있다. 문제는 학생들이 실질적으로 부닥치게 될 하이퍼텍스트 기반의 글쓰기는 완전히 열린 공간에서 이루어진다는 점이다.

2) 하이퍼텍스트 기반의 글쓰기와 글쓰기 능력의 관계

하이퍼텍스트 기반의 글쓰기가 글쓰기 능력을 증진시킨다는 증거가 없다. 사고를 논리적으로 조직하거나 적절한 표현 방식을 찾는 것이 종이 위에서는 비효율적이라는 증거도 없다. 이 연구에서는 하이퍼텍스트 기반의 작문을 통해 작문 전략을 더 쉽게 습득할 수 있다고 보고 있지만, 이 또한 증거가 없다. 하이퍼텍스트상에 작문의 전략 및 절차적 지식을 설명해 주는 코너를 제공해 준다고 해서 학생들이 작문 전략을 오프라인보다 더 잘 익힌다는 보장도 없다. 이는 오프라인에서도 물론 충분히 가능한 일이다. 최근 하이퍼텍스트가 새로운 교육 매체로서 부각되고 있는 것은 사실이나 이를 교육적으로 어떻게 다루어야 할 것인가에 대해서는 좀 더 신중한 자세가 필요하다. 그러나 하이퍼텍스트의 올바른 교육적 수용은 이와 같은 연구 결과들 속에서 찾아질 수 있다는 점에서 이 연구는 여전히 의미가 있다.

4. 의의와 발전 방향

이 연구는 하이퍼텍스트를 새로운 작문 환경으로 인식하고 이에 기반한 새로운 교수·학습 방법을 제안함으로써, 변화하는 언어 환경에 대응할 수 있는 작문 교육의 방향을 제시하였다는 점에서 의의가 있다. 또한 인지 구성주의 작문 이론, 사회 구성주의 작문 이론, 후기 구조주의 작문 이론 등 기존의 작문 이론을 종합적으로 검토하면서 이들을 바탕으로 하이퍼텍스트 기반의 쓰기 현상을 설명할 수 있는 새로운 작문 이론을 설계하고자 노력하였다는 점에서도 역시 의의가 있다.

그러나 이 논문의 핵심적인 내용 중의 하나인 작문 공간을 설계하기 위한 기준이나 원리 등이 세심하게 제시되지 못하고 있는 점이 아쉽다. 예를 들어, 자료 공간의 경우, 자료 선정의 기준, 자료 구조화의 문제, 자료의 범위 등이 그러하다.

또한 하이퍼텍스트 기반의 글쓰기가 갖는 속성을 좀더 철학적, 인지적, 사회문화적으로 탐구했었다면 좋았을 거라는 아쉬움이 남는다. 사실, 이 연구에서 논의되고 있는 '하이퍼텍스트 기반'이라는 개념이 쓰기의 전 과정에 해당하는지 의심스럽다. 보통 쓰기 과정은 '계획 세우기 - 자료 찾기 - 자료 읽기 - 조직하기 - 작성하기 - 교정하기(- 공유하기)'로 이루어진다.

그런데 이 연구에서 논의되고 있는 것 중 가장 하이퍼텍스트적인 것은 자료 찾기뿐이다. 그 외의 쓰기 과정은 비하이퍼텍스트 기반의 글쓰기와 크게 차별화 되지 않는다. 예컨대 쓰기 결과의 공유 같은 경우도, 웹으로 공간만 바뀌었을 뿐이지 본질적으로 학습자간 돌려읽기랑 다르지 않다. 결국 하이퍼텍스트 기반의 쓰기는 쓰기 전 단계를 아우르는 것이 아니라 공간이나 환경의 문제, 특히 자료의 문제로 귀결되고 있다. 이것이 하이퍼텍스트 기반의 글쓰기가 갖는 본질적인 속성일까. 최근 논의되고 있는 하이브리드적 사고와 관련하여 새롭게 더 논의되어야만 하는 것이 있을까. 이러한 점에 대한 좀더 본질적인 궁구가 선행되었어야 했다.

이삼형   한양대학교 국어교육과 교수

김중신   수원대학교 국어국문과 교수

이성영   춘천교육대학교 국어교육과 교수

서 혁   전주교육대학교 국어교육과 교수

최미숙   영남대학교 국어교육과 교수

고광수   서울대학교 국어교육과 박사과정 수료

신명선   서울대학교 국어교육과 박사과정 수료

남가영   서울대학교 국어교육과 박사과정

국어교육학 총서 **2**

국어교육 연구의 반성과 전망: 내용·방법

인 쇄   2003년 6월 25일

발 행   2003년 6월 30일

저 자   이삼형·김중신·이성영·서 혁
        최미숙·고광수·신명선·남가영

펴낸이   이 대 현

편 집   안현진·장은미·박윤정·오희복

펴낸곳   도서출판 **역락** / 서울 성동구 성수2가 3동 301-80
        (주)지시코 별관 3층(우133-835)

Tel 대표·영업 3409-2058 편집부 3409-2060 FAX 3409-2059

E-mail   yk3888@kornet.net / youkrack@hanmail.net

등 록   1999년 4월 19일 제2-2803호

정가   13,000원

ISBN   89-5556-228-4-93710

*잘못된 책은 교환해 드립니다.